美国总统家训

杨红梅 黄志坚◎编著

民主与建设出版社

©民主与建设出版社，2018

图书在版编目（CIP）数据

美国总统家训 / 杨红梅，黄志坚编著. — 北京：民主与建设出版社，2017.7

ISBN 978-7-5139-1600-4

Ⅰ.①美… Ⅱ.①杨… ②黄… Ⅲ.①家庭教育-经验-美国 Ⅳ.①G789.712

中国版本图书馆CIP数据核字（2017）第128697号

美国总统家训
MEIGUO ZONGTONG JIAXUN

出 版 人：	许久文
编　 著：	杨红梅　黄志坚
责任编辑：	王　倩
出版发行：	民主与建设出版社有限责任公司
电　 话：	（010）59419778　59417747
社　 址：	北京市海淀区西三环中路10号望海楼E座7层
邮　 编：	100142
印　 刷：	三河市天润建兴印务有限公司
版　 次：	2017年10月第1版
印　 次：	2018年4月第2次印刷
开　 本：	710mm×1000mm　1/16
印　 张：	15.75
字　 数：	265千字
书　 号：	ISBN 978-7-5139-1600-4
定　 价：	36.80元

注：如有印、装质量问题，请与出版社联系。

前言

作为一个国家，美国的奋斗史被赋予了太多传奇色彩和拓荒者特有的迷人魅力。当年，"五月花号"远涉重洋抵达北美，迎接他们的不是鲜花和掌声，而是恶劣的自然环境和饥饿的威胁，生存成为头等大事。在最开始时，美利坚合众国的最初缔造者们便走上了艰辛的拓荒之路。在这块道德和物质的"处女地"上，他们白手起家，迎接各种挑战，经历各种艰难，在逆境中成长起来，攀登的每一步都付出了汗水、心血和代价。作为这个国家的"代言人"，美国总统在国家中处于独一无二的重要地位，他们的成长经历在一定程度上反映出了一种美国文化的特点和美国性格。美国的诞生是一个斗争的过程，而一位美国总统的诞生也是一个跌宕起伏的过程，从大名鼎鼎的"美国之父"华盛顿到如今高调出任的黑人总统奥巴马，在短短两百多年间，美国人特有的拓荒者的拼搏精神始终贯穿其中，并且通过家庭教育传承给一代又一代。

美国家庭教育的特点有三个：独立个性、民主开放、经济意识。这也集中反映了美国家教的全貌。在美国家庭中，父母非常注意发展孩子的主观能动性。家长鼓励孩子进取向上而反对压抑他们的个性，注意培养孩子独立自主对自己负责的精神。美国的家庭教育是以培养孩子富有开拓精神，成为一个能够自食其力的人为出发点的。孩子从出生那天起，就是一个独立的、独特的、生动活泼的个体，有自己独立的意愿和个性。美国家庭教育摒弃了用成绩衡量孩子价值的观念，而更多地注重孩子的自由发展，要把孩子培养成为能够适应各种环境，具备独立生存能力的社会人。

在美国国家档案馆举办的一个题为"从校园到白宫：美国历任总统的教育"的展览中，美国历代总统少年时代的各种成长记录成为了展览品。通过研究他们当时的书信、成绩单及照片，我们可以看出这些国家领袖在少年时期并非个个成绩优秀：

约翰逊总统小学三年级时的语法只考获"丁";肯尼迪总统初中时的拉丁语成绩只有55分;老布什总统的高中成绩单显示,他的平均分数只有70分……成绩上的优劣在美国这个讲究实干的国家似乎并不能说明什么,因为社会的竞争,绝不仅仅是知识和智能的较量,更多的是意志、心理状态和做人的比拼。偏颇的家庭教育不能让孩子真正成才,也不能使孩子得到尊重和幸福。

作为父母,我们对自己的孩子都有着一种与生俱来的爱,这是中国和美国的父母共同的地方,所不同的是我们的表达方式不同。中国人更加含蓄、内敛,有的时候这种爱的方式会让孩子感到有些沉重;美国人则更为直白、外在、浪漫,他们在教育孩子时也表现出了这些特征。中西方教育矛盾主要体现在几个方面:第一,子女的所属问题。第二,无限责任和有限责任。

子女的所属问题,即孩子是属于他们自己还是属于父母。在中国,很多家长都认为,子女是属于父母的,子女就像家中的某样东西一样是父母的私有财产,一切得听父母的;在美国,大多数家长却认为子女是独立的个体,他们属于自己,他们应该拥有属于自己的喜好、选择、隐私、交际圈。

关于有限责任与无限责任的问题。在中国,父母对子女的照顾是无限责任,很多家长对孩子娇生惯养,认为小小的孩子应该被保护起来、精心呵护。于是从孩子出生到成年,家长几乎把孩子的一切都包了下来,做饭、洗衣服、打扫、供孩子上学,甚至还要攒钱给孩子结婚,为孩子养儿育女等。父母对孩子抱持着无比殷切的期望,所以自是不会让他们受到一丁点儿的苦,真是含着怕化,捧着怕摔,搂着怕热,放着怕丢……

而在美国,父母对子女的照顾是有限责任,父母不会把孩子的事情全部包下来,孩子必须承担一些家务劳动,很多孩子的大学费用都是他们自己通过打工劳动获得的。父母对孩子的无限责任只有:

- 让孩子懂得自身的价值。
- 让孩子懂得必须自己管理自己。
- 教给孩子足够的生理知识,让孩子在身体变化时感到轻松自在。
- 帮助孩子接受一整套他们赖以立身处世的牢固的社会准则——尊重和守纪。

这些生存所必需的素质在孩子的一生之中都发挥着至关重要的作用,他们可以通过自己获得成功,一个人坚定地走自己的人生道路,而不是从长辈那里获得施舍。

前言

伟大的人物都是相似的，而每一位杰出的总统都有他们相通的特点和魅力。或许他们之中，有的人家庭并不完美，有的人有丧亲之痛……但苦难成了他们意志的"磨刀石"，爱变成了他们成功的"催化剂"，他们凭着自己的人格、智慧、毅力和奋斗精神，在美国这块带有流浪气质的土地上书写着历史。也有一些总统传承下独有的教子方略，教会孩子树立人生目标，引导孩手走上人生之路。这些宛如福音一般的教益体会在很多年之后的今天依旧深深地影响着我们。这些思想和启发成为美国社会进步的动力，也是世界人民学习的宝贵财富。

幼年时很多人都会有英雄崇拜情结，而无一例外，每一位美国总统的成长经历都具有一定的英雄传奇色彩。美国总统作为国家的领袖，不管是命运选择了他们作为英雄，还是他们开创了时代，他们的一生都有很多值得学习和借鉴的地方。从功利的角度而言，他们是一个人极致的理想，他们艰苦卓绝的精神和跌宕起伏的人生历程可以让人们得到激励和启发。而通过对美国总统成才经历的研究和探讨，我们对于美国文化和美国性格也能有更透彻的了解。

"他山之石，可以攻玉"。在教育、培养孩子的优良品质和个性方面。美国总统的成长经历有许多值得我们借鉴的做法和经验。只有使孩子拥有靠自己双手生存的本领，他们才能适应激烈的社会竞争并成为强者。尽管每一位家长都希望孩子成才、幸福，但我们无法永远保护孩子。我们可以教给他们的便是：怎样认识生活和社会，怎样保护自己，怎样在社会中适应各种挫折和磨难。

一个人只有坚定地走上拓荒之路，在以后的人生路上他才可以攀越所有的险峻和困苦，在梦想和奋斗的交缠中成熟和成长。

目录

前言 / 001

1 华盛顿家训——功勋是刻在人心上的 > 001
（总统任期：1789年3月4日—1797年3月4日）

帮助别人，才能成就自己 / 002
最稳定的保证人是我们的智慧 / 004
立志从最初微小的梦想开始 / 006

2 老亚当斯家训——神童也需要低下头走路 > 009
（总统任期：1797年3月4日—1801年3月4日）

玩也是一种哲学 / 010
让正直成为孩子的最大财富 / 012
简朴的生活是一种享受 / 014

3 杰斐逊家训——口中含着金汤勺，手中也要拿着百科书 > 017
（总统任期：1801年3月4日—1809年3月4日）

每个人都是老师 / 018
教养是一个人最好的名片 / 019
给孩子一切受教育的机会 / 022

4 麦迪逊家训——沉默是金，严谨是剑 ▸ 025
（总统任期：1809年3月4日—1817年3月4日）

用才能替自己说话 / 026
对高贵品行的渴求是一种人生态度 / 028
严谨可以使自己少出错 / 030

5 门罗家训——温和的生活，不凡的拼搏 ▸ 033
（总统任期：1817年3月4日—1825年3月4日）

知识是最好的武装 / 034
坚持做自己认为正确的事情 / 035
关键时刻的表现比事事逞强更出彩 / 038

6 小亚当斯家训——家族荣誉需要更努力去捍卫 ▸ 041
（总统任期：1825年3月4日—1829年3月4日）

从小要树立人生信念 / 042
成才要趁早 / 044
阅历可以开阔眼界和心界 / 046

7 杰克逊家训——经受住磨难，才能看到最美的彩虹 ▸ 049
（总统任期：1829年3月4日—1837年3月4日）

磨难是人生的财富 / 050
靠自己建立功勋 / 052
坚持是成功的不二法门 / 053

8 波尔克家训——燃烧自己，照亮他人 ▸ 055
（总统任期：1845年3月4日—1849年3月4日）

时刻保持自己的诚信 / 056
做事要讲究效能 / 059
读书不思考，等于吃饭不消化 / 061

目 录

9 扎卡里·泰勒家训——"大老粗"也有明媚的春天 > 065
（总统任期：1849年3月4日—1850年7月9日）

吃一时苦，享一世福 / 066
为自己的选择负起责任 / 068
你远比你想象中更加厉害 / 070

10 林肯家训——摔倒了，要自己爬起来 > 073
（总统任期：1861年3月4日—1865年4月15日）

好学的人必成大器 / 074
别轻言放弃，努力总有回报 / 076
学着和所有人相处愉快 / 078

11 格兰特家训——没有任何借口 > 081
（总统任期：1869年3月4日—1877年3月4日）

用魄力和胆识为自我开创天地 / 082
找到自己的位置 / 184
执行才是硬道理，不要找任何借口 / 086

12 海斯家训——勇者的勋章不曾遗忘 > 089
（总统任期：1877年3月4日—1881年3月4日）

为自己喜欢的事而勇敢 / 090
平等地对待每一个人 / 092
把每一分钟当做最后 / 094

13 克利夫兰家训——为正义而奋斗终生 > 097
（总统任期：1885年3月4日—1889年3月4日 1893年3月4日—1897年3月4日）

像偶像一样勤奋 / 098
踏实做事，诚实做人 / 100
正确的事值得穷尽毕生去坚持 / 101

14 老罗斯福家训——伟大的人，有强悍的心 › 105
（总统任期：1901年9月14日—1909年3月4日）

只有先让自己强大，才能保护梦想　/ 106
对弱小动物的爱，是世间大爱　/ 107
眼睛看到更远的地方　/ 109

15 塔夫脱家训——优秀是一脉相承的 › 111
（总统任期：1909年3月4日—1913年3月4日）

笑容有无敌的杀伤力　/ 112
从小开始练习优秀　/ 114
不要与人为敌　/ 116

16 威尔逊家训——理想值得倾尽一生去努力 › 119
（总统任期：1913年3月4日—1921年3月4日）

每一个人都应该是自己情绪的管理者　/ 120
辩论出真知　/ 122
不做心胸狭窄的人　/ 123

17 柯立芝家训——慎言慎行，少犯错多做事 › 127
（总统任期：1923年8月3日—1929年3月4日）

生活需要简约风格　/ 128
有自知之明的人才会急流勇退　/ 130
幽默细胞是一件稀罕物　/ 132

18 小罗斯福家训——打败的可以是身体，而不可以是灵魂 › 135
（总统任期：1933年3月4日—1945年4月12日）

有目标便要追逐　/ 136
适当附和他人，能增加人格魅力　/ 138
抓住时机，是成大事者的必备素质　/ 139

目录

19 杜鲁门家训——当总统和挖土豆的儿子都同样让我骄傲　▶ **143**
（总统任期：1945年4月12日—1952年1月20日）

　　把所有人放在同一天平上　/144
　　推卸责任者，到此止步　/146
　　怕热就不要进厨房　/148

20 艾森豪威尔家训——控制自我，才能调控世界　▶ **151**
（总统任期：1953年1月20日—1961年1月20日）

　　赏识他人，发现每个人好的一面　/152
　　一个能够统辖自己精神的人才是真正伟大的人　/154
　　"十字时间计划"，提高生活工作效率　/156

21 肯尼迪家训——问问自己，你能为别人做什么　▶ **159**
（总统任期：1961年1月20日—1963年11月22日）

　　给予比索取更有魅力　/160
　　前面没有别人，只有你自己　/162
　　说不如做，做便要马上行动　/164

22 林登·约翰逊家训——可以犯错，但不能错一辈子　▶ **167**
（总统任期：1963年11月22日—1969年1月20日）

　　用对方法，不要做无用功　/168
　　鼓励是最好的礼物　/170
　　人的成长需要空间　/172

23 尼克松家训——失败了并不可怕，可怕的是失去勇气　▶ **175**
（总统任期：1969年1月20日—1974年8月9日）

　　良好的心态是处理事情的最好武器　/176
　　把精力放在大事上　/178
　　别预设标准衡量一个人　/180

24 福特家训——别把自己放入战争中 > 183
（总统任期：1974年8月9日—1977年1月20日）

坦诚是赢得信任的最佳途径 / 184
将低调贯彻到生活中 / 186
宽容有巨大的魔力 / 188

25 卡特家训——使人伟大的不是权力，而是人性 > 191
（总统任期：1977年1月20日—1981年1月20日）

一个人高贵的是心 / 192
关注生活中的细节 / 194
诚实不分等级 / 196

26 里根家训——最好的还没有来到 > 199
（总统任期：1981年1月20日—1989年1月20日）

最好的总会到来 / 200
麻烦扑灭不了理想之火 / 202
奉献自己的爱心 / 204

27 老布什家训——不管什么，都要试一试 > 207
（总统任期：1989年1月20日—1993年1月20日）

把自己下放到平凡人的角色 / 208
永远不乏尝试 / 210
你能做到多少，就看你想要多少 / 212

28 克林顿家训——绝境是自己对自己的放弃 > 215
（总统任期：1993年1月20日—2001年1月20日）

乐观是所有事的灵丹妙药 / 216
把自己看得高一点 / 218
聪明的脑袋，也需要聪明的方法 / 219

29 小布什家训——不忘记交朋友是最高准则
（总统任期：2001年1月20日—2009年1月20日） > 223

给自己打工 /224
没有完美的人，但有追求完美的心 /225
每个人都是朋友 /227

30 奥巴马家训——无论什么，都会过去的
（总统任期：2009年1月20日—2017年1月20日） > 231

不把恨传给孩子 /232
放弃找借口 /234
寻找生命的意义 /235

1

华盛顿家训
——功勋是刻在人心上的

（总统任期：1789年3月4日—1797年3月4日）

作为美利坚合众国的奠基人，乔治·华盛顿的名字家喻户晓；作为"美国之父"，他是美国民众心中独一无二的偶像，拥有无人可与之匹敌的威望和声誉。在血与火的岁月，他自学成才，孜孜不倦，用灵活的头脑和超人般的意志迎来一个浴火重生的国家，而作为一位坚定的领袖，他保持了国家的统一，却没有永远保持政权的野心，他开创了主动让权的先例——一个美国至今仍然奉行的先例，树立了不迷恋权力和荣誉的人格典范。在华盛顿有生之年，他并没有留下子嗣，但他的为人处世和风范礼仪给世人留下了深刻的影响，这一切都与他幼年时期受到的教育密不可分。

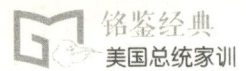

帮助别人，才能成就自己

英国剑桥大学在研究乔治·华盛顿的民主建国思想时，从冗长、繁杂的资料中发现了一段记载华盛顿的往事的记录：

这一年，小华盛顿14岁。在一个秋天的早晨，鸟儿在树上唱歌，树叶和花草上的露珠在初升的太阳光中闪烁。爸爸一手拉着小华盛顿，一手拉着小华盛顿的表哥走进了一片苹果园中，只见一株株苹果树果实累累压满枝头。

爸爸指着满园的果树对小华盛顿说："嗨，儿子，瞧这儿，这里有许许多多的苹果，都是你的。"

小华盛顿一听高兴地拍起了手。

爸爸低下头对小华盛顿说："你还记得春天表哥来时带来的那个又大又红的苹果吗？"

小华盛顿一听低下了头，他用脚在松软的泥土上划来划去，不知说什么好。过了一会儿，他抬起头，泪水盈盈地望着爸爸，柔声说："爸爸，就原谅我这一次吧，我今后再也不会那么小气了。"

这是怎么回事呢？原来表哥在春天时到小华盛顿家作客，带给小华盛顿一个大苹果，爸爸告诉小华盛顿要分给兄弟姐妹们吃，可小华盛顿怎么也不肯。爸爸给他讲了许多道理，可他还是不听，直到后来爸爸对他保证说："只要你愿意把苹果分给大家一起吃，作为奖赏，万能的上帝就会在秋天送给你许许多多的苹果。"

小华盛顿才将苹果分给了别人。

父亲对小华盛顿说："今天，爸爸带你到这儿来，就是要你明白：'如果你帮助别人得到他想要的，你就能得到你想要的。'"

父亲的最后一句话"如果你帮助别人得到他想要的，你就能得到你想要的"，改变了华盛顿的一生，也是华盛顿所持的民主政治理念的精华所在，对华盛顿乃至美国历史都产生了深远的影响。其实，"帮助别人，成就自己"是一条真理，是一条成就自己的最佳途径。成功无定律，要靠自己去寻找。有时候，给别人帮助的同时，其实也为自己创造了最好的成功机会。

锥形冰激凌的出现也印证了这个道理：

> 1904年夏天，美国路易斯安那州举办世界博览会，西班牙糕点小商贩哈姆威知道后出巨资在世博园内租了一个摊位，把自己的糕点工具搬到了会展地。可是，哈姆威的薄饼生意实在糟糕，而和他相邻的一位卖冰激凌的商贩生意却很好，一会儿就售出了许多冰激凌，很快他就把带来的用来装冰激凌的小碟子用完了。心胸宽广的哈姆威见状，就把自己的薄饼卷成锥形，让他来盛放冰激凌。
>
> 卖冰激凌的商贩见这个方法可行，便向哈姆威订购他的薄饼，用薄饼代替以前的小盘子盛冰激凌，大量的锥形冰激凌进入客商们的手中，哈姆威的薄饼生意也一下子红火起来。更令哈姆威意料不到的是，这种锥形冰激凌被客商们看好，而且被评为本届"世界博览会的真正明星"，锥形冰激凌一举成名，哈姆威也随着"锥形冰激凌"而名扬海外。

现代社会大呼的口号是"人人为我"，但是如果我们总是以一颗自私的心去对待世事，那我们必然感受不到快乐。生活中，有些父母在教育孩子要帮助别人时也是用一种命令的口气："帮助别人，对自己才有利。"这样的语言会让孩子们误认为，帮助别人是有目的性的，对自己无利时就不必伸出援助之手。父母对孩子的这种教育是大错特错的。

其实，帮助别人首先会使自己快乐，在快乐自己的同时还有可能得到意想不到的成就。如果帮助别人的前提是为了让自己获利，那一件本来快乐的事也变了质，不再有它的美好。

言传不如身教。父母要让孩子懂得帮助别人，成就自己的道理，莫不如什么也不要说，而是身体力行地去打动孩子、感染孩子、教育孩子。家长经常帮助别人,孩子就会问:"您为什么要帮助一些陌生人?"这时家长可以说:"帮助别人是一件快乐的事情,我们在帮助别人的时候,我们其实也得到了很多的东西,取众人之长而长于众人,我们付出的是我们自己的想法和思维,得到的是别人的理解,不管别人遇到的是什么问题,当我们用爱心和耐心去帮助别人的时候,我们也同样得到了回馈。"

也许这么繁杂的道理,孩子一时还不能完全理解,但是父母诚恳的态度也会让孩子感受到帮助别人的快乐。但是,我们也不能回避社会中存在的一些不良骗局,那就要我们教会孩子明辨是非。这样,我们帮助的是真正需要帮助的人,才能在帮助他人的同时真正做到快乐自己。

最稳定的保证人是我们的智慧

在政治舞台上,华盛顿总统政绩显赫,而在他自己的植物园里,他更是一位有创新精神,有科学管理精神的"农民企业家":他改进了美国人的养猪方式;他是美国最早尝试"轮作"的种植园主之一;他成为美国最大的酿酒商之一……太多太多的成就让我们举不胜举,而华盛顿总统一生并没有经过正规、系统的教育,他完全是通过个人努力自学成才的,而他之所以能够取得如此不凡的成就都要归功于他的母亲。

在华盛顿10岁时,他的个头比同龄人要矮小。也许是个头矮小又调皮的原因,华盛顿在学校里常被同学们欺负。这一点母亲早有所闻,因为华盛顿的调皮捣蛋在学校里是出了名的。

有一次,受到欺负的华盛顿回到家向母亲控告同学们对他的不敬。母亲说:"没人愿意踢一只死狗。"

华盛顿的生母玛丽是老华盛顿的续弦,和丈夫生育有四子一女,华盛顿是老大。老华盛顿的前妻生有三子一女,他们共同组成了一个大家庭。华盛顿作为一户缺地家庭的幼子,不得不通过努力工作以争取出人头地。于是华盛顿从小学会了骑马打猎,养成了英勇刚毅的性格。

母亲是十分欣赏华盛顿的这种性格的,因为她知道一个人如果想成就一番事业必须坚强和勇敢。但是母亲也知道儿子个性跋扈和内心浮躁的问题，为了使华盛顿将来不至于成为一个头脑简单的人，母亲买了很多文学、修辞学和语言学方面的书，希望能增强他的文学修养和语言能力，并从英国请来家庭教师为儿子补习文学、地理和拉丁文。华盛顿在母亲的循循善诱下读了一大批文学类书籍。

华盛顿后来回忆说："母亲当时并没有刻意要我读什么书，但她说文学的影响会伴随一个人的一生。如果套用母亲'没人愿意踢一只死狗'这句话，其哲学含义便是：如果一个人没有全面的知识，没有出击的资本，终将没人理会。这个道理直到多年后我才理解。"

于是，也才有了华盛顿后来的一句有切身体会的名言："最稳定的保证人是我们的智慧。"正因为母亲有意识地培养和开发华盛顿的智慧，才会成就了后来的伟大的总统。

而什么是智慧呢？家长不妨问自己这样一个问题：假如有一天你的房子被烧了，你的财产就要被人抢光，那么你将带着什么东西逃命？你能带走的不是金钱，也不是珠宝钻石，而是智慧。因为智慧是任何人都抢不走的。你只要活着，智慧就永远跟着你。智慧是过去经验的结晶，是每个人自己独有的财富，它教我们做和说，它教我们赢取自己的生活和自由。别人的智慧无法帮助我们变得聪明。因此，只有自己的智慧才最可靠。在对待孩子的教育问题时，父母也是如此。现在，有些家长在教育孩子时往往会陷入误区：

有些家长只重视给孩子留"财"，不重视留"才"。就像最近，常常会冒出有关"富二代""富三代"的头条新闻：某些"富二代""富三代"仰仗着父辈的金钱财富，为所欲为，而对于如何守住财富、创造财富，他们却一无所知。可是家长要知道，钱有花完的时候，仅凭一个"富二代""富三代"的称号并不能让孩子享尽一生的荣华富贵。拥有财富的父母们，应该留给孩子的不是物质财富，而是你们在努力创业时学到的精神和智慧，这才是下一代永远也用不完的财富。有些家长将智慧和智商画上等号，把一份智力测验卷子上孩子正确回答的题目数来给孩子的智慧下定义。殊不知，测验卷子上的那个两位数或三位数并不能帮助孩子学会生存、学会做人，家长要教给孩子的智慧是能让孩子将来更好地在社会上生存、更好地生活的智慧。

立志从最初微小的梦想开始

在华盛顿 11 岁时,父亲突然去世。华盛顿异母同父的兄长劳伦斯·华盛顿比他大 14 岁,是一个谈吐修养极佳的青年,兄长对小华盛顿爱护备至,给他以慈父般的爱。

劳伦斯·华盛顿有着非凡的军事才能,在当时英国和西班牙的战争中,他跃跃欲试,在新成立的兵团中很快就谋得了一个上尉的位置,在战争中表现勇敢,赢得了上级的信任。而小华盛顿亲眼看到哥哥整装备行、奔赴战场的威武英姿,还在哥哥的来信中了解到战斗的故事,他仿佛也置身其中,羡慕不已。于是,小华盛顿做的游戏也带有了军事色彩,他把同学都变成了士兵,他们模拟阅兵、演习和假想战斗,而小华盛顿始终是这支"军队"的总司令。

儿时就梦想着成为司令的华盛顿,在继承家业成为大地主后,仍旧不满足于现状,他立志要在军队中建功立业。

从华盛顿受到哥哥的影响,立志成为总司令而最终实现理想的经历,我们不难得出启示:儿时的梦想,哪怕是一个微小的梦想,对孩子将来成才都有可能产生不可估量的影响。

每个孩子都有自己的梦想:有的孩子看到电视里表演舞蹈的演员,会羡慕地说"长大后我要当一名舞蹈家";看到爸爸能把罐头盖子启开,会不由自主地说"长大后我要当一名大力士"……我们会发现,每个孩子在不同时期都会有不同的梦想。

有科学家曾做过研究发现,很多成功人士的志向都是青少年时候确立的。青少年的人生观、价值观比较稳定,他们对未来的发展有自己的思考,身心发展具备了奋斗的条件,内在的动力也能稳定在一个目标上。当然,也有少数成功人士从小就开始确立志向,比如"杂交水稻之父"袁隆平,他对水稻产生兴趣大概是从小学三四年级开始的。在一次郊游活动中,袁隆平对植物产生了浓厚的兴趣,以致后来他终身都致力于这方面的研究。而世界顶级球星贝克汉姆

（小贝）的父亲，则是通过一场"赌局"让儿子成为世界级球星的。

小贝从 3 岁就开始踢球，尽管他那时是"玩"球多于"练"球，但父亲一直苦心培训他，让顽皮的小贝渐渐奠定了对足球的热爱。上小学时，小贝跟父亲之间约定了一个常规"赌局"：如果小贝能站在禁区边不用助跑便射门，每次把球踢中门柱，就能从父亲那儿赚到 50 个便士。

小贝为了得到零花钱，便用心地苦练，得到钱后他更是开心，就更加地努力练球，直到长大成人后小贝才明白了父亲的良苦用心。

所以，家长手中握有鼓励或压抑孩子实现梦想的钥匙。家长要充分尊重孩子的个性，在帮助孩子确立志向时，家长要做到以下几点：

- 不要把自己的人生观、价值观强加给孩子，或让孩子去实现自己没有实现的理想。
- 在价值取向上，千万不要急功近利、世俗化。
- 应充分尊重孩子的个性发展，让孩子在广泛发挥兴趣、爱好、天赋的基础上作出自己理想的选择。家长不要对孩子作过多的限制，让孩子随年龄的增长确立自己喜欢的发展方向。在这种情况下树立的志向，孩子即使在今后遇到困难，也会勇敢去面对挫折，努力克服困难，无怨无悔。
- 要充分信任孩子，放开手脚让孩子自己去发展，并努力创造让孩子的理想得以实现的条件。当然，孩子的选择必须是有价值的，家长也不能一味地放纵孩子，对孩子的志向应有一个理性的把握。

在孩子的人生志向确立后，往往也会以学习为载体来实现。这样，他们既能实现目标，又能把学习成绩搞好。比如，喜欢艺术的孩子，他很可能把自己的理想确定在艺术方面，于是他就会希望考取艺术学院，而考取艺术学院又需要达到一定的文化成绩。此时，孩子为了实现自己的理想，就会主动地努力学习文化知识，即自觉进行间接兴趣的培养。

在孩子实现志向的过程中，家长要做到不过多地、硬性地干涉。随着年龄的增长，孩子的想法渐渐开始独立，如果家长对孩子干涉得太多，孩子就会认为家长话多、唠叨，他们会不愿意把自己的想法全部告诉家长，甚至会拒绝和家长沟通意见。这时，如果家长没有很好的方法和孩子达到和谐的沟通，就最好先不要去干涉孩子，应先学着了解孩子，学习与孩子沟通的技巧。当然，有的家长素质较高,在知识上、能力上有条件给孩子理想的实现提供一些参考,能客观地帮助孩子分析有利因素和不利因素,但是这些家长仍然要注意,一定要让孩子自己去权衡、选择、决定。

2

老亚当斯家训
——神童也需要低下头走路

（总统任期：1797年3月4日—1801年3月4日）

约翰·亚当斯是美国的第二任总统，人称老亚当斯，他从小聪慧过人，享有"神童"的美誉，在美国独立战争期间，他临危受命，为新生的美国打开外交局面，为国家的独立作出了杰出的贡献，被称为"美国独立的巨人"。

亚当斯夹在美国两位最著名的总统华盛顿和杰斐逊之间，却丝毫没有显得黯然失色，他在华盛顿8年总统任职期间担任副总统，深得华盛顿信赖，在其卸任后当选总统，对美国影响深远，被同时代的人称赞为史上最正直、聪慧的总统，被给予很高的评价。

亚当斯的另一个傲视群伦的成就，就是为美国培养了另一位总统。在有生之年，他亲眼看到儿子约翰·昆西·亚当斯（人称小亚当斯）成为第六任美国总统，把亚当斯家族的足迹又一次延伸到他亲手创建的白宫[1]之中。

---

1 白宫基址由华盛顿选定，始建于1792年，1800年基本完工。因此第一位入主白宫的总统并不是美国第一任总统华盛顿，而是第二任总统约翰·亚当斯。

玩也是一种哲学

提到玩,再没有谁能跟亚当斯相比了。他虽然从小聪慧过人,享有"神童"的美誉,20岁就获得了哈佛大学法学院的硕士学位,成了一名受人尊敬的律师。可是他小时候却调皮好动,学习成绩很差。

亚当斯小时候最好游猎,一有时间就在森林里追逐鹿、松鼠、松鸡等动物,他甚至带着猎枪去上学,以便放学后就去野外打猎。他常常丢下家庭作业跑到田野去玩,在大自然中,他活泼可爱,无忧无虑,放风筝、滚铁环、打弹子、摔跤……夏天游泳,冬天滑冰,可以说玩得个昏天黑地,他的这一爱好也使他拥有了灵巧健壮的身体。

我们看约翰·亚当斯的幼年介绍,绝不会把他和美国第二任总统联系在一起吧!而好玩好动的亚当斯能够成为美国总统,却与他拥有一位伟大的父亲有很大的关系。

亚当斯10岁那年,父亲见亚当斯有天赋却不喜欢学习,他也很担心。有一次,父亲生气地问亚当斯:"你长大想干什么?"

亚当斯毫不犹豫地说:"当农场主。"

"好!我让你看看当农场主是怎么一回事。明天早晨我带你去渡口,你帮助我除杂草。"父亲狡黠地说。

第二天,从早到晚亚当斯跟爸爸干了一天活,当他浑身是泥、精疲力尽地回到家中时,父亲以为亚当斯心里对农场的工作热情早已消失了。

父亲自信给儿子上了一课,问他:"怎么样,儿子,你对当农场主满意吗?"

亚当斯回答了一句父亲没想到的话:"我非常喜欢。"

2 老亚当斯家训
——神童也需要低下头走路

在农场中，亚当斯和父亲一起锄地、铲雪、挤牛奶……几乎将所有农活都干了一遍。而在农场的劳动中，父亲的勤奋与正直深深影响着亚当斯，这让他受用一生。

其实，孩子爱玩不是错，只要家长善于引导，爱玩的孩子同样可以成为大人物。常言道："淘气的男孩是好的，淘气的女孩是巧的。"孩子的过分听话往往是缺乏独立性的表现，父母千万不要只关注孩子是不是学习成绩好、听话、守纪律，而忽略了对孩子的创造力及其潜能的开发与培养。顽皮是孩子的天性，是任何一个孩子生理、心理发展到一定程度出现的必然表现。顽皮的孩子往往比较聪明、有个人主见、意志比较坚强，只要家长善于引导，顽皮的孩子更有可能成为一个极具创造力的人。

可有些家长面对孩子贪玩，却只会一味地抱怨"瞧你，跑来跑去，一刻也不安宁""你真把我气疯了"……言语中充满了气愤和无奈。其实家长这样说对孩子有百害而无一利，下面让我们先来分析一下孩子好动、好玩的原因：

- 儿童期的孩子认知能力不强，他们以为一切的东西都属于自己，所以，在超过一个儿童存在的地方，孩子们抢玩具的情况恐怕会非常"惨烈"。
- 儿童期的孩子不了解别人的思想、感觉，对大人的叮嘱及讲的道理根本听不懂，他们活在自己想象的世界中，把一些自己向往的事情编造出来，在大人眼中，难免认为孩子在说谎。
- 儿童期的孩子认知能力不足，常有固执的行为发生。孩子的好奇心很强，在好奇心的驱使下，孩子往往爱到处乱跑，看见什么都想摸一摸，做一些恶作剧式的淘气行为。对什么问题都爱问个"为什么"，看到同伴有些"新奇"的举动，也爱偷偷模仿。这些行为被很多家长认为是捣蛋行为。

其实，这个时期的孩子会从一些捣蛋、恶作剧等"整人"的行为中获得乐趣，孩子们会认为这是他们表现幽默的方式。如有些男孩会拿死蟑螂放到女孩桌上，吓得女孩哇哇叫，他们则在旁边乐不可支。从孩子们不断翻新的"整人"功夫上可以看到，孩子的智力增长极为神速。还有，父母不正确的教育方法也可能会引发孩子的淘气行为，有的家长过于顺从孩子，孩子自然把家长的话当做耳旁风而不加理睬。孩子顽皮、不听话还可能是家长给孩子提出的要求过高，并且违背孩子的兴趣和愿望引起的，孩子不愿意照着做也属事出有因。

家长可以仔细观察孩子的淘气、好玩属于哪种原因，再设计相对应的对策，从玩中诱导孩子学习，培养孩子养成良好的习惯。

达尔文从小就喜欢昆虫，经常在田野里逮小动物，并经常在路上爬着，观察小动物的习性。由于对动物的热爱和研究，他立志要做一个生物学家，并最终成为了一个伟大的生物学家和进化论的奠基人。

美国著名的发明家爱迪生，小时候只上了几个月的学，就被辱骂为"蠢钝糊涂"的"低能儿"，并被退学。小爱迪生眼泪汪汪地回到家，要妈妈教他读书，并下决心："长大了，我要在世界上做一番事业。"在家中学习的爱迪生喜欢捣鼓一些奇奇怪怪的小试验，有时免不了要闹点小笑话，出点小乱子。父亲就不许他再搞小实验，爱迪生急得直说："我要不做实验，怎么能研究学问？怎么能作出一番事业来呢？"爸爸、妈妈听了他的话，感动得只好收回"禁令"。

"你的孩子又把新买的玩具弄坏了吗？从现在开始，你不要生气，你要耐心地跟他一起把玩具修好。也许，他将来也能成为一个发明家呢！"相信自己的孩子，他一定会成功的。

让正直成为孩子的最大财富

约翰·亚当斯被同时代的人称赞为史上最正直、聪慧的总统。

大学毕业后的亚当斯，在马萨诸塞州的伍斯特担任一所小学的校长。工作之余，亚当斯悉心钻研法律，并于1758年11月进入马萨诸塞州律师公会。于是亚当斯便在波士顿创办了律师事务所，成为一名律师。

在亚当斯的律师生涯中，他承办的最著名的一起案件几乎葬送了他的前程。案件发生于1770年3月5日，当时一群愤怒的波士顿市民辱骂以托马斯·普雷斯顿为首的8名英国武装军人，一些人向这些英国军人扔雪球和石片，另一些人在他们的鼻子底下挥舞很粗的棍棒，还有一些人企图抢夺他们的步枪。

2 老亚当斯家训
——神童也需要低下头走路

"为什么你们不开枪？"人群中有人嘲笑着说。突然，一名英国士兵真的开了枪，其他英国军人也跟着连续扫射，造成市民3死8伤。很快，英国人大肆屠杀好几百名爱好和平的无辜市民的消息便在整个波士顿传开了。

为了安抚民众，英国政府下令逮捕了这些军人，并许诺进行公正的审判。但是，没有一个殖民地时代的律师敢于为这个案件辩护，除了约翰·亚当斯和乔塞亚·昆西。

尽管亚当斯知道为英国军人辩护会使自己极其不受同胞们的欢迎，他还是接受了这个案子，因为他深信这些英国军人是无辜的，将他们送上绞架只是民众的复仇欲望；还因为他觉得，确立公正对法制的无上权威是重要的。

法庭上，亚当斯为这些英国人做了有理有据、振振有词的辩护，最终使得陪审团宣判6名被告无罪，而其他两名被告也只是犯了过失杀人罪，这两个人在拇指上被打上犯罪的标记后也获得释放。

亚当斯的辩护受到了波士顿市民的辱骂，他们骂他维护英国的殖民统治，有些人甚至指责他是为了钱才承办这个案件的。但是，亚当斯反对审判过程中的感情用事及认为保护无辜者比惩罚有罪者更重要的观点，最终被证明是正确的。

亚当斯说："以为人人都正直，那是愚蠢的；以为根本没有正直的人，尤其愚蠢。"他不仅自己践行着这样的理念，而且还在生活中时时教育和影响着儿女。1812年2月2日，他曾在给儿子、第六任总统约翰·昆西·亚当斯的回信中这样写道：

你是否考虑过"价值"一词的含义？仔细地掂量它……我宁愿你通过自己的诚实劳动和自己的事业，成为一个拥有诸多财富、值得人尊敬的人，而不是通过欺骗和赌博成为一个拥有亿万财富的人；我宁愿你成为一个受人尊敬的鞋匠，而不是一个通过诽谤中伤得来的国务卿或者财政部长；我宁愿你成为一个受人尊敬的制作扫帚和篮子的人，而不是一个通过阴谋、蓄意诽谤中伤和腐化堕落得来的美国总统。

从这封信中，我们不难看出，亚当斯严格要求儿子践行正直的品行。古往今来，人们崇尚正直，歌颂正直，就在于正直的人除暴安良，扶弱济贫，见义勇为；正直的人坚持真理，修正错误，秉公办事；正直的人一身正气，疾恶如仇，勇于同邪恶势力作不懈地斗争。人生在世的根基就是正直。正直是人生之宝，是一种高贵的人格。正直的人，心胸始终是坦荡的，正所谓"身正不怕影斜"。

正直的人行事端正、光明磊落，在关键时刻更是义形于色，见义勇为。正直会赢得群众，邪恶会丧失群众。一个人如果不正直，那么必然倒向偏私，甚至邪恶。正直是我们最大的财富。

曾经有人在企业经理人中做过一项调查，调查问卷的题目有两个：①你最愿意结交什么样的人？②你最不愿意结交什么样的人？

调查结果显示：在最愿意结交的人中，"正直、诚信的人"排在了第一位；在最不愿结交的人中，"不正直、不守信的人"排在了第一位。这个结果提示我们：正直、诚信是每个人的立身之本。

家长可不要忽视了孩子这方面的教育。首先，家长要教育孩子坚持正义。告诉孩子，对自己认为正确的事情，不管别的人怎么看，要敢于坚持。

同时，对他人的缺点和错误提出批评和帮助时，要讲究一些方式方法。最好告诉孩子不要以高高在上的态度去指正缺点，要学会顾及别人的感受。如果自己有错，应主动承担责任，以获得其他人的谅解和帮助。

其次，让孩子从小就懂得关心和体贴他人，这是培养孩子诚实、正直品质的道德情感基础。关心和体贴他人还表现为对他人的同情怜悯之心，这是一种善良的道德情感，是救死扶伤、救人于危难、见义勇为、助人为乐的精神。

现在的孩子大多是独生子女，因为生活环境比较孤独，又缺乏同龄伙伴，很多孩子都有自私、独霸、自我为中心的倾向，家长应让孩子逐渐从关心体贴他人的实践过程中体味到做一个诚实、正直乐于助人的人的快乐。

简朴的生活是一种享受

约翰·亚当斯的父亲是一位英格兰清教徒的后裔，他既是制鞋匠，又是牧师、农夫，还兼任着民意代表等职。他一生生活俭朴，勤俭持家，把所有的积蓄都用来购置土地,从来不追求享乐。如果单从外表上看,没人会相信他是拥有数百公顷土地的大农场主。他这种脚踏实地、勤劳朴素的生活理念,深深地影响了儿子约翰·亚当斯,可以说,在亚当斯全部的政治生涯中,他都在努力践行着这一准则。

卸任总统后的亚当斯,心态平静,开始了简朴自然的生活。他每天随着太阳的第一线曙光起来,辛勤劳作。脱下了礼服,换上了工作服,他俨然是一个非常淳朴的庄稼汉,就他的外表而言,谁也想不到他曾经是主宰美国命运的总统。户外劳动使他的身体更为健康。阳光、晨露、微风、雨雪仿佛是奇妙的化妆师,它们给这位卸了职的总统涂抹上一层黑红的健康肤色。

现如今,简朴生活风行全球。简朴并不是指每天吃萝卜干菜,整天破衣烂衫。我们所提倡的生活简朴,不仅仅是节衣缩食、不奢侈,它更是一种心灵上的简朴。

而在我国,简朴更是中华民族的传统美德。因此,现代家庭中追求的简朴的生活方式是给孩子一种全新的生活理念。现在很多孩子从小养尊处优,他们根本无法理解简朴的意义,更不知道简朴该从何开始,浪费的现象到处可见。很多家长错误地认为,家里就这一根"独苗苗",条件允许就要尽力满足孩子的要求。其实,正因为家长的这种想法,潜移默化地影响了孩子。孩子们不具备成熟的金钱意识,才导致他们在花钱方面出现种种问题,他们会认为"钱是花不完的""没钱就可以到银行去取"……这就使他们养成了花钱大手大脚的恶习。当父母意识到这一点,再控制孩子花钱时,就困难了。

在教孩子学会简朴的生活时,家长要注意:

一是让孩子学会管理自己的零用钱。

孩子的零用钱数目要有"家规",家长不能随自己的心情给,更不能让孩子有攀比心理,要量力而行。另外,还要注意,家里有老人的要事先沟通好,老人不能偷偷再给孩子零花钱。

二是让孩子学会珍惜金钱。

这就需要家长在孩子小时候就渗透钱的概念,让他们知道钱是通过父母的辛勤劳动换来的,要让孩子从小了解挣钱的辛苦。

三是尝试让孩子自己理财。

家长可以给孩子买个存钱罐，适当放手，让孩子自己管理钱财。关于这一点，我深有体会。一年元旦，孩子的奶奶给女儿（7岁）50元钱。我答应她，这50元钱是属于她自己的，想买什么就买什么。我们到了超市，女儿直奔那款造型奇特，她一直都想要的糖果。我淡淡地说："这种糖果要10元钱，你的钱会花掉很多的。"女儿站在那想了想，说："50减10就剩40了。我不买了。"她挑了旁边的一款便宜的糖果。

通过这件事，我突然发现，孩子对钱是有管理能力的，在限定钱数量时，他们能够分清该买什么，不该买什么。

还有就是在家庭的日常生活上要有简朴的习惯。在家人的吃穿用上都要遵循简朴的风格，在这种氛围中成长的孩子，必定会有一种朴素的生活理念。

3

杰斐逊家训

——口中含着金汤勺，手中也要拿着百科书

（总统任期：1801年3月4日—1809年3月4日）

  托马斯·杰斐逊是美国的第三任总统，也是美国历史上评价极高的一位总统。在美国的历史学家看来，杰斐逊是一位近乎天才式的人物，被人们称作天资最高、最多才多艺的美国总统。除了政治才能外，他涉猎广泛，有多重身份，如：建筑师、古生物学家、哲学家、作家……他的兴趣非常广泛，堪称美国人积极人生态度的浓缩版。

  杰斐逊出生在一个富有、地位优越的种植园主家族，自幼就受到了良好的教育。杰斐逊的父亲是当地公认的领袖人物，有文化知识，品格端正。父亲颇重视子女的教育，并向杰斐逊灌输严格要求自己及勤苦耐劳的精神，即便生活在周围纨绔子弟成群、花天酒地、纸醉金迷的环境中，杰斐逊不但没有随波逐流，反而力求上进，坚持读书求知，与父亲的教育有着密不可分的关系。

每个人都是老师

杰斐逊出身贵族，当时的贵族除了发号施令以外，很少与平民百姓交往。但是杰斐逊却主动与各阶层人士交往，他的朋友中有社会名流，但更多的却是普普通通的园丁、仆人、农民或者贫穷的工人，他善于从各种人那里学习，因为他知道每一个人都有自己的长处，都有金子般发亮的东西。

杰斐逊的朋友拉法叶特是法国著名的政治活动家、诗人，他在法国大革命时期参与起草《人权宣言》，对推动法国民主化做出了重要的贡献。在杰斐逊担任美国驻法大使时，有一次，他劝说拉法叶特："你必须像我一样到民众家去走一走，看一看他们的菜碗，尝一尝他们吃的面包。只要你这样做了，你就会了解到民众不满的原因，并会懂得正在酝酿的法国革命的意义了。"后来，拉法叶特将这一思想写入《人权宣言》。

不耻下问，善于学习是杰斐逊的长处，他也因此比其他许多的领导者更清楚民众到底在想什么，到底最需要什么，这也使他成为了一代伟人。

其实，杰斐逊的父亲就是这样一个人。他身材高大，孔武有力，未受过正规教育，可学得一手好的测量土地的技术。由于有文化知识、品格端正，彼得成为当地公认的领袖人物。他在负责维持与印第安人交界地区的秩序时，不是靠武力或暴力手段，而是靠与印第安人友好相处、公平地对待印第安人，保持了当地的安宁。

"每个人都是你的老师"是杰斐逊最著名的一句名言。如果我们能够像杰斐逊总统一样把在各个领域的人，尤其是取得杰出成就的名人作为自己的榜样，就一定能够得到更多的教益。

我们知道钢铁大王卡内基曾是世界首富,他是怎么办到的呢?很简单,他模仿洛克菲勒、摩根和其他金融巨子。他留意那些人的一举一动,研究他们的信念,模仿他们的做法,才有了后来的成就。成功的方法不能复制,不同的人有不同的环境和机遇,但绝大多数成功者都有共同的特点:善于寻找生活中的榜样,学习和借鉴他们的经验便是其中之一。在教育孩子的问题上希望家长也引导孩子学会以别人为榜样,借鉴别人的经验,找到自己成功的捷径和动力。

与他人交往,不论他是富还是穷,只要我们用心去倾听他们心中的心声。他们都会告诉你一个个与众不同的故事。我们会从中得到生活的教益,或是交往的乐趣。总之,我们会获益匪浅。

每个孩子在牙牙学语开始,都喜欢问问题,而且是打破沙锅问到底的方式。很多没耐心的家长,不光只是敷衍地回答孩子的问题,更有甚者,会拒绝孩子的问题。其实,家长们没有认识到,这样对待孩子会让他们失去思考疑问的冲动,更会阻挡孩子养成好问的习惯。

所以说,要让孩子能从每个人身上都能学到优点,就要从小帮助孩子养成不耻下问、虚心好学的习惯。

教养是一个人最好的名片

杰斐逊是个有着极高教养的人。

有一天,杰斐逊先生和孙子一起骑马外出。路上,有一个奴隶向他们脱帽鞠躬,总统也脱帽还礼,但他的孙子却不理睬这个黑人。这位祖父对孙子说:"你在奴隶面前不文明,心中看不起奴隶,可奴隶做的比你还文明呢!你怎么能够让一个奴隶比你文明得多呢?"

那个时候,美国还未取消奴隶制,奴隶没有一切人权,杰斐逊先生却能够在受礼时脱帽还礼,在当时是很少见的。

杰斐逊身体力行教育后代——时时刻刻要做一个有教养的人。

还在杰斐逊担任副总统时,他曾想在巴尔的摩的一家高级旅馆开一个房间。当时他身边没有随从,而且只穿了一件沾满污泥的工作服。老板博伊登不知道这位就是副总统,就借口没有空房,把他打发走了。

杰斐逊离开后不久,老板听说刚才被打发走的是副总统,顿时感到惶恐不安,他立即吩咐仆人去找杰斐逊,说他要多少房间都可以安排。但这时杰斐逊已经在另一个旅馆开了房间。

杰斐逊叫仆人带信给博伊登:"你的好意我非常感激,不过既然你没有一个房间可安置一个农民,那么当然也就没有一个房间可安置一个副总统。"

正因为奉行"教养是你最好的名片"的做人准则,所以杰斐逊深得民心。在这方面,身为父母者,在教育孩子时,无妨学学杰斐逊。孩子健健康康、快快乐乐、聪明伶俐,是每个家长的心愿,如果在此基础之上,孩子彬彬有礼、人见人爱,做家长的就更加心花怒放了,因为孩子的教养是父母的一面镜子。

一个人的教养来自于后天的培养。聪明才智可以遗传,家庭财富可以继承,唯独教养不能"自然过户",它需要家长有意识地教、孩子有意识地学。如果家长养而不教,孩子学而不行,一个人即使才高八斗如果没有形成文明的素养也难以得到他人的尊重。所以良好的教育才能使孩子成为有教养的人,有教养的孩子能够善待自己、善待他人、善待周围环境。同时,教养还可为孩子的发展孕育机会:

亨利·福特大学毕业后,去一家汽车公司应聘。他发现同时应聘的其他三四个人的学历都比他高,便觉得自己没有什么希望了,轮到福特面试时,他敲门走进董事长办公室,发现门口地上有一张废纸,他弯腰捡了起来,并顺手把它扔进了废纸篓里,然后才走到办公桌前说:"我是来应聘的福特。"

董事长说:"很好,很好!福特先生,你已被我们录用了。"福特非常惊讶。董事长说:"前面三位人的确学历比你高,且仪表堂堂,但是他们眼睛只能'看见'大事,而看不见小事。你的眼睛能看见小事,我认为能看见小事的人,将来自然能看到大事,一个只能'看见'大事的人,会忽略很多小事,是不会成功的。所以我才录用你。"福特就这样被公司录用了。后来福特果然取得了成功,创建了扬名天下的"福特公司",成为美国汽车行业的巨头。

从故事中，我们可以看到福特的教养就体现在他随手拾起地上的废纸这样的"小节"上，也让与他相处的人享受到和谐、尊重、信任和体贴，并为自己的发展赢得了机遇。

生活中，有人将教养与礼貌混为一谈，但是礼貌和教养并不完全是一回事，礼貌只是教养的表现形式之一，懂礼貌和礼节的人不一定具备教养，而有教养的人通常都懂得遵守他所在环境中的礼节和礼貌。良好的教养在人际关系中具有重要作用，如：有爱心、尊重他人、做事有分寸、善解人意、温文尔雅、注重细节、关心他人、心胸宽阔、正派真诚、光明磊落等。

教养的本质是对人的关怀。因为关怀，我们才能注意并准确地把握交往尺度，给别人留下必要的私人空间；我们才会克服种种不便，使自己的行为符合社会公德的要求；注意处处使用礼貌用语，努力营造文雅平和的氛围。

对于正处在启蒙阶段的孩子来说，关于教养可用以下方法来培养：

家长和孩子一起制作六张卡片：

（1）独立自理。（说到教养，最起码应该体现在日常生活中不给别人添麻烦，自己的事情自己做，养成良好的生活自理习惯。）

（2）文明礼貌。（礼貌待人是孩子获得良好人际交往的通行证。）

（3）尊敬长辈。（尊敬长辈使孩子懂得人与人之间相处的基本准则。）

（4）同情友善。（同情心是人类高尚的情感，是爱之情感最原始的表现形式，是人道主义产生的始端。）

（5）诚实不说谎。（诚信是现代人应该具备的基础教养，应该从小培养。）

（6）爱护公共环境和财物。（爱护公共财物和环境反映现代人文明修养的一个基本面貌。）

当孩子在哪个方面出现问题，就拿出对应的卡片，和孩子讨论一下。日积月累、循序渐进地培养孩子养成良好的教养。

总之，培养孩子的良好教养，不是一朝一夕的事，家长要有耐心、有坚持不懈的精神，为自己的孩子拥有一张好的教养名片努力不息。

给孩子一切受教育的机会

杰斐逊出生在一个富有、地位优越的家庭,但对他来说更幸运的是他自幼就受到了良好的教育。父亲从小重视孩子的教育,父亲去世后,杰斐逊回到家乡又继续学习了希腊语、拉丁语、历史、文学、地理和自然科学。杰斐逊的父亲让孩子坚持每一个受教育的机会,他的这一理念影响了杰斐逊。

1809年3月,卸任的杰斐逊走出了白宫,但是杰斐逊家的农场门口却经常是车水马龙,拜访者络绎不绝,所有来的人,杰斐逊一律都欢迎。老年的杰斐逊最喜欢年轻人,有两个小伙子,常常跑到杰斐逊家里来,跟他一起研读各种书籍,探讨科学发展,甚至治国方略。杰斐逊热心回答他们提出的所有问题,并对他们的学习提出建议,进行指导,帮助他们成长。

杰斐逊深深相信教育的力量,他一生都非常重视教育,有很多教育理念,这些理念不仅在当年是非常先进的,即便是在今天,也还有一定的借鉴意义。比如,他认为,任何人都有受教育的权利。杰斐逊认为,无论将来从事脑力劳动,还是从事体力劳动,都应该接受相同的基础教育——学会阅读、书写和计算。

200多年前杰斐逊的理论同样适合现代人。虽然我们已经进入了21世纪,但有很多的家长在对待孩子的教育问题上仍然存有很多错误的观念。

其实,教育的机会无处不在,孩子的一言一行、一举一动都有可能成为父母捕捉具有引导价值的细节:去外面玩,可以学着教孩子注意环保,垃圾自己随手带走;学校组织捐款,可以引导孩子献爱心、主动帮助有困难的人……这一切,家长只要稍加留意就能抓住。"不积跬步,无以至千里;不积细流,无以至江海。"

孩子的进步和收获就像"细流""跬步"这样,是在一点一滴的积累中成长起来的。如果父母善于抓住和利用每一次教育契机,那么教育成功的家庭就会更多。

另外，家长要适当给孩子创造一些可以学习的机会，这里的学习并不只是学校的书本教育。父母几乎都有着同样的心情，每当见到自己的孩子遇到困难时，总会有要伸出援手的行动，但却忽略了，这份"心疼"，往往会在不知不觉中夺走了孩子的学习机会，造成了孩子依赖心重、学习态度偏差、丧失自信心，甚至是胆小畏缩等。

当家长有要伸出援手的行动时，何不先给孩子一个尝试的机会？我们可以教他，但不要代替他，慢慢的我们会发现，孩子虽小，但能做的事还真多呢！

五岁的小伟刚学会了洗手帕，没想到错开了莲蓬头，弄得一身湿。小伟担心挨骂，把湿衣服藏进衣柜里，晚上被妈妈发现了，妈妈没问清楚原因就揍了小伟一顿。小伟挨了这一顿揍之后，所有的结果并不会改善，他也学不到以后碰到这样的情况该如何处理。家长要让小伟了解，当出了自己无法解决的状况时，应勇敢地寻求父母的协助，父母不会因此而生气，如此一来，孩子从中学到了方法，也更能帮助他再一次勇敢地去尝试，这将会是孩子学习独立的第一步。

还有一种常见的错误现象，许多父母对于自己的孩子充满自信，因为孩子的个性从小就不太容易让人挑出毛病，但懂事且学习认真的孩子，却常承受了太多父母更高标准的压力。由于父母的期许过高，否定了孩子的努力，常常是孩子学习独立的最大阻力。

走入社会是孩子必须要面对的问题，父母无法照顾保护孩子一辈子，勇敢接受生命挑战的能力绝对不是长大之后就能自己具备的。现今社会的现象的确令人担忧，但也因此家长更需要克服自己内心的不忍与同情，抓住一切让孩子成长的机会，从小培养孩子独立的人格，让孩子有能力和信心去面对未来的一切。

4

麦迪逊家训

——沉默是金，严谨是剑

（总统任期：1809年3月4日—1817年3月4日）

詹姆斯·麦迪逊是美国的第四任总统。和其他总统相比，麦迪逊其貌不扬，但这个少言寡语、身材矮小的弗吉尼亚人却获得了"宪法之父"的美誉。麦迪逊没有在独立宣言上签名，也未能在革命战争中冲锋陷阵，然而他在缔造美利坚合众国所做的贡献上，无人可及。麦迪逊总统与杰斐逊总统是终身好友，在杰斐逊的总统任期内，麦迪逊担任了8年的国务卿，并帮助杰斐逊总统完成了美国宪法的制定，确保了美国公民基本权利的实现。

在20世纪80年代末，美国建国200周年之际，美国的有关机构进行了一个民调，内容是："作为美国人最让你感到骄傲的是什么？"收到的民调结果中80%的人说，最让他们感到骄傲的是美国宪法。美国宪法让美国有了200年的和平与发展，并在20世纪成了世界第一强国。

用才能替自己说话

麦迪逊并不是平常意义上的政治家，他不擅长在众人面前讲话，性格也有些优柔寡断。但却拥有丰富的学识和优秀的品行，他是一位真正的谦谦君子，而父亲的言传身教给了麦迪逊意志、美德和严谨，赐予他一生受用不尽的精神财富。

1808年，麦迪逊顺利当选为第四任美国总统，他的成功离不开青年时期的学习。

虽然麦迪逊家境富裕，但他的成长并不是一帆风顺。他出生时身体十分羸弱，父母对麦迪逊的教育颇为重视，所以他的启蒙教育是由父母在家中进行的。童年时，麦迪逊经历了7年战争。可即便如此，在11岁时，父亲将麦迪逊送到名师唐纳德·罗伯逊那里求学。罗伯逊对麦迪逊影响很大，从他那里学到了数学、语文、地理，精通了拉丁文。16岁后，他又师从托马斯·马丁牧师，花了两年时间准备上大学。

1769年，麦迪逊插班进入新泽西学院（普林斯顿大学前身），从二年级开始学习。他学习刻苦用功坚持不懈，两年就毕业了。在新泽西学院期间，麦迪逊学习了拉丁语、自然科学、地理、数学、修辞和哲学。学习期间，他很重视演讲和辩论术，得到了校长的赞许。毕业后，麦迪逊留在普林斯顿学习了一年希伯来语和哲学。在大学期间，麦迪逊喜欢步行和骑马，酷爱读书，并对古代文献有很深的研究。

有如此才能的麦迪逊，尽管性格上不善言辞，腼腆内向，但他在25岁时就已经担任草拟弗吉尼亚州宪法的工作，并成为弗吉尼亚州议会议员了。被选入第一届议会后，他遇到了杰斐逊。杰斐逊很快发现了这位比自己小 6 岁的年轻人，麦迪逊的智慧让杰斐逊感到惊讶，他们成为了好朋友。

其貌不扬的麦迪逊在政治上的成功完全是靠他超人的智慧。这样的人，在我们中国被称为"内秀"吧！现在很多家长都非常注重孩子的外在表现，给孩子穿最好的、用最好的，觉得只有这样才能培养出孩子的良好气质。其实不然，只用华丽的外表包装是禁不住时间的考验的。

那么，什么才是孩子的真正才能？答案是能够学以致用的才能。

古人有语："读书不见圣贤，如铅椠庸……讲学不尚躬行，如口头禅。"意思是说，研读诗书却不洞察古代圣贤的思想精髓，只会成为一个写字匠；讲习学问却不能身体力行，就像一个只会念经却不通佛理的和尚。所以，能够学以致用，才是孩子真正拥有了才能。

麦迪逊的才能，不仅体现在他具备一流的书本知识，而且他也懂得如何去运用这些知识，这就是我们所说的真才实学的最好的注解。纵观当下的社会，很多大学生毕业就失业，就是因为所学无法学以致用造成的。

那么，如何培养孩子拥有能够学以致用的才能呢？

首先，不以考试定成败，多给孩子一些正面的引导和鼓励。

家长不能为孩子的每一种才能设置一个考试，也不能改变现有的考试制度。但作为家长，我们心里要明白，考试只能说明这个孩子在某个方面的状况，绝对不能作为衡量孩子整体的标准。比如：孩子历史考试得了 98 分，只能说明他历史学习能力不错，但不能说明其他方面的情况，如在为人处世方面，他可能是个自私自利的人，还不如历史考 40 分的人。而且孩子还处在成长过程中，他的才能有待时间的检验。如果我们经常以考试不及格来责怪、贬损孩子，使他失去信心，他真正的才能可能就会枯萎。因此，我们不能盲目地拿孩子的考试成绩跟别的同学去比较，也不能用考试成绩的好坏来判断孩子才能的强弱，而是应多给孩子一些积极的引导和鼓励。

其次，让孩子懂得学习要与实践结合。

教孩子学会思考，不能死读书。读书时，一定要让孩子在头脑中多问为什么，结合自己的生活多思考。同时，还应让孩子多参加实践，在实践中学习。另外，必须让孩子明白这样一个道理：书本知识是有限的，在社会、生活这本大书中的学习是无限的。不能太迷信于书本上的知识，学习时必须多结合实践，做到学以致用。

最后，不苛求孩子全才，独专一门就是人才。

人无完人，一个人不可能在各个方面都很优秀，他或者具有音乐才能，或者具有美术才能，或者具有体育才能……孩子健康的爱好，家长应尽力支持，不要把自己的意愿强加在孩子身上，孩子也是一个独立的个体，他应该有自己的爱好和选择，家长不能剥夺他的权利。只有孩子自己喜欢的东西，他才会认真去钻研，才会有所造诣。

美国著名教育心理学家、"多元智能理论"之父霍华德·加德纳认为：每个人都或多或少具有8种智力，只是表现程度不同。每个孩子都具有自己的优势领域，有自己的学习类型和方法，家长应该做的是，为具有不同潜能的孩子提供适合他们发展的不同的教育，把他们培养成为不同类型的人才。所以，家长们，请坐下来好好跟孩子聊一聊，问一问他们喜欢学习什么？不要苛求孩子全面发展，让孩子选择最适合自己的方向发展。

对高贵品行的渴求是一种人生态度

一位当代美国历史学家评说麦迪逊时说："作为一名公务员，他的无私、他的功绩是否博得了声誉，对他来说是无关紧要的。在他身上体现了各种不寻常的品德的综合——这些品德，在今天看来更显难能可贵，因为在今天的公务员身上已很少能见到这些品德了。"

麦迪逊之所以受人尊敬，同他的个人品德不无关系。在制宪会议长达3个多月的暑天里，他每会必到，晚上又要整理笔记，但最可贵的是他那种不居功的风度。

杰斐逊曾把弗吉尼亚宗教自由法案列为他自己平生三大功绩之一。当然，宗教法案的稿子是杰斐逊亲拟的，然而它之所以能成为正式的法案，却完全是麦迪逊之功。当时杰斐逊早已赴法，担任美国驻法大使，是麦迪逊在弗吉尼亚议会中单枪匹马进行奋战，才使杰斐逊的建议成为法案。但世人很少把该法案与麦迪逊联系起来，而麦迪逊也从来不介意。

拥有高贵的品行，不仅表现在外在的素质，更表现在内在的修养上，也就是一个人内心全部的精神体现。麦迪逊的这种生活态度，使他的人生更加精彩。

要想孩子品德高尚、有爱心，家长要有意识地花费时间和精力对孩子进行教育，关注孩子对各个方面问题的认识，比如：看世界的角度是着眼于负面的，还是正面的，是认为这个世界是有救的还是没救了；对自己的看法，是认为自己在这个世界上是有价值的，对世界的变化是有责任的吗？

总之，要想让孩子成为一个品德高尚、有爱心的人是需要很长的时间培养的。在日常生活中，家长要有意识地强迫他去做，使他习惯成自然。同时还要多学习社会上好的东西，多看正面的评论，也会有帮助的。

孩子跟着家长，家长要为其多创造养成高贵品行的机会。陪小孩子在广场玩时，看到草地上有垃圾，家长带着孩子把垃圾扔进垃圾箱。家长不用做太多的解释，孩子就会学习到保护环境的品德。

以上只是举了个简单的例子，家长培养孩子的品德能力包含了很多方面。如：孩子良好的做人习惯；孩子讲究美德的习惯；孩子健康的心态习惯；孩子良好的阅读习惯；良好的课堂学习习惯……这其中的品行，有的需要家长引导，有的需要孩子自己体会。

这里我们仅简单说一说如何培养孩子的诚实品德吧！

首先，我们要创造一个宽松、愉快、民主、和谐的家庭氛围。因为只有家庭成员相互保持诚实真挚的态度，使孩子感到成人的爱护和关心，他才能够信赖成人，有了过失才敢于承认。

其次，经常讲一些"做人要诚实"的道理。孩子年龄小，必须把道理具体化、形象化、趣味化，孩子才能接受。所以，可利用故事，把做诚实人的道理寓于故事之中，使孩子明白什么是诚实，什么是虚假和欺骗，应该怎样做，不该怎样做。

再次，要满足孩子合理的要求和愿望。适时地给孩子添置玩具、图书及彩笔等。让孩子意识到自己需要的东西，只要是合理的，又是家庭力所能及的，是会得到满足的。这样可避免孩子因需要不能满足而把别人的东西随便拿回来而又不告诉家长和小朋友的情况。

最后，家长要有正确的教育方法。当发现孩子有不诚实的言行时，要采取细致、耐心的方法，冷静地听听孩子的想法，分析原因，对症下药，切不可急躁、粗暴，甚至施加压力，进行打骂、体罚等，这样只会适得其反，造成孩子为了躲避责罚打骂而说谎。

同时，还有一点非常重要，就是成人要以身作则。孩子好模仿，他们时时刻刻都在观察、模仿成人的言行，因此家长要做到言必信，行必果，凡是答应孩子的事就一定要兑现。

严谨可以使自己少出错

麦迪逊的严谨态度来自两个人的影响。

麦迪逊是家中长子，从小深受父亲影响。麦迪逊的父亲是英格兰移民后代，幼年丧父，靠自身的努力成为奥林奇县最大的庄园主和县级治安官及法官。在独立战争期间，老詹姆斯曾任奥林奇县的最高军事领导人。老詹姆斯的言传身教给了儿子坚强的意志和严谨的作风。

麦迪逊11岁后师从名师唐纳德·罗伯逊，学习数学、地理、文法和拉丁文等科目。罗伯逊先生的治学态度虽有几分刻板，但十分严谨，讲求实效，5年的学习生涯使麦迪逊终生获益。

重视严谨不是一句口号，而是行动。严谨可以让个人处理问题时将问题更完美的解决，并且不留下后遗症。严谨还是一种习惯，养成了严谨的习惯后就不会因认真处理问题而感觉到疲累。

家长都希望孩子做事严谨。可孩子做事总是马虎、毛躁、毛手毛脚、慌慌张张、丢三落四……这些毛病产生的原因是什么？我们来分析一下吧：

这样的孩子往往是待人热情、奔放、外向的孩子，喜欢结交朋友，喜欢帮助别人。然而他们有时却会过高地估计自己，任何事情都愿意张罗。可是总是由于自己的毛病不能把帮助别人的事情办好。平时自己做事情计划性不强、没有常性；坚持性差、注意力容易转移。再有，这样的孩子还往往生活的条理性较差，自己使用的物品存放没有规律，随意性很强。

孩子的这种问题与家庭的生活环境影响有很大关系。一种情况是父母生活条理性很强，把孩子的各种事情都安排得很细致，甚至怕孩子的事情做不好，就经常代替孩子完成，使孩子从小养成依赖的习惯，不能独立做事情；另一种情况是家庭条理性较差，家庭成员做事时都存在上述的毛病，家里的物品存放零乱没有规律，也就使孩子从小没有养成良好的习惯。

根据上述孩子的情况以及其毛病产生的原因，父母应该给予思想上足够的重视。未来社会是合作与竞争的社会，要使孩子将来能够适应繁杂的社会性事务，以及紧张的生活节奏，就要培养孩子从小养成生活的条理性、计划性，注意引导孩子克服做事马虎、毛躁、毛手毛脚、慌慌张张、丢三落四的毛病，养成严谨细致的习惯。

父母怎样帮助孩子养成严谨细致的习惯呢？我们可以试着采用下面的一些方法。

大多数的孩子喜欢大人对其优点加以肯定和赞扬。当孩子对新鲜事物产生新奇感，有强烈的热情时，有意愿要进行探究时；当孩子对别人的一些事情表示要给予热情帮助时；当孩子对自己感兴趣的事情，急忙要去做时……父母不要放弃对其进行适当地引导，引导孩子做事的计划性。父母应给孩子讲，一个人不管做什么事，都应有一个周密的计划，先做什么、后做什么、事前做哪些准备、如何开始等。也可以告诉孩子做事之前用一张小纸条写上自己要用的物品及时间安排等。这样做对克服做事马虎、毛躁、毛手毛脚、慌慌张张、丢三落四的毛病，会产生事半功倍的良好效果。

有一个孩子四年级时开始住校，周末回家。他有一个很好的习惯，就是在自己的铅笔盒里放上一张小纸条，记上周末要把什么东西带回家，要将什么东西带到学校。每次回家前按纸条记录的内容整理物品，回家后第一件事就是整理回校应带的物品。多年的住校生活他很少遗落东西。

工作后，孩子把他这个习惯带到工作中，每次出差外出前也是把需要带的东西一样一样计划好，然后一样一样地收拾装箱准备停当。

经过父母的帮助和引导后，父母还应辅导孩子如何去完成，然后让孩子自己去做，这叫培养孩子良好习惯的"教、扶、放"的三个有效步骤。其中的"放"一定要放得干净，让孩子独立地去做事，他可能会碰钉子，就让他自己去碰，自己得到的教训是最好的教训，自己长的经验是最好的经验。而父母也要注意以身作则,这是帮助孩子培养严谨细致习惯的关键。

随着现代生活快节奏的出现,每个人都应克服做事马虎、毛躁、毛手毛脚、慌慌张张、丢三落四的毛病。父母和孩子一起进行训练和克服,也是培养孩子良好习惯的最好办法。

5

门罗家训
—— 温和的生活，不凡的拼搏

（总统任期：1817年3月4日—1825年3月4日）

詹姆斯·门罗是美国的第五任总统，是"门罗主义"的创始人。门罗的政治人生虽然没有华盛顿等总统那般赫赫有名，但就像他温和平实的性格一般，他默默地为美国的政坛添砖加瓦，奉献自己的才华和韶华。门罗任总统时，正值美国结束连年战争进入和平建设时期，他对内强调国家意识，对外大力开拓疆土，为美国资本主义发展创造了有利条件。

门罗是家里的长子，父母对他寄予厚望。父亲老门罗十分关心子女的教育问题，在门罗牙牙学语时就开始教他读书识字，在门罗11岁那年，送他到坎贝尔教学校就读。这是一所远近闻名的学校，管理严格、藏书众多、环境十分清静优雅，有不少名师在这里执教。在学校中，门罗初步显示出他的优秀天赋，他大量地浏览各类图书，并对法学、文学和政治学产生了极其浓厚的兴趣。

知识是最好的武装

1780年,门罗被任命为弗吉尼亚州的军事特派员。

1782年,他当选为弗吉尼亚州议会议员,这一年门罗仅24岁,为该州最年轻议员。

由于门罗的能力和政绩,1783年他又被选入美国十三州邦联议会,并一直任到1786年。在邦联议会中,他仍是最年轻的议员。会上他投票赞成"巴黎和约",这个和约的通过,结束了美国的独立战争。他还建议授予国会协调对外贸易和州际贸易的权利,这一建议后来成为美国宪法的一部分。

门罗在邦联议会供职3年,在这期间,他对美国领土的扩展问题产生了极大兴趣。他特别关注在阿巴拉契亚山和密西西比河之间的西北部的移民问题。门罗在邦联议会中担任了有关密西西比河自由通航问题的委员会主席,敦促密西西比河的自由通航。

同时,门罗还是涉及美国西部地区结构问题的另一委员会的主席。1784年,邦联议会闭会期间,门罗考察了西部地区,在给杰斐逊的信中写道:"这次西行可能会用尽闭会期间的全部时间,但我或许能得到比较丰富的知识。如:关于我们应当占领的驻防营区,英军撤兵迟缓的原因,印第安人对我们的态度,甚至土壤、水情以及领略广大乡村那无限秀美的自然风光等。"

至此,门罗在美国政界开始崭露头角。

这恰恰验证了那句名言:是金子总会发光的。而要让自己变成会发光的金子,

就要储备丰富的知识。机会只留给有准备的人!自己一无是处,就别想着

成为千里马。

高尔基说:"没有任何力量比知识更强大,用知识武装起来的人是不可战胜的。"怎样能让自己受到爱戴和尊重?只有丰富的学识。家长们要从小培养孩子涉猎多种知识的机会。举个简单的例子:和孩子去动物园,他们会有很多的问题,"大象的鼻子为什么那样长?它有什么用?……"这就要求家长会用孩子能听懂的话解释给他听。而家长能说出答案,必须要了解多种方面的知识。这其实是给家长提高了要求。

但是,任何人都不可能懂得所有的知识,要有"活到老,学到老"的意识。家长学习知识不但可以教育孩子,还可以充实自己。

我们可以跟孩子设定阅读计划,在某个固定的时间段里,家长和孩子必须要学习,学习哪方面的知识可以根据个人的需要。这个时间段要雷打不动,也可以给孩子养成做事情有始有终的好习惯。一定要创造良好的家庭学习氛围;家庭内各种形式的"内战"要暂停,各种容易引起孩子兴奋的事应少提,如出国、旅游、买车、上网等;易引起孩子分心的事要避免,如:玩手机发短信、网上聊天等,总之,要创造使孩子能静下心来专注于学习的和谐安静的学习环境。

但是家长在学习问题上,对孩子的期望值要实事求是,给孩子定的目标要让孩子跳起来能达到,千万不要提出高不可攀的目标,这只能使孩子在挫折和失败中,把自己健康的心理彻底摧毁。学习期间,孩子的负担重、压力大、消耗大,为了能打持久战,必须保证做到"三个基本",即基本的睡眠、基本的锻炼、基本的营养要保证,也就是说要睡好、要练好、要吃好,否则很难坚持长期的学习。

总之,新知识的出现层出不穷,家长要给孩子一切可以获得知识的机会,比如带孩子参加标本参展会;和孩子一同去郊外寻找春天的痕迹;等等。学习知识并不只是让孩子坐在教室里,坐在书桌前,任何新的内容都可以让孩子获得知识。

坚持做自己认为正确的事情

二十几岁的门罗弃笔从戎,加入大陆军,此后,他再没回学校。1776

年,门罗与华盛顿的部队一起穿过特拉华州,参加了特伦顿之战。战斗中,门罗率领士兵发起了进攻,夺取了两门大炮。因为他的英勇行为,门罗被升为上尉。门罗在独立战争期间的行为赢得了华盛顿的好感。华盛顿称赞门罗:"在任何情况下,他都保持了军人的勇敢、顽强和机敏。"

在这期间,门罗和私人教师也学习过法律,但是他还是喜欢当一名军人。而门罗也正是坚持了做自己认为正确的事情,才在战争中展示出了自己的过人才能,成为美国总统。

坚持做自己认为正确的事,不仅表现在门罗的职业生涯当中,而且在政治理念上他也坚持这样的准则,不过,这次坚持的代价比较高。

当时的美国国内政治力量分为两个全国性政党的步伐在加快,舆论也围绕着"两极"而分化,即一派拥护民主共和党和法国,一派拥护联邦党人和不列颠。门罗在政治上是倾向法国的。

1794年美英签订了《约翰·杰伊条约》,解决了英法交战时英国船只阻截和掠夺美国商船的问题以及英军撤出西北部据点的问题。条约的签订是美国的一次妥协,美国人民包括门罗在内的共和党人都抨击这个条约。因为条约防止了法国迫切期待爆发的美英战争,法国很不高兴。

华盛顿总统为了在互相对抗的欧洲国家之间保持平衡,也为了平息共和党人对政府的批评,任命门罗为驻法国的大使。

在华盛顿政府亲英的情况下,门罗知道他的使命就是维护法美友好,防止外交决裂。但门罗对法国的同情与美国政府严格奉行的中立政策形成了矛盾,他觉得很难使二者统一起来。他在法国的行为与其说是美国政府的代表,还不如说是作为共和党的代言人,因为从一开始,他就在支持法国的道路上走得太远了。

在巴黎举行的正式招待会上,门罗大肆赞扬法国,以致受到美国国务卿的正式申斥。他在法国议会里热情洋溢的演说,招来了华盛顿总统的批评。总统批评他说:"要注意讲话的场合,要考虑到我国的中立政策,这是规矩……"

驻法期间,门罗向法国官员说情,使得因为反对处决路易十六而被囚禁在巴黎的托马斯·佩因获释。门罗相信佩因病得很重,允许他在美国公

5 门罗家训
——温和的生活，不凡的拼搏

使馆暂住。然而佩因刚恢复健康，就立即咒骂华盛顿总统听任他尝了这么长时间的"铁窗风味"。这一事件进一步引发了华盛顿总统对门罗的不满。

对《杰伊条约》的签订，门罗是持反对态度的，但是作为驻巴黎的美国公使，他既没有公开表示，也没有向法国官员转达自己的态度。可是，联邦政府却期待他能积极支持这个条约，反击法国对这个条约的反对意见。门罗没有这么做。

门罗的沉默，更使政府对他的行为不满。同时，1795年法国政局发生变化，出现了代表大资产阶级的五人寡头的政治，门罗在法国已不能发挥作用。于是，1796年底，华盛顿总统将门罗召回美国。

回国后的门罗坚持己见，对华盛顿的外交政策发动了严厉地抨击。他认为这次出使法国是受了政府中联邦党人的欺骗，他们利用他去安抚法国，同时又在《杰伊条约》中对英国做出妥协和让步，并出书为他在法国的行为进行辩护，当时很多美国人都支持门罗的这种做法。

门罗以后长期坚持自己的看法，在他的自传中有相当大一部分是对他首次出使法国的评价。然而他的行为使华盛顿总统更为不满，而受到冷落。

因为门罗坚持做自己认为正确的事情，而不是一味地迎合总统华盛顿，所以导致了这段时间成了他政治上最不得意的时期。虽然他的代价颇大，但是他的精神值得父母思考，更值得将这种思想教育给孩子们。

对于门罗的表现，常人可能觉得真是太较劲了。因为较劲的是昔日的战友、上司、当时的总统华盛顿，他完全没有必要固执己见，自毁政治前途。其实，门罗的这种坚持并非是固执己见，而是一种有主见、不随波逐流的做法。也正因为这样，他才会再次崛起，成为后来的总统。

现在有很多学校的学习风气不好，孩子们不比学习，比的是谁穿得好、用得好。孩子们很容易被这种不良风气所影响，不能够坚持住自己的奋斗目标。家长一旦发现孩子有这样的发展趋势时，一定要认真观察和思考孩子的变化过程，想出对策，加以引导。

首先，我们要和孩子沟通，让他们把心态调整好。让孩子们静下心来给自己找个定位，先想清楚自己究竟是怎么想的，想要干什么，最后达到怎样的效果或者希望是怎样的结果。

然后，要让孩子给自己定个短期目标、中期目标和长期目标。没目标的话要想目标，想到了就要咬准目标。没有目标就没有动力，一个没有目标的人只会为了兴趣做，而不会为了价值做，做事要有效率，首先要有目标。

然后，家长要鼓励孩子不怕困难和挫折，朝着目标勇往直前。孩子自制力较差，在奋斗的道路中，偶尔会被沿途的风景所吸引，而耽搁了前进的步伐。这时候，孩子是需要有经验的父母及时引导的，我们不要只重视结果，只要孩子和家长共同努力了就可以了，这个过程才是最重要的。

关键时刻的表现比事事逞强更出彩

门罗在被华盛顿冷淡后，有两年时间属于隐退阶段。但退隐两年之后，即1799年，他当选为弗吉尼亚州州长。担任州长期间，他表现出非凡的管理才能，一直任职到1803年，其间有一次奴隶反抗刚刚露头，便被州长平息下去了。

1803年元月11日，杰斐逊总统任命门罗为总统特使，出使法国。春天，他又一次来到巴黎，这次他是来做"历史上最大的领土交易"的。他到法国的使命就是协助驻法公使罗伯特·李文斯顿同法国谈判购买密西西比河口包括新奥尔良地区的事宜。因为西班牙封锁了美国人在密西西比河的航行，并根据《圣·伊尔德丰索秘密条约》将路易斯安那地区交还给法国，此事引起了美国国内的不安。其后西班牙的地方长官又撤回了新奥尔良的"保管权"，进一步激起了美国国内的不安情绪，并引起了许多关于战争的风声。

杰斐逊总统决定采取和平方式解决这个问题，于是委派门罗出使法国，并且授权门罗和李文斯顿两人可在1000万美元限度之内购买新奥尔良和东西佛罗里达。

门罗到达法国之前，李文斯顿任何协议都未能达成，而且对新奥尔良和佛罗里达西部地区的谈判正陷入僵局。4月1日法国突然提出愿意出售整个路易斯安那，这样摆在门罗他们面前的情况就变成了两种：或购买整个路易斯安那，或不买。

门罗他们未及向国内请示,便决定越过上级训令,同意以1500万美元把整个路易斯安那买下来。但这笔便宜的交易却为美国带来了一大难题,因为联邦宪法中并没有可以获得外国领土的规定,因此必须修改宪法。

由于时间紧迫,杰斐逊亲自出马大力周旋,促使参议院立即批准了这笔交易。于是门罗和李文斯顿于4月30日签订了一个条约和两个协议,以1500万美元的价

格购买了这块相当于美国本土面积的土地。路易斯安那的购得,使门罗成为全国显赫的人物。

门罗家族之所以有"关键时刻的表现比事事逞强更出彩"的训诫,除了门罗的家庭教育的影响,他自身的这段经历可能也是最好的注释。时时逞强,不如蓄积心力,厚积薄发,在关键时刻亮出自己。

"关键时刻的表现比事事逞强更出彩",这其中蕴涵着很多耐人寻味的人际交

往的道理,这个理论在如今的工作中尤为重要。但是,在儿童阶段,我们家长最为重视的还是要让孩子敢于表现自己,只有先敢于表现,才能学会如何抓住时机去表现。

有些孩子在父母面前,又唱又跳,可在生人面前,却羞于表现,不敢表现,这让很多家长感到非常烦恼!

面对这样胆小的孩子,家长要从培养孩子的自信心开始。让孩子对自己有信心,最佳的办法就是父母的鼓励。让孩子觉得自己的歌唱得非常好,舞跳得很美,他有了信心,就有胆量在外人面前表演了。

当然,让孩子敢于表现,还需要家长创造机会,给孩子提供表演的舞台。家里来了客人,让孩子背诵一段儿歌、唱一首歌,都可以锻炼孩子的胆量。家长多让孩子参加一些幼儿园、学校举办的文艺比赛,我们发现,那些参赛经验丰富的孩子大多是拥有自信的。不论孩子在比赛中名次如何,他都经历了在台上表演的过程,增加了表现的欲望。

还有,家长要注重孩子的交际能力。家长要有意扩大孩子的交际面和接触面,让孩子经常面对陌生的人与环境,逐渐减轻不安心理。有空的时候,可以带上孩子和邻居聊上几句,帮孩子与同龄朋友一起玩耍,建立友谊。比如说,

和孩子去买东西的时候，可以让孩子去付钱。经常带着孩子到同事、亲戚家串门……随着见识的增长，孩子自然会勇于表现自己，甚至是自然地表现自己。

当孩子敢于表现自己了，家长再潜移默化地引导孩子，要懂得适时地表现自己。比如说孩子平时很爱说话，家里来了客人，他也能和客人聊得很好。可是，孩子在姥姥的生日宴上却不知道说什么了。这个时候，家长就要耐心地教育孩子："在今天这个重要场合，你说得好，才更能表现你的好口才。"如果孩子不会说，家长可以教孩子怎样说。孩子勇敢地迈出这一步，可以让孩子既锻炼了自己，也懂得了要在关键时刻表现自己才最重要。

6

小亚当斯家训
——家族荣誉需要更努力去捍卫

（总统任期：1825年3月4日—1829年3月4日）

约翰·昆西·亚当斯是美国的第六任总统，他是第二任总统约翰·亚当斯的长子，被称为"小亚当斯"。他20岁便成了有名的外交官，出使欧洲多年，在门罗任期担任国务卿，任职8年，解决了美国与英国、西班牙等国的许多纠纷，被称作"美国历史上最有才华的国务卿之一"。亚当斯1825年当选美国总统，1829年卸任后被选为国会众议员，在国会工作直至逝世。

亚当斯的童年是在独立战争中度过的。他从小才华出众而且早熟，一位哈佛教授称他是哈佛有史以来最有才华的学生。他一生力求成功，正是他父亲对子女严格要求的写照。老亚当斯不断鼓励儿子在学业上出类拔萃，正是这样的高标准，让这个样样出色的年轻人从不因当前的成就而沾沾自喜，而是孜孜不倦追求生活中的更高目标。

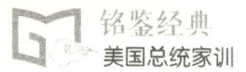

从小要树立人生信念

亚当斯是美国历史上第一位继其父亲之后成为总统的总统。与父亲一样，亚当斯毕业于哈佛大学，他样样出众，被一位哈佛教授称为"哈佛有史以来最有才华的学生"。追随父亲步入政界后，亚当斯以父亲的座右铭为自己的人生准则。父亲让亚当斯按照17世纪清教徒式的道德准则行事，告诫他："我的孩子，你的人生目标应是追求道德，因为它们是永存的。"

正是这些忠告才塑造了这个才华出众的年轻人像他父亲一样，一生都在孜孜不倦地追求更高目标的道德品质的信念。

信念使人勇敢，坚守信念的人更相信奇迹，为着信念去奋斗是快乐的。

罗杰·罗尔斯是纽约历史上第一位黑人州长，虽然他出生在纽约声名狼藉的大沙头贫民窟，但他考上了大学，而且成了州长。在罗尔斯就职记者招待会上，他提到他的小学校长皮尔·保罗。

在美国嬉皮士流行的20世纪60年代，皮尔·保罗被聘为诺比塔小学的董事和校长，当他走进这个小学时，发现这里的穷孩子们无所事事，大家旷课打架，甚至连教室的黑板都砸烂。当罗尔斯从窗台上跳下来，伸着小手走向讲台，皮尔·保罗对他说："我一看你就知道你将来会是纽约州的州长。"罗尔斯平时顶多被奶奶说过可以成为一个船长，而校长居然告诉他说他有可能成为将来的州长，使他感到特别吃惊。于是他记下了这句话，从此以后都以纽约州州长来要求自己。他的衣服不再沾满泥土，他说话时不再有污言秽语，开始挺直腰杆走路，他成了班主席。到他51岁时，他真的成了州长。

6 小亚当斯家训
——家族荣誉需要更努力去捍卫

罗尔斯的就职演说中有这么一段话:"在这个世界上,信念这种东西任何人都可以免费获得,所有成功者最初都是从一个小小的信念开始的。"信念是一股无形的力量,驱使着人们努力向前进。关于信念有位家长也讲了一个真实的故事:

> 读高中以前,儿子让全家人操心。书不好好读,整天跟一帮狐朋狗友瞎混。中考结束,他的成绩可想而知,没有被任何一所学校录取。我们没办法,只能和他说:"你还想再读书,自己想办法。"
>
> 儿子厚着脸皮跑到半山的一所学校,老师瞄了一眼他的成绩单,说了3个字:"不可能!"连续找了3所学校,都没有接收他。当他第四次找到夏衍中学校长时,他哭着说:"我想读书!"校长心软了,尤其看到他一个人在找学校,相信他真的有所觉悟,最后接收了他。
>
> 从儿子把好消息告诉我的那一刻起,我发现他真的长大了。如果我们出去帮他找学校,他根本感受不到那种被人瞧不起的心情。没有这次经历,他哪会如此珍惜来之不易的读书机会?

这个真实的故事也许会对许多家长有所启发:并不是什么事情都给孩子安排好,就是对他最好的帮助。有些时候,让孩子自己去体会尴尬和挫折,让他们的思想彻底改变,从而树立正确的人生信念,才是对孩子最负责任的教育方法。

总之,信念总是徘徊于坚持与动摇之中,总是彷徨于前进与退缩之中。信念的失去固然有外在的迫力,固然有种种的无力与无奈,但主要还在于自己。外因永远依靠内因起作用。正如信念的重塑需要外在的推动力,但最终还要靠自己去完成,任何人也不可能把信念深种于别人的心中。

让孩子从小树立人生的信念,要注意的地方还有很多。但是只要家长有坚定不移的信念,在对待孩子的教育方面有始有终,不随自己的心情而左右,在培养孩子的人生信念时,家长要有耐心,这样,我们的孩子才能成为一个有着坚强信念的人。罗曼·罗兰曾说过:"人生最可怕的敌人就是没有坚强的信念。"

成才要趁早

11岁,在我们的概念里是个小学四年级的学生,成天只知道玩,背着书包墨守成规地往返于学校和家之间,而亚当斯——一个11岁的小男孩已经成就了一番大事业。

亚当斯11岁的时候,父亲让他作为秘书一道前往法国,14岁的时候作为美国使者的秘书远赴俄国,15岁和16岁时,作为美国停战代表团的秘书被派往海牙和巴黎。1786年,父亲出任美国驻英国大使后,他再一次成为父亲的秘书。1794年,27岁的亚当斯被华盛顿总统任命为美国驻荷兰大使。后来成为参议员。

在亚当斯21岁前,老亚当斯非常重视他眼界的开阔,他曾让儿子四渡大西洋,其中三次是在独立战争期间。亚当斯十几岁时,就任拜访俄国女皇凯瑟琳的美国使团秘书和翻译。老亚当斯驻法时,也带着儿子在巴黎上学,这让亚当斯的外语学得非常好。

在结束了出使工作后,亚当斯进入哈佛大学学习文学和古典研究,并以优异的成绩完成哈佛学业。

在这里,让所有孩子与亚当斯看齐,并不是我们要提倡的。毕竟能成为昆西·亚当斯这样的人少之又少。

在这里,我们通过亚当斯的成长经历可以看到,孩子有孩子的潜能,不要认为孩子还小就抹杀了他们的创造性思维能力。家长要给他们提供一切可以锻炼、发展的舞台。现代家长对孩子的智力培养很舍得花费精力、金钱,从小就进行胎教等智力投资。但是,需要提醒家长的是,切不可只注重孩子的智力发展,而忽略了他们的非智力因素的发展。像亚当斯,他并不只是在文化知识方面出类拔萃,他从小就生活在政治家庭的背景下,非智力因素的发展也是相当出色。

什么是非智力因素?是指与认知没有直接关系的情感、意志、兴趣、性格、需要、动机、目标、抱负、信念、世界观等方面。这些非智力因素，在人才的成长过程中，有着不可忽视的作用。一个智力水平较高的人，如果他的非智力因素没有得到很好的发展，往往不会有太多的成就。相反，一个智力水平一般的人，如果他的非智力因素得到很好的发展，就可能取得事业上的成功，做出较大的贡献。

在家庭教育中，父母注重营造家庭氛围。一个完整意义的现代家庭，必须具备充足的智力资源和非智力资源。家庭在培养孩子的非智力素质时，应将重点放在培养其情感、意志、兴趣、习惯、志向等方面。

家庭教育应营造知识氛围，促进孩子的求知欲望和创新动机。家庭应营造和谐氛围。家庭各成员互相关心，和睦相处，使家庭充满温暖，可使儿童在融洽、轻松的家庭环境中，学会关心别人、尊重别人、理解别人、稳定情绪、乐观、热情、高效率学习等。家庭应有民主氛围。家长对孩子的教育方式就像一面镜子可从孩子身上得到反馈。鼓励得到自信，赞扬得到自尊，训斥得到自卑……父母应在孩子做的事情中不断寻找值得赞许的方面，及时鼓励孩子。家长切记不能用空洞和不真诚地表扬来"惩治"孩子。父母应认真对待孩子的个人要求，帮助孩子成为有个性的人。

同时，家庭教育要注意加强亲子沟通与正确指导。家长应采取易于为孩子接受的平等对话的方式去理解孩子、相信孩子，作孩子的知心朋友，否则会拉远自己与孩子的距离，甚至产生隔阂及逆反心理，不利于家庭教育的实施。家长的所作所为是无声的语言教养，良好的亲子沟通有助于培养孩子优秀的内在品质。家长们还需注意一点，现代科技日新月异，知识信息快速增长，这就要求家长们要具有时代感，不断更新观念，加强学习，更好地了解孩子的所思、所想、所求。

在儿童成长的过程中，家长应不断指引他们，与孩子"共同成长"。家长在教育孩子时还要善于情境教育。例如爬山，家长可以鼓励孩子坚持不懈到达山顶时，引导在领略自然情趣的同时，不失时机地体验"无限风光在险峰"的情趣。与孩子一起爬山，孩子受到鼓励，会拼命向上爬，这样能取得较好的效果。再如，当孩子看到大海时，家长应告诉孩子只有像大海一样包纳百川的胸怀，才能广阔无边。当孩子旅游陶醉于如画的山水时，应告诉孩子，没有环保，地球将会变得荒芜，等等。

当然，家长教育孩子还是要因势利导，不同的孩子要使用不同的方法，能

让孩子成才才是硬道理。

阅历可以开阔眼界和心界

对于与昆西·亚当斯同时代的政治家来说，他以才华横溢、眼界开阔而著称。

1809年，麦迪逊出任总统，他了解到小亚当斯从小曾同父亲一起出使过很多国家，会多种语言，且外交经验丰富，于是他派小亚当斯出使俄国。这一重要任命重新激发了小亚当斯的政治热情和雄心，他立即带上妻子和小儿子匆匆踏上了旅途。小亚当斯是首位为俄国正式接纳的美国公使。此时，小亚当斯已经是一位成熟的政治家和外交官了，实际上，欧洲所发生的重大事件大都是由他传至华盛顿的，由于政府很重视他的意见，因此他的意见对政府制定外交政策产生了很大影响。他与沙皇亚历山大一世建立起了特殊的友谊，经常与沙皇聚会、聊天，并充分利用这一关系为美国谋利。在他的游说下，俄国允许美国商船自由地利用俄国的港口，美俄贸易也得到了较快的发展。通过俄国，美国还改善了与北欧国家的关系。

1812年俄法战争爆发后，小亚当斯与俄国人共享遭受入侵和最后胜利的忧愁和快乐，并把这段曲折的历史写成精彩的报告，传回国内。

1813年，小亚当斯参与并领导了与英国政府进行的关于结束第二次独立战争的谈判。谈判进行得十分艰苦，一直持续到1814年圣诞前夕，双方才达成协议，签署《根特条约》，最终结束了战争。

1815年时亚当斯出公差到巴黎，正巧碰上了拿破仑从囚禁地厄尔巴岛凯旋，重建他的帝国。小亚当斯怀着惊叹和复杂的心情目睹了这一历史奇观。

1815年，麦迪逊总统任命小亚当斯为驻英公使，他又回到了年轻时与父亲住过的伦敦。小亚当斯的使命是促进美英双方贸易的发展和关系的正常化，为此他付出了巨大的努力，与英国签订了几项重要的商务协定。

6 小亚当斯家训
——家族荣誉需要更努力去捍卫

1817年，门罗就任美国总统，鉴于小亚当斯丰富的外交经验，门罗任命他为美国国务卿，一直至门罗卸任总统。小亚当斯的外交经验是门罗政府在外交上取得的一系列成果的保障。

由于亚当斯小时候曾有丰富的外交经验，他在麦迪逊任职总统期间被任命为外交官派往不同的国度中学习、经历不同的重大事件，这些经历使亚当斯增加了阅历，同时也开阔了眼界和心界。

有家长看到这儿，一定会说："以后我们就带孩子去旅游。"其实，旅游是增加阅历的一种方式，但并不是唯一的方法。而且即使带孩子去旅游，也最好不要去一些热门的景点，孩子看的只是单纯的景色，而应选择文化内涵丰富的地方，让孩子边看边思考。

但大多数工薪家庭并没有太多时间去游玩，那么如何让孩子增加阅历呢？专家提议，还可以利用其他一些方式，如：多和阅历丰富的人交流，特别是靠自己努力有所成就的人；看一些纪实文学，少看言情小说；多参加社会活动、集体活动，能学习一些自己喜欢的东西，语言、文化、音乐等。而更是不能忽略的一种方法就是磨难，它是增加阅历的最好途径之一。

现在的孩子一出生就被保护着，他们饭来张口，衣来伸手，缺乏独立的个性，没有自己的见解，更谈不上去增加阅历了。

有些时候，是家长阻止了孩子增加阅历的机会。就举个简单的例子——学校里的分座。

一天孩子撅着嘴回来了，家长忙问孩子在学校遇到了什么不开心的事啊？孩子抱怨，老师今天分座，分到的同桌学习不好，总打扰他学习。家长一听上火了，跟那样的孩子同桌岂不是影响到自己孩子的前途吗？于是，家长亲自找老师，让老师帮孩子换座。老师给孩子换了位老实的同桌，没有人再打扰到孩子了，但是，家长却忽视了一个重要的问题，那就是由于家长的出面，使他失去了一次人与人交往的经验。

学校中的生活虽说没有社会中的复杂，但是孩子和孩子之间也大有不同。家长在能力范围内可以帮孩子选择同桌，可是将来终会有一天，孩子会无力掌控所面对的人。到那时候，孩子还能选择逃避吗？世界上的人有千种万种，有自己喜欢的，也有自己不喜欢的，但我们有时都要和他们接触。所以说，家长不要一手遮天为孩子包办任何事，让他们自己学会和不同的人交往，那其实就是在增加他们的阅历。

还有，父母要重视对孩子的劳动教育，在劳动实践中，孩子也可以增加阅历。劳动是中华民族的美德，现代中国人的劳动意识淡漠，劳动能力、自理能力差。生活中有许多本该由孩子自己承担的责任，被家长包办代替了，使得孩子的劳动能力减弱或丧失了。

这是因为我们的家长没有意识到劳动是孩子应尽的义务，家庭是由家庭成员组成的，每个家庭成员在享有家庭权利的同时，也应承担家庭义务，孩子即使年幼、即使未成年，他也是家庭成员，他也应干一些力所能及的家务劳动，因为这是他应尽的义务之一。从另一角度来说，劳动是儿童生活的基本权利，因为孩子在劳动中可以学到知识，获得乐趣，因此，父母不要剥夺孩子参加劳动的权利。劳动教育是家庭教育的重要部分，对孩子今后的成长大有好处。

阅历增加了，孩子的人生观、世界观都会改变，眼界和心界也会得到开阔。

7

杰克逊家训
——经受住磨难，才能看到最美的彩虹

（总统任期：1829年3月4日—1837年3月4日）

安德鲁·杰克逊是美国的第七任总统，是美国历史上第一位平民总统，也是美国历史上唯一一位曾做过战俘的总统。他从一名边区律师起家，当过众议员、参议员、州最高法院法官、州民兵少将。因性格坚忍不拔，肯与士兵同甘共苦，杰克逊被誉为"老胡桃木"。杰克逊在新奥尔良战役中率兵大败英军，振奋全国，成为举国闻名的英雄。在总统任期内，他大力加强总统职权，维护联邦统一，政绩卓越，成为一位以"民主政治"而闻名的总统，几乎与第三届总统杰斐逊齐名。

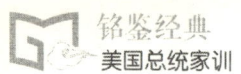

磨难是人生的财富

杰克逊出生在南北卡罗来纳州交界地的一个爱尔兰裔移民家庭,从小经历苦难。在杰克逊出生时,他的父母才到美国两年,家境极为贫穷。杰克逊是家里三兄弟中的老幺,在他出生之前,父亲就去世了,后来杰克逊的其他家人也相继死于战争之中。

杰克逊少年时期住在西部边远地区,在那里度过了独立战争年代。他13岁时就在军队里当通信员。后来,杰克逊与哥哥罗伯特一起参加了大陆军,与英军作战,被英军俘虏并遭受英国军官的虐待。有一次,被俘虏的杰克逊因拒绝给一位英国军官擦靴子,结果英国军官在他左手及左颊上划了一刀,这一刀给杰克逊留下了一道伴随他一生的伤疤。

杰克逊总统是美国第一位平民总统,看他的成长过程,我们会发现,他所经历的种种磨难,竟然是他走向成功之路的奠基石。

自古雄才多磨难。越王勾践卧薪尝胆,最终他一举消灭了吴国,成就了千秋霸业。司马迁受到宫刑,但他忍辱负重,最终写成了中国第一部纪传体通史《史记》,名垂青史。苏轼一生漂泊,但他仍乐观豁达,名垂青史。还记得那首歌吗?"不经风雨,怎见彩虹!"

可是一提到磨难,家长们大多会把头摇得像拨浪鼓。"不行,让我孩子受罪可不行。"但是,家长们是不是忘记了那句话:"人生逆境十之八九。"雄鹰翱翔天宇,有伤折羽翼之时;骏马奔驰大地,有失蹄断骨之险。人生之中,风和日丽有之,阴雨绵绵也在所难免。风风雨雨中的失意、失恋、失业、失足、失败、失利、失窃……这诸多的"失",便形成对人的"磨难"。难道家长能把所有这些磨难都帮孩子去除吗?

7 杰克逊家训
——经受住磨难，才能看到最美的彩虹

"磨难教育"在西方很多发达的国家已是一门必修课程。在美国，七个月的婴儿就要自己托着奶瓶喝水，一岁多的孩子基本上都是自己吃饭，父母将孩子绑在椅子上，把食物放在他们的小桌上，让孩子自己动手用小刀叉吃饭，很难看到父母端着饭碗追着孩子喂饭的情景。四五岁的孩子就要开始单独布置自己的房间。

在德国，6～10岁的孩子要帮助父母洗碗、扫地、买东西。10～14岁的孩子要参加修整草坪的劳动。他们十分重视为孩子创造生活"逆境"，以培养孩子艰苦进取的精神。"磨难教育"造就了西方人的自立、自强、努力奋斗的独立人格，使他们在今后的独立工作和生活中表现出遇挫不馁、遇变不惊的能力。

如今，我国的家庭大多都是独生子女家庭，孩子自然也成了父母的唯一希望和寄托。幼儿园重视进行"把欢乐还给儿童"的教育，许多家长更是把让孩子生活得幸福、愉快、无忧无虑作为"神圣职责"。他们努力为孩子铺垫着人生坦途，却使自己真正受着无尽的"磨难"。

看看我们身边的独生子女，诸如自私、任性、不顾他人、生存能力差等问题都出在孩子身上，但究其原因却在于成人。家庭的众星捧月，使儿童与磨难绝缘。父母宁可自己历尽磨难，也不让孩子吃一点亏、受一点苦，即使有的家长想到了，也不忍来真的，生怕在"磨难"中有所闪失。

生活的挫折是不可避免的，只有直面挫折，并利用挫折带给我们的人生经验去寻找成功之路，才能不负挫折之苦。

当然，有些家长早已经意识到了"磨难教育"的重要性。比如到了假期就让孩子参加各种各样的磨难教育夏令营或者把孩子送到乡下去等。可是不知家长们是否发现，这些对孩子来说并不一定是一种磨难，相反，他们会觉得这是一种游戏。无论多么"苦"，他们都会想到反正总要回城里去，总要回到家里的。而一回到家里，一切都回到了舒适状态。因此，这样的磨难教育，是否真有效果呢？

我认为磨难教育可以很简单地去完成，比如说让孩子不论刮风下雨都步行去学校，每天坚持洗自己的袜子……每天让孩子坚持做一件他不喜欢但应该也必须去做的事，这就是最好的"磨难教育"！

需要注意的是，在家庭中实施"磨难教育"需要父母双方及老人的全力配合。千万不要在孩子经受不住"磨难"时，其中有一个家长忍不住，让孩子停

止"受磨难"。虽然,这里所说的"磨难"有时只不过是一件小事,可有些家长特别是老人,都会心疼得不得了。如果一方面要孩子坚持住,一方面又让孩子停住,孩子就会失去坚持的信念,那"磨难教育"也就成了一句空话。

因此,有时候,作家长的要"心狠",那不是对孩子的"虐待",而是对孩子提早进行将来他必须要经历的人生之困难、人生之磨难,使孩子提早有一颗坚硬无比的心,这对他们来说是有百利而无一害的。

靠自己建立功勋

杰克逊曾有过一段浪荡的生活。在15岁之时,杰克逊继承了祖父一笔不菲的遗产但却没有珍惜,狂赌滥饮很快花光。之后他认识到自己因无煊赫的家世,须以自己的劳绩建立事业,遂于20岁时取得律师资格。杰克逊从一名边区律师起家,并很快在法律界中建功,当过众议员、参议员、州最高法院法官、州民兵少将。

1812年战争爆发后,杰克逊由于其政治上的名望而在1814年被任命为志愿军少将。他御下严谨,战绩卓著,人称其作战时"强韧如老山胡桃"——这成为他日后的绰号。1815年1月,新奥尔良一役的胜利,使他名声大振,成为美国在战争中取得最伟大胜利的指挥官。1818年他率部队对佛罗里达的印第安人进行了一次远征,从此声望大增。杰克逊一战成名。在1815年1月8日的纽奥良之役中的卓越指挥,更令他名扬全美,他也因功擢升为少将。塞米诺尔战争爆发后,杰克逊再度投身军旅。这一战的胜利使西班牙被迫割让其在佛罗里达州的殖民据点给美国。杰克逊其后成为该州州长,正式进军政坛。

杰克逊是完全靠自己的努力建功立业的,他自身努力的过程就是一部经典的奋斗教材,感染着杰克逊的后代们。

美国企业家吉姆·克拉克曾给过年轻人忠告:"不要凡事都依靠别人,在这个世上,最能让你依靠的人是你自己。"在大多数情况下,能拯救你的人,也只能是你自己。在生命的旅程中,有时候我们难免会陷入各种危机中,而要摆脱这些危机，不要老想着依靠别人，要学会靠自己拯救自己。

父母不可能养育孩子一辈子，有很多事情还需要他们自己去完成。所以，家长要从小培养孩子的独立能力和勇敢解决问题的能力。比如，孩子要去取高书架上的一本书，他站在书架下伸手拿不到，便喊爸爸、妈妈来帮忙。取书这件事，对于成人来说再简单不过了，随手拿下来给孩子便是。但是，这时候请家长停下手，说："这件事爸爸妈妈不想帮你，你可以想办法自己拿到，开动脑筋吧！"孩子听到这样鼓励的话，一定会想办法，他们可能会费力搬来小凳子，爬上去拿到书。这时家长拍手鼓励，孩子就会有成就感。他会非常自豪地感觉到："看我，不要帮忙，自己也能行。"这只是个很简单的办法，便让孩子领会到有些事情是可以靠自己完成的，他们对自己有了信心，就会形成自强不息的个性，不依赖其他人。

坚持是成功的不二法门

在诸多磨难面前，杰克逊能够一一破除万难，走向成功，都是因为他有一种坚持不懈、顽强的精神。

> 杰克逊当选美国总统并非一帆风顺，在1824年杰克逊首次竞选总统时，杰克逊得到的选票虽然比昆西·亚当斯、克莱和克劳福德这三位竞选对手得到的选票都多得多，但四人因无人得票过半而交由众议院产生总统当选人。众议院于是推举昆西·亚当斯为总统，杰克逊落败。
> 第一次竞选总统失败并没有让杰克逊气馁，反而更激起了他的斗志。
> 1825年，杰克逊辞去美国参议院议员和军事委员会主席的职务，决心全力以赴地准备1828年的总统选举。在这一次的大选中，杰克逊以富有战斗性的国家主义和主张公平任职机会为主旨的竞选主题，战胜所有竞争对手，以绝对多数选票，成为第七位美国总统，入主白宫。

现在的孩子，稍微遇到困难便轻言放弃，所以培养儿童坚持不懈的意志品质应从小做起。而家长要培养儿童的坚持品质，我觉得首先家长要有一颗

"狠"心。

我们不妨多看一看一些成功的事例，从中得到些启示。

比如：弹琴。一般的孩子都是三分钟热度，可是既然已经开始了，家长和孩子就要坚持住。可以为孩子想个使用定时器的办法，和孩子提前说好，今天弹多长时间，要了解孩子的状态，不要一下子定他根本完不成的时间长度，比如定5分钟或10分钟，孩子做到了，给他一个拥抱一个亲吻，鼓励他真棒。如果孩子中间想放弃，多鼓励，妈妈和他一起弹，妈妈唱歌他来弹，多想点办法，让孩子争取做到提前说好的时间。这样坚持一段时间，就可以考虑再延长几分钟。

培养孩子坚持不懈的精神，是一个循序渐进的过程。开始，家长可帮助孩子计划任务，但事先应征求孩子的意见。待孩子有了初步的计划意识，就可以逐渐让孩子自己学着安排自己的事情。在此活动中，关键是让孩子坚持，及时发现孩子的兴趣，培养孩子的毅力。

给孩子制订目标、任务要适宜。由于孩子年龄较小，思维发展还不成熟，因此，家长在为孩子制订目标、任务时，应尽量与孩子的实际活动能力相适宜，并与孩子的身心发展相一致。如果家长制订的目标、任务低于或高于孩子实际所能承受的能力和范围，均不利于孩子坚持不懈的品德的形成和孩子毅力的培养，影响孩子好习惯的养成。不论是孩子玩玩具，还是做其他的事情，家长都要鼓励孩子坚持，不要轻易放弃。

我们要让孩子懂得坚持不懈的重要性。家长应经常告诉孩子，坚持就是胜利，

坚持就能成功。两三岁的儿童搭积木，由于他们手眼协调能力差，开始时总不能按自己所想的把积木搭好，这个时候，儿童会选择放弃。那么，家长可不要对孩子听之任之，更不能用"你真是笨蛋"这样的话伤害孩子，家长可以和孩子一起搭，帮助他们完成预想的期望，用行动告诉孩子，只要不放弃，什么事都能做好。

对孩子坚持做事的习惯，家长应给予及时鼓励，要求并督促孩子将每一件事情做完。锻炼孩子的意志，家长要有决心和恒心，要舍得让孩子吃苦。

8

波尔克家训
——燃烧自己，照亮他人

（总统任期：1845年3月4日—1849年3月4日）

詹姆斯·诺克斯·波尔克是美国的第十一任总统。上大学时，他成绩优异，极有辩才，有"讲坛拿破仑"之称。总统大选之时，他意外击败对手，以黑马姿态横空出世。有许多理由说明波尔克是美国历史上最伟大的总统之一。他被誉为"最有效能的总统"，是美国历史上第一个也是唯一一个信守诺言的总统，当他离开白宫时，他完成了就职总统时的承诺。

时刻保持自己的诚信

波尔克的父亲常常教育他说:"做人要脚踏实地,要时刻保持自己的诚信。"波尔克也一直践行着父亲的思想,也因此才会备受人们的爱戴和敬仰。

1845年3月4日,波尔克就任总统,时年49岁,为美国此前历届总统中年纪最轻的一个。波尔克曾在大选中提出,一旦当选,决不谋求连任,并提出当政后的四大工作目标:

(一)降低关税。

(二)恢复独立国库制。

(三)解决俄勒冈边界问题。

(四)取得加利福尼亚地区(当时为墨西哥属地,仅有几千西班牙人和墨西哥人,但美国移民在不断增加)。

为了在任期届满前实现这些目标,波尔克不遗余力地紧张工作。

在总统任期内,波尔克完成了以下工作:

●降低关税:波尔克就任后,为了解决南方与北方长期以来的关税纠纷,决定彻底改变关税政策,着手起草新关税法,并于1846年经国会正式通过。这项关税法经常被人称为"自由贸易关税",为当时美国历史上最低的关税之一。

●恢复独立国库制:1837年9月,第八任总统范布伦为了应付当时国内经济危机,向国会提出特别咨文,要求制定独立国库制度法,并授权发行临时国库券。

1840年7月,独立国库法批准生效。但到了1841年8月,在第十任总统约翰·泰勒任内,独立国库法又被废止。波尔克就任后,恢复独立国库制,在华盛顿设立了国库,并在几个大城市设立了分库。

● 解决俄勒冈边界问题:俄勒冈边界问题是19世纪前期的一个外交问题。俄勒冈是英国的一个商业前哨据点,英美两国达成协议同意两国共同占有俄勒冈地区。波尔克在大选中主张"重新占有"全部俄勒冈地区。他上台后即积极着手解决这个问题,并于任内与英国重新设定美国北部边界线。

● 通过对墨西哥战争,取得加利福尼亚广大地区。

在波尔克当政期间,他完成了在竞选总统时提出的四大工作目标,并且信守承诺不谋求连任。在他卸任时,他将一个历史上最为强大的美国交到下一任总统手中。

其实,有人把诚信比做是公民的"第二个身份证"。诚信是中国人的传统美德之一,是一个人的立人之本,孔子曰:"人而无信,不知其可也。"意思就是说,人若不讲信用,在社会上就无立足之地,什么事情也做不成。

英国著名小说家瓦尔特·司各特是一个诚实守信的人,虽然他很贫穷,但是人们都很尊敬他。司各特为人正直,他的一个朋友看见他的生活很困难,就帮他办了一家出版印刷公司,可是他不善于经营,公司不久就倒闭破产了。这使原本就很贫穷的作家又背上了6万美元的债务包袱。

司各特的朋友们商量,要凑钱帮助他还债。但司各特拒绝了,他说:"不,凭我自己这双手我能还清债务。我可以失去任何东西,但唯一不能失去的就是信用。"

为了还清债务,司各特像老黄牛一样努力工作,他的朋友们都非常佩服他的勇气,说他是一个真正的男子汉,是一个正直高尚的人。

当时的很多家报纸都报道了司各特的企业倒闭的消息,有的文章中充满了同情和遗憾。他把这些文章统统扔到火炉里,他在心里对自己说:"瓦尔特·司各特不需要怜悯和同情,他有宝贵的信用和战胜生活的勇气。"

在那以后司各特更加努力地工作,学会了许多以前不会干的活,经常一天跑几个单位,变换不同的工作,人累得又黑又瘦。

有一次,司各特的一个债主看了司各特写的小说后,专程跑来对他说:"司各特先生,我知道您很讲信用,但是您更是一个很有才华的作家,您应该把时间更多地花在写作上,因此我决定免除您的债务,您欠我的那一部分钱就不用还了。"

司各特说:"非常感谢您,但是我不能接受您的帮助,我不能做没有信用的人。"

这件事之后,司各特在日记本里这样写道:"我从来没有像现在睡得这样踏实和安稳过。我的债主对我说,他觉得我是一个诚实可靠的人,他说可以免掉我的债务,但我不能接受。尽管我的前方是一条艰难而黑暗的路,但却使我感到光荣,为了保全我的信誉,我可能困苦而死,但我却死得光荣。"

由于繁重的劳动,司各特曾经病倒过。在病中,他经常对自己说:"我欠别人的债还没还清呢,我一定要好起来,等我赚了钱,还了债,然后再光荣而安详地死。"

这种信念使司各特很快从病中康复了过来。两年后他靠自己的劳动还清了债务。

诚信的核心就是诚实。诚信,对社会而言,可以使一个组织不断壮大,使一个民族不断兴旺,使一个国家走向富强;对个人而言,可以使一个人得到发展乃至成功。因此,我们要让孩子时刻保持自己的诚信,培养他们对人、对事的诚信态度。可是家长怎样培养孩子的诚信呢?这里面学问可大了。

有个美国学者到监狱里面去访问了50个罪犯,然后又访问了社会上50个成功人士,然后研究他们怎么走向犯罪或成功。他发现了一个很有意思的现象,有一个罪犯说他是从撒谎走向犯罪的。他为什么要撒谎呢?

这个人说起了他的成长经历:

在这名罪犯小时候,家里有兄弟姐妹好几个,有一次分苹果吃,其中有一个苹果又红又大,孩子们都想要那个大红苹果。

大哥说:"妈妈,大的苹果给我吃。"

妈妈瞪了大儿子一眼说:"你不懂事,你怎么能带头吃大的呢?"当时他观察发现,谁越说要,妈妈就越不给谁,谁不吱声或说了反话,谁就最有希望得到。

这时候,他就撒谎说:"妈妈,我要最小的苹果。"

妈妈说:"哟,我的乖孩子,你真懂事,妈妈就把大苹果给你。"

说假话可以得到大苹果！为了吃大苹果，他说了假话，从此埋下了犯罪的种子。

可见，这就是妈妈教育方法上的失误。

而同样是分苹果，另一个妈妈却这样做：孩子们都想要大苹果、红苹果。妈妈说："你们谁都想要大红苹果，是吗？那么今天下午的家务劳动，看谁干得好，就奖励给谁。"这位母亲的教育方法使得这家孩子懂得了要通过奋斗而不是通过谎言或虚假的表现，去获取自己想要的东西。

所以说，家长的作用是不可忽视的，说严重一些，往往是一句话，一件小事就能改变孩子的一生。

家长培养孩子的诚信，首先要让家庭成员以诚相待，言而有信。平时，父母之间、与其他家庭成员之间要互相尊重、相互信任，要注意使用诚信的语言，这样孩子的诚信品质才能得以生根发芽、健康成长。有时，为了激励孩子诚信的意识，也可让孩子当个"小小监督员"，进行家庭式比赛，从而激发孩子的积极性。

另外，在逐步培养孩子讲诚信的意识时，我们要多为孩子创造愉悦的、讲诚信的氛围，以感染孩子的心灵。比如：和孩子一起玩"拉拉勾"的游戏，让孩子懂得"说话要算数"。多给孩子讲一些关于诚信的故事，讲完故事后再和孩子一起讨论故事中的情节、故事中人物的行为，一同分析他们的对错，以故事中讲诚信的情节来打动孩子、激励孩子，共同和孩子一起探讨怎样做才是一个守诚信的人。

再有，父母应理解、尊重孩子，在评价中及时肯定孩子讲诚信的言行。希望家长们，少给孩子一些物质享受，多给孩子一些鼓励；少给孩子一些训斥，多给孩子一些示范。这样，他们会更加懂得怎样去理解、信任别人，并带着这份信任走向诚信。

做事要讲究效能

波尔克认真地对待生活，在任何地方、任何职位上都尽职尽责，他作为议员是如此，作为总统也是如此。

在当众议院议长的时候，波尔克曾以他的认真态度闻名政界，被称为"埋头苦干的波尔克"。在任总统职时，他更是兢兢业业、鞠躬尽瘁，对美国人民几乎兑现了自己的全部诺言，达到了目标。

在波尔克当政期间，他虽以黑马之姿当选总统，但由于在党内没有形成自己的势力，他在国会遇到了强大的反对力量，其激烈程度为历届总统任内所少见。但这些反对势力并没有能阻碍波尔克的手脚。他委任著名的关税保护主义者乔治·达拉斯为副总统、詹姆斯·布坎南（后为第十五任总统）任国务卿、罗伯特·沃尔克任财政部长、乔治·班克罗夫特等为阁员，尽管这些人中，有些人甚至与波尔克的政见主张不一致，但波尔克努力在工作中与这些人求同存异，有效能地开展工作。他们共同组成了一个精干有力的内阁。

波尔克在任期内，与英国相当平和地解决了俄勒冈领土的争端；他使美国在与墨西哥的战争中获胜——当他离任时，合众国的版图比他当总统时扩大了一半。波尔克在任4年，通过对墨西哥战争扩大了美国版图，被誉为"最有效能的"总统。

通过了解波尔克总统的职政经历，我们发现波尔克是个极有计划和目标的总统。他为了完成某件事，绞尽脑汁，并制订多项方案，直到达到预想的结果。而他个人的办事风格，也影响了他周边的许多人。在短时间做好事情的诀窍就是有目标、有计划、有方案，统筹安排。

在如今这个高效率的社会中，能够短时间里，快速地做好一件事尤为重要。这是一个人综合能力的表现。而家长在对待孩子教育方面切不可忽视这一点，要从小教孩子学会统筹安排时间，合理利用时间。

鲁迅说，时间像海绵里的水，只要愿挤，总是有的。而在孩子的思想观念里比较缺乏时间的概念。他们可以随意玩和看电视，无法理解时间的转瞬即逝。

这就是为什么有些孩子的家庭作业总是完不成；有些孩子到了高三才翻然醒悟，可时间已经晚了。世界上最吝啬的就是时间，它不会给任何人以优待。

当家长把这些道理讲给幼小的孩子听时，他们可能只能瞪着眼睛说："不懂。"是啊！有些事情只有靠经验的积累才能知道它们的严重性。那么，家长要让孩子理解时间的概念，就要从小事抓起，培养孩子珍惜时间的观念。就拿写作业这件事来说，孩子放学回到家，第一件事不是打开电视，而是拿出本子写作业。但是万事开头难，这个习惯可能难以养成，但家长一定要下得了狠心，习惯的养成是困难的，一旦形成就很难再改变。

在培养孩子统筹安排时间上，家长更要以身作则，在处理一件事时，清楚先做什么，再做什么，有些事情还可以同时完成，合理安排时间，这对孩子是一种潜移默化的影响。让孩子每天早上想一想，今天一天有哪些事情要做。到了晚上，再回忆一下早上的任务是否完成。时间长了，孩子就会理解时间，他们会发现时间错过了，某件事就不能完成，慢慢地，他们就会珍惜时间。

孩子年龄小，常以自我为中心，有时不愿按大人的要求去做。这时，不要训斥孩子，更不要帮孩子做，否则会剥夺孩子获得成功的机会。家长这时不妨保持一种豁达、宽容的心境，和孩子一起到商店挑选一个喜欢的计时器，然后每次做事前，让孩子自己选定合理的时间去完成。这样会大大调动孩子的积极性，提高孩子做事的速度，在不知不觉中改掉他们做事拖拉的坏习惯。

开始时，父母可以先帮他设定时间。第一次设定时，要给孩子留出较多的空余时间，让他能提前完成，以获得成功感。然后，让孩子自由支配完成后留出的空余时间，这样他就能体会到抓紧时间的好处。久而久之，孩子自然就不会浪费时间。当然，最好是让孩子自己选定计时器的时间来完成任务，这样孩子做事的时间计划感就会越来越强了。

读书不思考，等于吃饭不消化

"读书不思考，等于吃饭不消化。"——这是波尔克总统的名言。这既是他学习，也是他做事一直坚守的座右铭。我们可以将这句话理解为，读书不思考，莫不如不读书。读书，并不只是单纯的娱乐、消磨时间，我们要从书中思考出道理，吸取别人的经验。这才是最有意义的读书。

其实，我们读书时，是别人在代替我们思考，我们只不过重复他们思想的过程而已，如同儿童启蒙习字时，用笔按照教师所写的笔画依样画葫芦一般，我们的思想活动在读书时也被免除了一大部分。因此，我们暂不自行思索而拿书来读时，会觉得很轻松。然而在读书时，我们的头脑实际上成为别人思想的运动场了。

现在，有很多孩子，只会死读书，完全丧失了自主创新的能力。这就像一条弹簧，如久受外力的压迫，会失去弹性。我们的精神也是一样，如常受别人思想的压力，也会失去其弹性。

古人云："读书，始读，未知有疑；其次，则渐渐有疑。中则节节是疑，过了这一番，疑渐渐释。以致融会贯通，都无所疑，方始是学。"

可见，读书是一个从有疑问到多疑问再到无疑问的过程。在这个过程中思考显得尤为重要。曾有一位高中老师说过，思考是一个理解消化的过程，将书上的东西变为心中的东西，将别人的东西变为自己的东西。

我们经常看到人们提倡"苦读书"的问题，人们过多地强调了"苦读"，却对"如何思读"的问题疏于论述，也许会产生某种程度的误导。例如自古传下来的许多著名读书故事，都意在强调人们苦读再苦读。

正如孔子说过的"学而不思则罔，思而不学则殆"——但这个真理却常常为人们所忽视，人们往往走向一个极端"苦读"。例如：有很多关于苦读的成语：悬梁刺股、凿壁偷光、踏雪囊萤……毫无疑问这些"做法"都是认真读书的必要条件，但却不是充分必要条件。虽然成语中的主人公以后都成为了"成功人士"，但也正因为故事主人公的成名，在这样的榜样和口号下，古往今来不知多少人白白地耗费了青春与生命！

家长要让孩子明白：如果你吃完饭后不消化，那你吃这顿饭根本就没有意义了，因为你没有把你吃的营养吸收进来。如果你读完书后不思考，等于没读这本书，因为你读的都是别人的思想，没有你自己的思考。

巴尔扎克曾经说过：一个能思考的人，才是一个力量无穷的人。我们应该勤于思考，让自己变得更加"强壮"！

我认为：家长可以指导孩子给自己制订一个读书计划，家长要鼓励孩子敢于提出疑问，还有就是在读书过程中养成不动笔不读书的习惯，这样在日后会有意想不到的收获。

作为家长，在培养孩子读书思考的习惯时还要多给孩子提问。在家长给孩子读完一则故事后，家长要根据故事内容及时提出问题。这些问题可以简单，但也要能体现故事的精髓。孩子在思考问题的时候，既可以锻炼他们的思考能力，还能把故事内容吸收得更好。像现在有很多儿童方面的杂志中，都包含了这方面的内容。

另外，家长切记不要让孩子对书的内容死记硬背。有些正处在初中或是高中时期的孩子，对写作文很是头痛，他们的办法就是看到一篇好文章，就把它们都记在本上或是心上，一旦遇到相同的题目，就会把那些背过的片断串联在一块。

这样的作文效果可想而知，没有自己的思想，没有独特的主题，肯定不会是一篇好的作品。那么，以看书写作文为例，该如何指导孩子从别人的作品中"取经"呢？孩子读完了一篇好文章，他需要思考的是作者的文章表现的主题是什么？作者是通过哪些事件、哪些语言来表达主题的？最重要的一个思考环节是，让孩子想一想，如果他来写与文章相同的主题，又会如何去写呢？当这些思考问题，在孩子的头脑中都有了一个清晰的脉络，那这篇好文章孩子就没有白读了。

9

扎卡里·泰勒家训
——"大老粗"也有明媚的春天

（总统任期：1849年3月4日—1850年7月9日）

扎卡里·泰勒是美国的第十二任总统，在军火中成长起来，被人称为"最大的英雄""顶用的大老粗"。泰勒经历过拓荒者的艰苦生活，能吃苦耐劳。在战争中，泰勒屡屡获胜，很有声誉，由于机智、勇敢，他不断晋升，从少将登上总统宝座。虽然戎马半生，但泰勒仍具有人文主义的道义和战略眼光，他反对蓄奴制，为联邦的统一而战。虽然就职仅16个月便病逝在岗位上，但他无愧自己的一生。

吃一时苦，享一世福

泰勒出生在弗吉尼亚州的奥兰治县，8个月后，他们全家迁入位于西部边疆的边界上的斯普林菲尔德，泰勒在苦难的环境中一天天地长大，基本上没有受过正规教育。

泰勒的父亲是一位种植园主，他坚持要把自己的种植园扩大到西部。在那段时间里，在家排行老三的泰勒跟随父亲经历了拓荒者的艰苦生活，他帮着父亲在农场劳作。即使在如此恶劣的环境中，父亲也从未觉得把儿子带到这里会让他受苦。而就是这样的生活才培养了泰勒坚强的毅力和吃苦耐劳的精神，从而为他日后的成功打下了坚实的基础。

"我们要培养孩子吃苦耐劳的精神。"——这话听起来像是在喊口号。因为家长虽然明白这其中的道理，但是实施起来却很困难。看看现在的中小学，一到上学放学时间，校门口就如车水马龙一般排起长队，孩子的书包也由家长背着；在公共汽车上，时常可以看见，孩子心安理得地坐着，家长心甘情愿地站着，如此等等，不一而足。家长们会觉得，现在生活好了，不能再让孩子吃苦了，但是让他们做了这些小事，难道就是吃苦吗？

其实不然，就是因为孩子的生活被家长们照顾得无微不至，才让他们承受不住任何的压力。想一想，他们的未来，在漫长的人生道路上，也不可能都是一帆风顺的。他们就是有真才实学，如果不肯吃苦耐劳，也难保有良好的竞技状态，不仅适应不了激烈的市场竞争，还容易被困难吓倒，被挫折击垮。

但是有些孩子的个性已经形成，这时家长也不要灰心丧气，只要能认清这一点，亡羊补牢，也为时不晚。

首先，我们要让孩子自立。也就是让孩子自己的事情自己负责。在家里，让孩子自己独立管理自己的生活起居，如：打扫自己的房间、清理自己的物品等；学习上，让孩子自己独立思考，独立完成学习。家长不能代替孩子去考虑问题，要让孩子自己去思考，尊重孩子的意见，这样孩子才能学会独立思考问题，能有主见，从而为以后的成功打下基础。邻居家的孩子小强在家像个小霸王，到了幼儿园却老老实实，别的小朋友让他做什么就做什么，没有自己的意见。小强的父母觉得自己的孩子太老实，长大会受欺负。其实，小强的行为并不是老实的表现，他只是已经形成了任人摆布的个性，不会独立思考，不会发表自己的见解。这些都是孩子不独立的表现。

其次，家长要有意识地设置生活挫折和障碍。在生活中，设置一些挫折，让孩子去面对。这一点对儿童期的孩子最为实用。把玩具放到孩子们不易拿到的地方，用鼓励的方式让孩子通过努力拿到，就是这些小游戏都可以锻炼孩子不怕苦的精神。

然后就是家长要主动与孩子吃苦。现在生活越来越好，说让孩子去吃苦，可是苦生活从何而来呢？而且现在的家长都很忙，与孩子的沟通少，造成父母与孩子的代沟越来越大，两代人找不到共同的话题，孩子的逆反心理就会越来越大。如何去弥补这个缺陷？那只有靠家长多创造与孩子在一起的机会。家长可以与孩子参加体育运动，如一起晨跑、一起打球、一起游泳、一起旅游等，这样可以增加与孩子沟通的机会，而更重要的是在这些体育锻炼中，让孩子感受体育锻炼的辛苦，也能提高他们的身体素质。

但是，现代家长在教育孩子吃苦方面还面临着一个大问题，就是与老人的沟通。老人们一般都没法狠下心来，只是一味地娇惯孩子。他们觉得那是对孩子的爱，其实却是害了他们。但这样的道理，跟老人们说一般很难说通，反而会惹起家庭纷争。怎么办？我个人觉得，唯一的办法就是不让老人带孩子，或是尽量少带。白天上班，晚上回来要亲自带孩子睡觉、讲故事。如果这样也做不到，那就早点送孩子去幼儿园。家长一定要多抽出时间陪孩子，工作再忙也有休息的时候，只有和孩子在一起，才能及时发现不良行为并尽早改正。

古人云："吃得苦中苦，方为人上人。"不要吝啬给孩子吃苦的机会，其实吃苦是为了让孩子的将来享福。

为自己的选择负起责任

有人曾这样评价泰勒:"无论是在面临危险时还是在承担责任时,没有任何一位军人像他那样沉着、冷静。这种素质比之天资聪颖或勇敢精神更为难得。"

泰勒从小就希望成为一名军人。他的性格在日渐锻炼中坚强起来。泰勒在17岁时,就曾在早春的寒风中,勇敢地横渡俄亥俄河游到印第安那,然后又悠然地游了回来。不足20岁时,泰勒就参加了肯塔基民团。25岁时,被任命为第七步兵团少尉军官。40年中他连连晋升,并于1846年升为少将。1846年5月美国对墨西哥宣战,他率部参战,取得辉煌胜利,成为美国的英雄,赢得很高的声誉。

常言道:"天下兴亡,匹夫有责。"责是什么?责是责任。社会学家戴维斯说:"放弃了自己对社会的责任,就意味着放弃了自身在这个社会中更好的生存机会。"因此,一个人要有责任心,就不能随意推卸责任。

有些家长常常抱怨:"我那孩子每天回家都不主动做作业,要催三催四才极不情愿地去做。""我家孩子做完作业,还要我帮他收拾好书包,要不他就把课本都掉在家里。"……其实这些都是孩子缺乏责任感的表现,归根究底,这大都是家庭环境造成的。

现在大部分家庭的孩子都是独生子女,有长辈宠着,什么事都不用做,全由家人包办。试问在这样的家庭里长大的孩子,又怎么会有责任感呢?责任感是一个人日后能够立足于社会、获得事业成功与家庭幸福的至关重要的人格品质。

查尔斯·詹姆斯·福克斯是英国著名的政治家,他以"言而有信"获得了政界较高的赞誉。

当福克斯还是一个孩子时,有一次,福克斯父亲打算把花园里的小亭子拆掉，再另行建造一座大一点的亭子。小福克斯对拆亭子这件事情非常好奇，想亲眼看看工人们是怎样将亭子拆掉的，他要求父亲拆亭子的时候一定要叫他。小福克斯刚巧要离家几天，他再三央求父亲等他回来后再拆亭子，福克斯父亲敷衍地说了一句："好吧！等你回来再拆亭子。"

过了几天，等小福克斯回到家中，他却发现旧亭子早已被拆掉了，小福克斯心里很难过。吃早饭的时候，小福克斯小声地对父亲说："你说话不算数！"

父亲听了觉得很奇怪，问："不算数？什么不算数？"原来父亲早已把自己几天前说过的话忘得一干二净。老福克斯听到儿子的话后，前思后想，决定向儿子认错。他认真地对小福克斯说："爸爸错了！我应该对自己说过的话负责！"

于是，老福克斯再次找来工人，让工人在旧亭子的位置上，重新盖起一座和旧亭子一模一样的亭子，然后当着小福克斯的面，把"旧亭子"拆掉，让小福克斯看看工人们是怎样拆亭子的。

后来，老福克斯总是说："言而有信，对自己的言语负责，这一点比万贯家财来得更为珍贵！"

父母对自己的言行是否负责，会直接影响到孩子的人品和性格。

家长要培养孩子的责任感，首先，要给孩子树立一个良好的榜样。父母是孩子来到这个世界接触到的第一位老师。作为父母，在教育孩子的同时也要自我反省，该做什么，不该做什么，当好孩子的榜样、参谋，孩子受到父母正确行为的熏陶和感染，就一定会对自己所做的事情有高度的责任感。

其次，让孩子学会自己的事情自己做。应该注意的是，让孩子做家务要重过程轻结果。孩子的手或许有些"笨"，动作也不利索，做事情会经常出错，这些都是很正常的。家长在培养孩子做事的过程中，一定要能够容忍孩子的不完美。孩子只有通过不断的实践体验，才能逐渐提高自身的责任意识，最重要的是让孩子通过做事得到对"责任感"的宝贵心理体验，只有这样的心理体验多了，孩子的责任意识才能不断地得到强化和提高。

我们还要要求孩子做事有始有终。良好的责任感是要靠坚强的意志力和持之以恒的态度来维持的，而这恰恰是许多孩子所缺失的。孩子在小的时候好奇心很强，兴趣爱好很广泛，但是缺乏坚持性、自制力，遇到一点困难和挫折就爱打退堂鼓，不愿意再坚持下去。这是孩子成长中的问题，而非孩子没有责任感。

为了增强孩子的责任感，家长平时就应当注意培养孩子做事有始有终、负责到底的良好习惯。交给孩子去做的事情，要由小到大，由易到难，还要家长全程监督，发现问题及时纠正，决不允许孩子做到一半就随意放弃，直到孩子从头至尾认真地把事情做完做好。

你远比你想象中更加厉害

林肯曾这样评价泰勒："泰勒将军并非总是在势均力敌或对自己有利的条件下进行战斗，然而他从未被打败过，也从未退却过。泰勒将军的战役并非以光辉的军事部署著称，而是在所有经过冷静而可靠的判断表明他将要征服对手的情况下进行的，他总不理会自己可能会失败。"

泰勒一生几乎没受过正规教育，在军中生活前后40年中，由于机智、勇敢，不断获得晋升。连泰勒自己也没有想到这个被称为"顶用的大老粗"的人，有一天会被推上国家总统的宝座，泰勒不辱使命，尽量把事情做得最好。所以，泰勒常常教育他的子女们：谁也不了解自己的潜能，只有勇于探索，敢于挑战，才会奋发直前。

孩子不爱说话，不能说明他长大当不了律师。我们家长要对自己的孩子有信心，努力挖掘孩子的潜能。

"古人学问无遗力，少壮工夫老始成。纸上得来终觉浅，绝知此事要躬行。"所有的事，只有做了才知道行不行；不去做，就失去了所有的可能性。

每一个孩子都与生俱来拥有一个神秘的宝藏，这就是他们的天赋才能。即使医学上认为弱智的儿童也不例外。还记得那位"智障指挥家"舟舟吗？他还没有满月，就被查出患有先天愚型病症。舟舟的母亲很伤心，曾经想到带着孩子一死了之。但是有一天，母亲路过一家音像店时，发现一群人中不时地传来鼓掌声和喝彩声！她走近一看，简直不敢相信自己的眼睛，原来舟舟正在那儿进行音乐指挥，他的动作竟是如此地洒脱自如！突然，母亲意识到，不能把舟舟培养成大学生，但何不引导他向音乐指挥方向发展呢？于是，母亲便从音像店买来《梁祝》《卡门》《拉德斯基》等曲子的磁带，随时播放给舟舟。最终，母亲成功了，舟舟的名气跨出了国门。

所以，家长发现孩子的潜能，就像为他打开一扇窗，他未来的世界会因此更明亮。发现孩子的潜能的那一刻是令人激动的！妈妈发现孩子能坐在钢琴旁自己弹一些简单的曲子，像生日歌，全是他凭耳朵听来的；孩子的爸爸则从孩子的涂鸦中，发现了孩子有很好的布局感和色彩感……家长可不要忽略这些信号，它们可能意味着：孩子在某方面有着比一般人更优秀的天赋才能。

专家认为，孩子的学习能力发展水平由 8 个系统组成，潜能可能表现在以下方面：

● 注意力：比同龄孩子注意力持续得更久，看自己喜欢的电视或听自己喜欢的故事时聚精会神，不容易因周围的事情分神。

● 记忆：教他儿歌、识字、算术都学得很快。

● 语言：比别的孩子说话早，词汇量更丰富，能区别词汇间微妙的差别，并用来表达更准确的意思。比同龄孩子更早会用抽象意义的词，比如"可是"、"即使"等。善讲故事，甚至自己会编故事。

● 空间排序：喜欢把玩具分门别类地收拾起来；外出很少迷路；很早就能识别各种平面和立体的形状；擅长拼图游戏。

● 时间排序：对"今天""明天""刚才"之类表达时间的词掌握得比同龄孩子更早。比同龄人更早按时间顺序来讲一个故事。

● 运动：动作协调性好，平衡能力强，手指的精细动作更灵巧，比同龄孩子更早学会拿剪刀剪纸、握笔等。

● 抽象思维：擅长归类、总结、推理等，逻辑性很强，学数学觉得很容易。

● 社交：能自然大方地跟别人交谈。在同龄小朋友当中很合群。

把以上讯息和孩子相对照，观察孩子的表现，看看孩子是不是具备某一方面的特长。一定要确定，这种挑选不是由你的期待出发，而孩子身上已经体现出来的。在培养孩子特长时，家长可给孩子提供一个空间，如：一个房间或是一个角落，让他们安全地自由活动，锻炼技巧和才能。在活动过程中，家长不要吝啬表扬孩子，这样可以让他们对自己更充满信心。

10

林肯家训
——摔倒了,要自己爬起来

(总统任期:1861年3月4日—1865年4月15日)

亚伯拉罕·林肯是美国的第十六任总统,也是美国历史上最伟大的总统之一。他领导了拯救联邦和结束奴隶制度的伟大战争,是一位达到伟大境界却仍然保持自己优良品质的罕有人物。虽然林肯只接受了一些初级教育,但他用敏锐的洞察力和深厚的人道主义意识成为最受人敬仰的总统之一。

好学的人必成大器

1809年2月12日，林肯出生在一个农民家庭。小时候，由于家里很穷，他没有机会上学，每天跟着父亲在西部荒原上开垦劳动，母亲在他9岁时去世，一年后父亲再娶。林肯的继母萨利是个宽容的女人，她很爱护小林肯。有一次小林肯在书店看中了一本关于华盛顿的书，他很想买，但是又没有钱。这事让萨利知道了，于是她自己拿钱把书买了回来，送给了小林肯，并对他说："你一定要好好读书，将来做个有出息的孩子。"这件事让小林肯非常感激，他接受了这位继母，也懂得了好学的重要。

林肯说："我一生中进学校的时间，加在一起总共不到一年。"但他勤奋好学，一有机会就向别人请教，没钱买纸笔，他就在土沙地上和木板上写写画画，练习写字，他放牛、砍柴、挖地时怀里也总揣着一本书，休息的时候，一边啃着粗硬冰凉的玉米饼子，一边津津有味地看书。晚上，他还常常在小油灯下读书读到深夜。

林肯就是凭着这种好学的精神，获得了惊人的成就。除他之外，没有其他任何一位美国人曾经把语言编织成如此美丽的形式，或是说出具有如此无与伦比的音乐节奏的短句："怨恨无人，博爱众生。"他可以把柏恩斯、拜伦、布朗宁的诗集整本背诵出来。

当林肯进入白宫之后，内战的悲剧负担消磨了他的精力，在他的脸上刻下了深深的皱纹，但他仍然经常抽空拿出英国诗人胡德的诗集躺在床上翻阅。有时候，他在深夜醒来，随手翻开这本诗集，会凑巧看到对他有特别启示或令他感到高兴的一些诗，这时他会立刻起床，身上仅穿着睡衣，脚穿拖鞋，悄悄找到他的秘书，然后把一首又一首的诗念给他的秘书听。

他在白宫时，也会抽空复习他早已看熟的莎士比亚名著，也会批评一些演员对莎剧的看法，提出他自己独特的见解。

罗宾森在他的著作《林肯的文学修养》一书中写道："这位自修成才的人物，用真正的文化素材把他的思想包扎起来，可以称之为天才或才子。他的成就过程，和艾默顿教授描述文艺复兴运动领导者之一的伊拉斯莫斯的教育情形一样，他已离开学校，但他以唯一的一种教育方法来教育自己，并获得成功，这个方法就是永不停止地研究与练习。"不断地学习，不断地用知识来充实自己，最终成就了林肯伟大的一生。

培养自己气质和修养方面，读书是最有效的秘诀。著名主持人杨澜在接受访谈时说过："也许读过的东西有一天会全部忘掉，但正是这个忘掉的过程，塑造了一个人的知识结构和举止修养。"

好学是一种习惯，也是一种孜孜不倦、力求上进的思想。家长要培养出一个好学的孩子，要让孩子对知识有谦逊的态度，家长不能一味地表扬孩子聪明，因为很多小孩子都觉得自己聪明，对待知识不求甚解。家长要告诉孩子，学习文化知识是一个长期的过程，任何感兴趣的知识都要去学习。而我们会发现，获得更多的知识最有效的方法就是——阅读。一个好读书的人能够感觉到读书时妙不可言的乐趣。一个人如果喜欢读书，他即使不能成为伟大的人，也能成为博学的人。

家长在指导孩子读书时，不能永远局限在一个领域。因为学习知识的目的不是"掌握"，而是"融会贯通"，进而转化为学习、工作和生活的能力。如果某一领域的知识积累很多，却不能消化，这是知识结构不合理造成的。

读书还要掌握方法，有的书泛读即可，有的书则需要深读。凡是时尚而肤浅的书籍，不可深读，更不可多读。凡是伟大而隽永的作品则要多读、深读、精读，还要养成做笔记的习惯，以便随时查阅。做读书笔记是一个好习惯，家长可以跟随孩子共同完成。开始时，也可以用比赛的方式，看谁写得好、读得透。当孩子把读书思考养成一种习惯后家长就可以让孩子自己完成了。

当然，让孩子养成好学、好读书的习惯也不是一天可促成的。我们可以给孩子规定时间，如每天15分钟，最好是在每天的固定时间，这样所有其他的空闲时间就都是额外收获了。当习惯养成，孩子就会有读书的决心，有了决心，不管多忙，他一定能找到这15分钟。慢慢地，孩子们会发现，手上有书，一旦开始阅读，这 15 分钟里的每一秒都不应该浪费。

当然，给孩子看书的内容要广泛，不要只读故事类。在孩子的文字阅读有一定基础时，可以选些其他内容的书籍，如：自然、动物、军事……很多知识就藏在那里边，只要孩子有兴趣看就可以。

别轻言放弃，努力总有回报

生下来就一贫如洗的林肯，终其一生都在面对挫折，战胜失败。林肯一生经历了八次竞选八次落败，两次经商失败，甚至还精神崩溃一次，但最终他赢来了人生最大的成功。

林肯出生在肯塔基州哈丁县一个清贫的农民家庭，用他自己的话说，他的童年就是"一部贫穷的简明编年史"。林肯虽生活贫困，却学习爱和感恩，用宽容的心对待周围所有的人。

1816 年，林肯全家迁至印第安纳州西南部，开荒种地为生。为了维持家计，少年时的林肯当过俄亥俄河上的摆渡工、种植园的工人、店员和木工。

18 岁那年，身材高大的林肯为一个船主所雇佣，与人同乘一条平底驳船顺俄亥俄河而下，航行千里到达奥尔良。这是林肯第一次来到一个有 4 万人口的城市。旅途中，林肯亲眼看到了黑人奴隶遭受的非人待遇。他对伙伴说："等到我有机会来打击奴隶制度的时候，我一定要彻底粉碎它！"1830 年，林肯开始独立生活，并于 1832 年应征入伍。林肯当兵的时间很短，退伍后，当地居民推选热心公务活动的林肯为州议员候选人，但是他的初次竞选没有成功。两年后，林肯通过自学成为一名律师，不久又成为州议会辉格党领袖。1846 年，林肯在历经多次失败、挫折后当选为美国众议员。在此前后，关于奴隶制度的争论，成了美国政治生活中的大事。在这场争论中，林肯逐渐成为反对蓄奴主义者。他认为奴隶制度最终应归于消灭，首先应该在首都华盛顿取消奴隶制。代表南方种植园主利益的蓄奴主义者则疯狂地反对林肯。

10 林肯家训
——摔倒了，要自己爬起来

从林肯立誓要废除奴隶制开始，直到1864年11月，林肯第二次当选总统，林肯以极大的努力要求参众两院通过宪法第13修正案——宣布蓄奴非法。这项历史性的宪法修正案于当年终于获得通过。

在这40年的岁月中，林肯一直在为自己18岁立下的目标坚持不懈地努力着，他的努力最终得到了回报。

林肯同样也在用自己的亲身经历教育他的后代们：别轻言放弃，努力终有回报。

当我们有了目标，遇到任何困难都不能轻言放弃，不论是否成功，我们都曾努力过，只要努力就一定会有回报。即使遇到困难，我们也要有坚强的韧性去克服困难，争取成功。而这一切都要求一个人要具备强大的韧性。

韧性是指顽强持久的精神，坚忍不拔的意志。人要有韧性才能经受得住困难挫折，坚韧不拔，敢于迎接，而不是被吓倒。

日本著名的化学家、诺贝尔化学奖得主福井谦一家境小康，作为家里的独子，父亲对他寄予厚望。小时候福井谦一的化学成绩并不理想。在化学测验中，他因又一次不及格，而感到手足无措，不知道该怎样把画满"×"的试卷拿到父亲面前。一直徘徊到太阳落山了，他依然在冥思苦想，不知道怎么进家门。实在没有办法，他只好硬着头皮推开了家门。他用低得只有自己才能听得见的声音对父亲坦白了成绩。父亲听了很失望，嘴上却说："孩子，没关系。这次考砸了，下次再努力争取好成绩。"

"爸爸，我——我不想再读书了。"福井谦一终于把思考了一下午的话说了出来。

"如果你真这样想的话，就太让我失望了。"父亲语重心长地说，"本来以为你是个刻苦的孩子，没想到一碰到困难就退缩不前了。"

"可是爸爸，或许我不是块读书的料。我想去参军。"福井谦一继续说自己思考了一下午的想法。

"孩子，不管你干什么，都必须要读书。不读书，你就没文化，以后什么也干不成。"父亲耐心地开导他说，"无论你做什么事，都可能遇到挫折。总是退缩可不行，必须勇敢地去面对它、克服它，才能真正超越。孩子，你要记住——没有比人更高的山，没有比脚更长的路。"

父亲的一番话终于打动了福井谦一，他表示自己确实不该现在放弃，要努力学习。

于是福井谦一开始制订学习计划，安排自己的时间，从头开始补起。努力了一个月，又一次化学测验，他还是不及格。这次他没有灰心，他觉得自己底子差，想一步登天是不可能的，还要从打好基础开始。下一次化学测验，他终于及格了。半个学期后，他的成绩扶摇直上。第二个学期，他已经当上了化学课代表，并且代表学校参加了化学竞赛。

在日本，家长都强调孩子的意志，他们通过生活的细节、引导的方法锻炼孩子的意志，从小培养他们具有坚强的韧性。

从生活细节上锻炼，这是我们培养孩子不轻言放弃的最好办法。

忙碌的早上，家长着急上班，可孩子衣服的拉锁却拉不上了。家长急了，说："我来帮你穿吧！"于是，孩子衣服的拉锁一次也没有自己完成过。其实，这个看似很简单的工作，对孩子来说可是件难事。孩子要完成这个动作，首先要把拉锁的两个头对准，然后，一手往下用力，一手往上用力。孩子要快速地完成，得需要长时间练习。开始时，他一定会遇到这样那样的问题，但是家长如果鼓励他，坚持让他自己完成，那么这个过程也是在锻炼孩子的韧性。

所以，请家长不要忽视生活中的小事，锻炼他们的意志、坚持性都是从一点一滴开始的。

学着和所有人相处愉快

林肯说："人生最美好的东西，就是同别人的友谊。"他的正直、仁慈和坚强的个性，使他成为美国历史上最受人景仰的总统之一，而且他也是美国历任总统中最具幽默感的一位。有人曾批评林肯对待政敌的态度："你为什么要试图与他们成为朋友呢？你应该想办法去打击、消灭他们才对。"林肯说："我难道不是在消灭政敌吗？当我使他们成为我的朋友时，政敌就不存在了。"林肯对待朋友和敌人的宽容同样来自于继母的谆谆教导。

10 林肯家训
——摔倒了，要自己爬起来

那是在林肯11岁时，他与朋友亨得尔因为劳动而生气，他回家对继母说："一定是那个叫亨得尔的家伙干的，我去他们家找他论理去。"

继母看着林肯说："你宁愿要朋友还是要敌人呢？"

"当然是朋友了。"林肯毫不犹豫地说。

"对呀，孩子，你要学会宽容别人，这样才能使自己的路越走越宽广。要不然，你在社会上就会到处树敌，是很难成功的。"

"我知道了，母亲。"林肯很懂事地点点头。

此后，林肯牢记母亲的教导，努力尝试与所有人愉快相处。

再来看看我们的独生子，从出生开始就是家里唯我独尊的"小皇上"。而上幼儿园的第一堂挫折课就是学着和别人交往，这对于他们来说可不是简单的事，玩具要一起玩，午睡也要在一起……孩子们在家里习惯一个人了——这也是孩子抵触幼儿园的原因之一。而学会和人交往、学会交际也是孩子走向社会的第一步。

我家孩子刚上幼儿园时，常常一个人坐在椅子上看着别人玩。我问她："宝宝，你为什么不和小朋友玩呢？"

女儿说："我一个人玩挺好的，再说他们也不来找我。"

我明白，孩子是不愿意交往！于是，我利用讲故事的形式告诉她："别的小朋友不来找你玩，你可以主动找他们啊！"第二天，我去接孩子，果然看到她正在和小朋友玩。我问她："今天和小朋友们一起玩，是不是很快乐？"她高兴得直拍手。

培养孩子的交际能力，也可以在家里完成。游戏是儿童最喜爱的活动方式，家长可以带孩子去邻居家做客或邀请邻居家的孩子来家里玩，或到户外参与儿童的游戏，在玩中给孩子提出要求，使孩子在游戏过程中体验分享的乐趣，如：与小朋友一起玩玩具时，不要抢，不要争，要学会谦让；搭积木时，要团结同伴，和伙伴友好相处，若是孩子这样做了，其他小朋友也会这样做，长此以往，同伴之间就会建立起一种和谐、亲密的关系。或者，家长和孩子共同玩角色游戏"过家家"，家长扮客人或主人，让孩子在游戏中学会如何接待人。一个细微的举止，一句"请进""请坐""你好"……既发展了孩子口语表达能力，又使孩子学会了合作，增加了社会交往的经验。

根据我的研究发现，父母们常犯的一个共同错误是总认为孩子会自然而然地找到自己的朋友。心理学家托马斯·伯恩特指出："一个孩子只有经常和朋友们在一起，才能增进友谊。"

因此，家长应主动为孩子创设交往的环境，提供交往的机会，如：家长可以让孩子将自己的同伴带到家里来玩，此时家长要热情接待小客人，也可以与小客人作简单的交谈，等小客人走时，客气送别，欢迎他下次再来。这实际上是给孩子作出表率，使孩子能在潜移默化中受到教育，养成良好的行为规范。有了良好的行为规范后，家长还要为儿童提供交往的机会，这样，不仅培养了儿童的交往能力，也使儿童在交往中学习礼貌待人，学会了社会交往的技能和许多本领。

家长给孩子作出榜样，要以自己的言行告诉孩子如何和朋友建立友谊，孩子会从父母的言行中学到很多东西。在许多家庭中，倾听别人意见、关心别人是作为家训世代相传的。要让孩子们意识到，没有比得到他人的友谊更贵重的礼物了。

但是家长要给孩子自己挑选朋友的自由，现在不是孟母三迁的时代，在离不开人的社会环境中，要培养孩子明辨是非的能力。尽管父母不愿意他们交错朋友，但除非孩子遇到危险，父母最好是让孩子自己分辨哪种友谊要得，哪种友谊不值得。

11

格兰特家训
——没有任何借口

（总统任期：1869年3月4日—1877年3月4日）

尤利塞斯·辛普森·格兰特是美国的第十八任总统，也是美国历史上第一位从美国军事院校西点军校毕业的军人总统。他在美国南北战争中被任命为陆军上将屡建奇功，有"常胜将军"之称。凭借着军威，格兰特当选为总统，并获得连任，还被同时代的美国人看做是一位深受百姓爱戴的总统。

格兰特是第一位从著名军事院校西点军校毕业的美国总统，他的名言"没有任何借口"，成为流传至今的励志名言。

用魄力和胆识为自我开创天地

战争给了格兰特人生最大的机会。1861年，美国内战爆发，格兰特再次应征，加入伊利诺伊志愿军团，任上校，不久即被任命为准将。这位伟大的历史人物对参加战斗的感受完全不同于我们教科书对于英雄的描述：

晚上，我们就在路上宿营，第二天一早继续赶路。哈里斯（敌方将领）在河边低地扎营，因为那里靠近水源。小河两边都是山丘，山丘的高度可能有一百多英尺。当我们快爬到山顶时，我们可能会从山顶上看到哈里斯的营地，并可能发现他的士兵早已列队迎接我们了。一想到这些，我的心跳就会不断加速，好像心已经被提到了嗓子眼。要是此时让我回伊利诺伊，我愿付出任何代价。可是，我可没有那样的勇气，我怎么好意思停下来想想该怎么办呢？还是继续向前走吧！

我们爬到山顶，向下望去，整个山谷尽收眼底。这时，我们停了下来。哈里斯几天前扎营的地方就在眼前，并且可以清楚地看到刚刚宿营过的痕迹，但部队已经撤走。直到此时，我一直悬着的一颗心才落了地。

这时，我突然明白一个道理："我害怕哈里斯，哈里斯也一直在害怕我。这个问题我以前还从来没考虑过。从那一刻起，我再也没有忘记过这个道理。一直到战争结束，每当我面对敌人时，尽管我或多或少地感到有点儿焦虑，但再也没有经历过任何恐慌。我从来没有忘记过，如果说我害怕他的部队，那他同样也害怕我的部队。这个道理，我一直铭记在心。"

罗马不是一天建成的，胆识、魅力的培养也是如此。从格兰特这个故事看来，原来他最初也是有着胆怯的心的，只是他明白一个道理：我们害怕别人，别人也同样害怕我们。换而言之，只要我们比对手更勇敢、更有魄力，我们就会战胜对手。

明白这个道理的格兰特，在整个南北战争期间表现出了令人钦佩的政治胆识。他意识到废奴和黑人武装的重要，善于整体把握战争，指挥坚决果断，不惜代价地采取主动进攻来消灭敌方的有生力量，破坏了敌方的战争潜力。他为北方的胜利作出了卓越的贡献。最终，凭借自己的军威，格兰特于1868年当选为总统。

现在，有些家长特别迷恋"天才"，他们通过各种测试去检验自己的孩子是否拥有超群的智力才能。但是孩子要成才并不能仅靠智力超群，同时需要勤奋，是努力，是有洞察能力、有胆实、有魄力，能抓住机会的人。有时，这些因素甚至比智力因素更重要。

现在有的孩子胆子小，做事唯唯诺诺，遇到事情没有魄力，想法就像墙头上的草——随风倒。有些家长认为这是孩子听话的表现，还引以为荣。其实不然，试想一下，在将来，当孩子走入社会，当他要面对一些突出奇来的遭遇时，只会六神无主，不知道如何去做了。想一想孩子的未来，还会认为胆子小是件好事吗？

没有胆识，孩子不敢上台表演，不敢和别人交流……在现代这个纷繁复杂的社会中，胆子小没有魄力就会失去很多机会。

其实，缺乏勇气的人最大的心理障碍在于自卑，有这种心理的人，万事开头总是"我不行""我恐怕干不了""如果弄糟了多丢人"……结果无数次良机默默错过。其实，世界上没有生下来就样样都行的神童。路都是人走出来的，人的才能都是在社会实践中干出来的，勇敢的品质也是在行动中培养出来的。

孩子的信心是一点一点建立起来的，需要家长正确地引导和耐心地鼓励。

家长要帮助孩子树立信心，而不总是要无意地伤害他的自尊心。家长不能用尖刻的语言讽刺挖苦孩子；不能用别人家孩子的优势比自家孩子的不足；不能在别人面前惩罚孩子或不尊重孩子；不要把孩子的话当"耳旁风"；不要滥施权威，使孩子产生自卑感，而丧失自信心。我们要重视与保护孩子的自尊，多赞许、少责备，帮助孩子发展自尊感，树立坚定的自信心。

比如：家长带着孩子去逛公园，到了该回家的时候了，孩子竟然提出要自己骑着小三轮车，沿着人行便道回家。看着孩子热切的目光，家长犹豫了，孩子这么小，路又那么远，万一累坏了这棵"独苗苗"……

每到这时候,家长会怎样做呢?其实,家长可以走在孩子身边,保证安全是没有问题的。我们应该给孩子空间,让他自己闯一闯,增加自己的信心。在孩子骑车回家的路上,他破除万难,完成了自己的"小长征",会很有成就感。

另外,家长不要忽视孩子坚强意志的锻炼。勇敢的品质不是一天、一个月就能形成的,需要经过不懈地努力,历经困难、挫折甚至失败才能得到。坚强的意志是成功的保证。一个勇敢的人,同时也是一个意志坚强的人;他们在困难面前不后退、不低头,而是挺胸抬头,坚持向前走。比如:苏联科学家巴甫洛夫,工作精确、细致。他写字十分工整,像印刷出来的一样。要知道在他年轻时,他为了写一手工整的好字,花了多少时间,吃了多少苦呀?其实,这就是在锻炼自己。

孩子意志的锻炼需要家长有坚持的恒心,家长的鼓励和监督都是孩子前进最好的动力。总之,家长要注意培养孩子的胆识和魄力,有胆识、有魄力会给孩子的人生道路提供更多的发展机会。

找到自己的位置

格兰特一生事业有声有色,轰轰烈烈,但退休后,他与人经商,却以破产告终,只能靠写回忆录还债。可见,能够任职总统的格兰特却不能成为一个成功的商人,后来格兰特时常告诫他人:"人,要看清自己,找到适合自己的位置。"

有一位名人说了一句很经典的话:"垃圾是放错了位置的宝贝。"鸟儿飞翔在天空,天空是它的位置;猛兽出没于山林,山林是它们的位置;鱼儿潜游在清溪,清溪是它们的位置……大家各有自己的位置。

人要学会"安于其位,尽其职责"。在演员的位置上时,就要学会表演;在观众的位置上时,就要学会欣赏。人生最大的哲学问题是:如何找到自己的位置。思考清楚这个问题不光能让孩子们一生受用,对于我们这些浮躁的成人们也同样具有深刻的教育意义。

生活中,我们往往对自己太过于苛责,认为自己不够好,总有人会比我们强。

即使那些看起来最有自信的人，其内心也会存在对自己的批评，这种内心的批评就是引发我们痛苦的源泉。我们有太多时候会被旁人所左右，变得无所适从，其实，只要我们按照自己的方式去生活，我们会更快乐，更专注认真。

一个人如果能够坦然面对别人比自己强，才能清醒认识自己与别人的差距，才能摆脱心灵的苦痛，才能让自己做得更好。

人是社会动物，所以每天，我们既要和不同的人打交道，还要和相同的人接触。但是，我们不能保证每个人都是你所欣赏并且喜欢的类型。所以，唯一可以让自己坦然并且更加舒服生活的方法就是：摆正自己的位置。而教会孩子认清自己，首先要家长能够客观地评价自己的孩子。

东北有句老话叫做："孩子自己的棒。"为什么这样说呢？因为对家长来说，孩子有再多的毛病，毕竟是自己的骨肉，有着相同的基因，当然即使不好也得说比别人的好。就是这样的心态，阻止了很多家长认清自己孩子的真面目。正所谓："旁观者清，当局者迷。"比如：当有老师向家长直接反映孩子的最差表现时，许多家长护子心切，表面上同意老师的话，可心里却觉得这老师多事，自己的孩子是最棒的。家长一味地夸大孩子的优点，却看不到他的缺点。家长会认为自己的孩子是天下最厉害的，美术好、英语好、音乐也好，哪方面的知识都让孩子去学，结果哪方面的知识都没有学好。

还有一些家长的做法正好相反，他们只看到孩子不如别人的地方，觉得他做什么都不对，孩子在大人眼里一无是处。久而久之，孩子有了自卑心理。

其实人无完人，自己的孩子有优点、缺点都是我们必须接受的，而我们的任务是正确地引导他们。

儿童最初是通过别人，特别是他心目中的权威人物对自己的评价而认识自己的。这时，别人的评价具有很强烈的暗示作用。父母的言行对孩子的人生起着至关重要的启蒙作用。让孩子自我欣赏的关键是父母首先要正确地欣赏自己的孩子。孩子对认识自己的最初体验，其实就是面对自己的愿望开始。

我想，培养孩子"认识自己"，就要让他着眼于现实。比如：可能在很多同龄孩子都怀有远大崇高的理想时，你的孩子的最大愿望却只是"等长大后，可以像妈妈一样在厨房烧菜"，或者"像爸爸那样，给别人修车"……这时家长不要打击孩子这些细小的热情，只要告诉他，无论做什么，都要努力做好。

执行才是硬道理，不要找任何借口

格兰特是第一位从美国军事院校毕业的军人总统。格兰特所获得的成功要感谢他的父亲杰西。在格兰特21岁时，父亲对他的未来已经有了很明确的计划。有一天，父亲对格兰特说："你将接到西点美国军事学院的录取通知书。"但是格兰特却脱口而出："我不去。"然而，父亲却不容置疑地说："你会去的。"

可以说，格兰特是被父亲逼迫着去了军事院校，但事实证明，西点军校给格兰特提供了一种开放式的、高质量的、系统的教育，培养了军人所特有的素养，从而给格兰特增加了自我开创天地的胆识和魄力。

1861年，当美国内战开始时，美国总统林肯还没有为联邦军队找到一名合适的指挥官。林肯先后任用了四名总指挥官，但他们没有一个人能"100%执行总统的命令"——向敌人进攻，打败它们。最后，任务被格兰特完成了。

从一名西点军校的毕业生到一名总指挥官，格兰特升迁的速度几乎是直线的。当格兰特将军赢得了战争的胜利、开辟了美国历史的新一页后，很多人开始寻找格兰特制胜的原因。在格兰特将军做了美国总统后，有一次，他到西点军校视察，一名学生问格兰特："总统先生，请问是西点军校的什么精神使您勇往直前？"

"没有任何借口。"格兰特回答。

"如果您在战争中打了败仗，您必须为自己的失败找一个借口时，您怎么做？"

"我唯一的借口就是：没有任何借口。"

在格兰特参加西点军校学习时，新来的学员无论尊卑，一律被称做"新兵蛋子"。他们领到军服后要在"野兽营"待3个星期，学习如何敬礼、如何操练、如何整理内务。3周后他们领帐篷，然后行军到夏季营地。他们在那儿支起帐篷，每两个人住一顶，睡在木地板上。每天早晨5点30分，鼓笛乐队吹打着集合号鼓穿过营地，新的一天就开始了。新兵们整队去吃早餐，整队返回，然后换上白短夹克、白裤子和白头盔，准备参加卫兵换班仪式。

这种训练是要使学员形成职业军人那种特有的自觉的纪律观念、责任观念和荣誉观念、自我牺牲精神、集体主义精神。为了达到上述目标，军校制订了名目繁多的规章制度，吃喝拉撒睡，事无巨细，面面俱到，使学员们整天忙于紧张而艰苦的学习和训练，无暇他顾。

最初的几个星期，格兰特和其他学员觉得他们简直成了一台台机器，在教官和校规的控制下行动，连思想的时间都没有，完全没有自己。许多同学忍不住牢骚满腹，而格兰特却不找任何借口地服从命令，不折不扣地执行命令。格兰特知道自己该走怎样的道路。

执行任务，然后完成，这是千百年来每个士兵乃至将军最基本的职责。军人的天命就是无条件地去执行上级的命令，全力以赴地完成，即使牺牲自己的生命也在所不惜。格兰特正是依仗这种品质，在战争中屡立奇功。

现在被父母无比宠溺的孩子们非常缺乏这种不找借口、不推卸责任的品质。有些孩子简直成了"借口专家"，一张嘴就是借口，就是托词，他们犯什么错误都有理由。比如：孩子的考试分数低了，他会找种种的借口，会说老师讲得不明白；作业没完成，他会说老师没给留，会说忘记了记作业，等等。

孩子为自己找借口的现象在生活中并不鲜见，要改变孩子的这一问题，必须对其产生的原因作出探析。

导致孩子为自己找借口的原因十分复杂，既有来自社会的因素，还有来自学校的因素，而更多地则是来自家庭和孩子自身的因素。如小孩摔跤后大人总是哄着说"不是你的错，是路不好"来安慰小孩，在溺爱中教会了孩子如何寻找借口。因此，要改变"找借口"这一问题，必须从父母自身做起，从现在做起。

当孩子出了问题，一定要让孩子自己负责，要让他知道这个问题责任在他而不在老师、不在家长，更不在其他人身上。比如：如果孩子回家说语文考试分低了，他找借口说语文老师讲课听不懂。家长可以问一问孩子那么多同学都能听懂，你为什么听不懂？就在这些点点滴滴的事情上，家长不要让他找借口，要让他负起责任。他犯了一个错误，就让他在这个错误上认识到自己的问题。

如果能贯彻一种这样的价值观，孩子的责任感慢慢就会培养起来，孩子就能更好地面对错误和过失了。当然，孩子犯错是允许的，只要在孩子犯了错误后，要让他对自己的错误有一个正确的看法，有一个正确的认识。

12

海斯家训
——勇者的勋章不曾遗忘

（总统任期：1877年3月4日—1881年3月4日）

拉瑟福德·伍查德·海斯是美国的第十九任总统，以"为人正直和办事有效率"著称。在总统任期内，海斯努力改善内战后的国内状况，并且取得了一些成就。在美国总统众星云集的历史长河中，海斯有些黯然失色，但依旧努力做好本分工作，不辱使命。

海斯的传记作者在谨慎地研究了海斯的一生和他在总统任期内的工作后，称海斯为"进步运动的先驱""具有非凡的独立能力和渊博学识"，认为他赋予"他同时期的那些仅受过象征性教育以及中间派的美国人"以人性。海斯并不是最伟大的总统之一，但是他以相当出色的能力完成了他此前颇受质疑的任期。

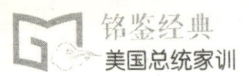

为自己喜欢的事而勇敢

1861年,美国内战爆发,此时海斯已年近40岁,并且是三个儿子的父亲了,但他毅然决定从戎,他说:"即使我知道我要战死,也宁可上战场而不在后方偷生!"

开始时,海斯被选为由他所属的一个文学协会组织的军事训练队当队长,后来又以少校军衔在俄亥俄州第二十三志愿团法庭任法官。在他的要求下,他不久被批准奔赴前线,带领部队在西弗吉尼亚一带对南军作战。因作战非常勇敢,同年晋升中校和二十三团代理团长,并被任命为俄亥俄军区军法处处长。

战争使海斯发挥了他自己也未曾觉察到的才能。在战斗中,他冲锋陷阵,屡建奇功,声誉卓著。1862年9月,在马里兰州南山地区的战斗中,他的手臂被弹片撕裂,部下伤亡近1/3,但他仍然不顾枪林弹雨,坚守阵地,带领余部攀登山峰与敌人作生死搏斗,最终击溃了敌人。同年10月,他被提升为上校和二十三团团长。

1863年,海斯转战各地,一度任代理师长。他作战勇敢,深受部下爱戴。一个战士曾写道:"海斯上校就像一头雄狮,他冒着炮火纵马飞驰,直冲敌人炮兵阵地。我们都为之勇气倍增。"

1864年7月,海斯正随菲利普·谢里登将军在辛南多山谷作战,家乡推崇他的人们提名他为国会议员候选人。有人写信要他马上回辛辛那提竞选,他回信说:"谢谢你,不过我现在有别的事要做。一名在职军官,在这种紧急关头如果擅离职守,为了国会中的席位而四处奔走,就应当枭首示众。"他没有回去竞选,但他爱国的热忱却为他赢得了大量的选票。

海斯在美国历史上最大一次选票计算纠纷中获胜,登上了总统宝座。

12 海斯家训
——勇者的勋章不曾遗忘

每一个人在自己的成长过程中都会经历许多事情，随着岁月的流逝留在记忆中的亮丽的火花却很少。然而，总有那么几件事如同启明星一样会永远挂在脑海里，挥之不去，魂牵梦绕，无法释怀。不用问，那些事一定是自己最喜欢的事、最愿意做的事。有的人一生也许并不轰轰烈烈，但他总是在坚持做自己喜欢的事，这些事也许都是一些看似平凡的事迹，但其中却包含着耐人寻味的人生哲理。

著名教育家苏霍姆林斯基说过："作为一个成年人，也会被某种有趣的东西所迷住，也很难摆脱那件使人着迷的和得到满足的事。请你记住，在孩子成长的每一步路上，他们面前随时都可能展现出来某种新奇的、未知的东西，这东西使他着迷，占据了他的全部身心，他不仅顾不得想别的事，就连时间的流逝也感觉不到了。当孩子在做他感兴趣的事情时，他觉得是那么的美妙、那么的快乐。"

谁能预知自己的未来？谁又能真正发现自己的能力呢？我们能够成功的方法就是找准目标，坚持不懈，去做自己喜欢的事。

我们要做的，就是不要违背孩子的天性，多给孩子自由支配的时间，在不影响孩子正常学习的前提下，尽可能地让孩子做一些自己感兴趣、感到神奇的事情。也就是说，要在老师和家长的正确引导下，让孩子做一些与学习、技能、健康有益的同时也是他们感兴趣的事情，并不是孩子想干什么就干什么。

让每一个孩子做自己最喜欢的事，首先要让孩子有好的爱好，最好的爱好来自内心的喜欢。无论哪一种爱好，如果它无法触动孩子的心灵和打动他们的心，那再好的事情也不会带来益处。作为家长要做的最重要的工作之一就是让自己的孩子有一个好的爱好。最好的爱好，第一位的爱好，比如：培养孩子喜爱读书，会让孩子受益终生，因为书籍就是一所好学校，是使人心灵永远敞亮的地方。

如果孩子不爱看书怎么办？家长可不要用逼迫的方法，而是应让孩子先喜欢上书。从婴儿起，就给孩子买不同内容的书，画面颜色鲜活，吸引人。开始时，孩子都有撕书的习惯，我们一定要制止，告诉孩子撕书是不对的。这样的话也许要重复几百次，几千次，但就是不能放纵婴儿。另外，家长还要把孩子的书放在专门的小书架上，孩子不懂得摆放整齐，家长可以先帮忙，久而久之，孩子就会对书爱护有加了。当他们喜欢上书，那就会喜欢看书了。

让每一个孩子做自己最喜欢做的事。家长要引导孩子去接近生活中不可缺少的东西，如某一个学科、某一项技能。在某一个学科知识的汲取中、在某一项技能的熟练中，让孩子体验神奇、感受快乐。作为家长还要做的就是要让孩子养成良好的习惯，在完成了相应的学习任务后，有自由支配的时间。要鼓励孩子利用自由支配的时间去做自己感兴趣的事，只有这样，孩子爱好的火花才能被点燃，掌握的知识和技能才能更加丰富。

兴趣是培养的，但是不少家长把"兴趣"和"爱好"两个概念等同起来，发现孩子爱好某一事物时，就认为他对其产生了兴趣。其实在这两个概念中，"爱好"的范围很广，所含感性因素偏多，而兴趣是人们对某一事物高层次的需求。比如：有些孩子喜欢看电视，这只能说他爱好看电视，而非兴趣。所以，家长培养孩子的兴趣要多样化，但不能太滥，要让孩子专心致志地集中到一两个主要兴趣上，而把其他的兴趣作为一般爱好就行。家长只有认识到这一点，把它们区分开来，才能有效地对孩子的兴趣加以引导和培养。

平等地对待每一个人

海斯的母亲一生命运坎坷，经历过很多困苦，她一直忠告海斯：要平等地对待每一个人。海斯一生都恪守着母亲的教诲。

> 海斯在做律师期间，因为为逃亡的奴隶进行了有力辩护，而赢得名气。在出任国会众议员期间，以"为人正直和办事有效率"著称，他曾建议要使所有选民（不论是黑人或白人）都受到教育。在担任俄亥俄州州长时，热心于各种改革，特别是对精神病院、监狱、济贫局以及州学校系统的改革。在任总统期间签署法令，第一次准许女律师在联邦最高法院从事业务活动。

家长不要以为只有在社会的大染缸里才存在"等级差异"，在孩子们的世界里同样存在。当今社会，孩子大都早熟，他们之间的差异显现在很多方面，比如：学习的差异、家庭生活的差异、父母职业的差异……不同的家庭培养出不同的孩子，这些客观原因，使有些孩子可以高高在上、目中无人；而有些孩子则会低眉顺目、唯唯诺诺。"人之初，性本善。"是日后的环境把人分成了三六九等。而一个正直的人不能攀附权贵、阿谀谄媚地做人，我们家长要教育孩子从小就平等地对待每一个人。

孩子们放学回来，放下书包，嘟囔着："我同桌身上有奇怪的味道，真讨厌！"家长不要附和孩子，而是要说："没关系，你可建议他去洗澡，因为你们是朋友啊！"对小孩子来说，我们要教会他们如何和不喜欢的人成为朋友。从小学会平等地对待每个人。

《论语》中写道："苟志于仁矣，无恶也。"不觉得别人讨厌是修身，向讨厌的人学习是修行。"最讨厌的人是世界的另一个我。"在现代职场中如何对待最讨厌的人成为了一种新的人际关系学，它既是关于自身的心灵学，也是关于他人的哲学思考，还是具有社会学意义的助推器、动力阀。关于讨厌机制的研究，心理学家说："当我们讨厌某个人时，往往因为对方身上拥有和我们相同的缺点。"对方将我们的缺点暴露出来，所以我们也将讨厌他的情绪表达出来。这是讨厌发生的秘密。

管理学大师德鲁克推翻了前人提出的关于优秀领导人身上一定具备坚毅、勇敢、不屈不挠、决断力、情商高、沟通力、抗压力等卓越品质的理论。德鲁克的研究发现，那些所谓全能类型的人，实在是太难找了，即使有个别人虽然符合条件，他们表现出来的却是极低的工作效率。德鲁克发现卓越领导者之间的差别，就跟医生、教师和小提琴家等其他职业一样，有不同的类型，唯一的相同点是他们常常不具备赞美之词所描述的那样与众不同。完美的化身是不存在的。大师的话可以简略为一句话：老板并不是要高高在上，下属也不是永远低等，只是职位不同罢了。

盖茨近日在央视《高端访问》节目上说："我们不能因为没有钱就忽视那些患病的贫困人群，我们要看到还有那么多需要治愈的疾病，我们要将所有聪明的大脑和优秀的人才聚在一起，让他们去帮助那些需要帮助的人，在未来的20年里，我希望所有我提到的疾病都能彻底灭绝。能够平等地对待生命，人们消除了偏见，让这个世界变得更加公平。"

而我们教育孩子要有一颗平等的心，当然还要从自身做起。有些家长见了老板，低头哈腰，连大声说话的力气都没有了。在平时的言谈中也会透露，人家比我们强，或是谁谁谁比不上我们。不论是哪种行为，都会影响到孩子。他们从小就会认为，人和人是不一样的，不同的人要有不同的对待方式，这种消

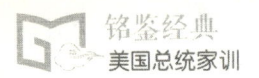

极的行为是大错特错的。所以,家长们要先反思一下自己,再去教育孩子吧!

把每一分钟当做最后

在1876年大选中,因发生了美国历史上最大一次选票计算纠纷,海斯直至总统就职日前两天才被宣布为合法总统。在海斯的整个任期内,他都被政敌持续地对他的合法性提出质疑,并试图取而代之。

海斯可谓是顶着重重压力,艰难地进行着总统的工作。面对政敌的排挤,他不知道自己能够当多长时间总统,但是他对自己的人生原则就是:"做一天总统,就要把分内的工作做好。"在总统任期内,海斯不但圆满地完成了总统的各项职责,且颇有政绩。海斯的传记作者阿里·胡根布姆和哈里·巴纳德在谨慎地研究了海斯的一生和他在总统任期内的工作后,称海斯为"进步运动的先驱""具有非凡的独立能力和渊博学识",认为他赋予"他同时期的那些仅受过象征性教育以及中间派的美国人"以人性,并就其恢复美国总统制的权威给了很高的评价。海斯并不是最伟大的总统之一,但是他以相当出色的能力完成了他此前颇受质疑的任期。

"把每一分钟当做最后。"这是一种珍惜时间的表现,也是一种置之死地而后生的坚强决心的表现。

生活中,有的孩子没有时间观念,不珍惜时间,他们可以花几个小时写一篇作业,任凭父母如何催促,他们依然是我行我素,这让家长是又气又恨,却也无可奈何。

"把每一分钟都当做最后"就是要让孩子明白时间的重要性,纠正他们做事拖拉的习惯。

首先,我们来分析一下孩子拖拉习惯形成的因素。教育专家指出,一些孩子做事拖拉,根本原因在于不良的家庭教育环境和教育方式。在日常生活中,一些家长对孩子过于溺爱,凡事都依着孩子,孩子开始出现做事磨蹭的迹象时,家长们也没有及时采取措施帮助孩子纠正坏毛病。同时,一些家长自身做事不遵守时间规则,也在无形中影响了孩子的行为习惯。

因而，要帮助孩子纠正做事拖拉的毛病，家长们要从自身的家庭教育方式上找原因。在家庭生活中，家长要以身作则，自己不要有做事拖拉的毛病，只有这样，才能给孩子良好的教育环境。

同时，更为重要的是，家长一定不要给孩子任何可以拖拉的借口，如发现孩子出现拖拉的苗头，一定要及时制止，不以任何的溺爱来对待这种不好的习惯。

另外，家长们要充分利用与榜样做对比的方法，要在现实生活中给孩子找一个学习的榜样，这种标杆式的榜样可以是一些英雄人物，也可以是周围的小孩子。

在平时的教育中，一定要拿出榜样，告诉孩子，榜样人物之所以得到大家的喜爱，是因为他有时间观念，办事不拖拉。经常以榜样的事迹来教育孩子，对纠正孩子的拖拉毛病有一定的作用。

对待年龄小的孩子，家长还可以采用讲故事或做游戏的方式。家长们平时可以经常讲故事或做游戏，将守时、办事高效的理念灌输于故事当中，在故事或游戏中帮助孩子养成做事不拖拉的好习惯，长期的潜移默化的教育比一时的训斥更为有效。

对于孩子的磨蹭，一味的批评教育有时会失效。专家建议：必要的时候，要将因孩子的磨蹭造成的后果呈现给孩子，并要对孩子进行适当的处罚。要让孩子明白，做事磨蹭的习惯造成的后果也会很严重，也会受到一定的"惩罚"。有的时候，适当的处罚有助于孩子快速"醒悟"！

13

克利夫兰家训
——为正义而奋斗终生

(总统任期:1885年3月4日—1889年3月4日
1893年3月4日—1897年3月4日)

格洛佛·克利夫兰曾担任美国的第二十二任和第二十四任总统,是唯一一个分开任两届的总统。克利夫兰被人认为是独立、诚实的总统,他在反腐败、反政党分赃等方面作出了贡献。

克利夫兰出身贫寒,少年时代的艰难困苦,使克利夫兰养成了一种坚毅、刚直、倔犟的性格;他有很强的独立性和责任心,他珍惜时间、勤奋好学、刻苦钻研,弥补了未能受太多正规学校教育知识浅薄的遗憾,凭借着自己的努力取得了卓越的成就。

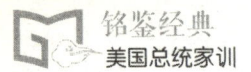

像偶像一样勤奋

克利夫兰兄弟姐妹较多,且父亲收入微薄,难以维持家计,他的童年生活是很艰苦的。每天放学后,他要担负繁重的家务活,有时还要外出打零工。他在一家杂货店当店员时,每天清早5点钟起床,一直忙到晚,住处冬天没有火炉,晚上老鼠为患,通常闹得整夜不得安宁。在家,克利夫兰还要干一些诸如砍柴、种菜、捕鱼等杂活。

克利夫兰很早就懂得了有效地利用时间的价值。他在9岁时写的一篇文章中说:"如果我们希望成为一个伟大和优秀的人物,并得到我们的朋友们的尊敬和尊重,我们必须在年轻时利用好自己的时间。"

克利夫兰指出,华盛顿总统和杰克逊总统是这种说法的理想角色的典型。在他幼小的心灵里,他崇拜、钦佩他们刻苦好学的精神,他自己也决心以他们两人作为自我奋斗的榜样。

在克利夫兰的一生中,每当他困难重重、力不从心的时候,他总会用自己的偶像华盛顿和杰克逊来激励自己。总是尝试换个角度想想,如果他们面临这样的困难,他们会怎样做。想到伟人面对困难的坦然态度,克利夫兰也就变得斗志昂扬。

根据我的观察发现,现在很多孩子都有自己的偶像。我觉得对于孩子来说,拥有偶像是一件好事。因为每一位父母都希望孩子能成才,而那些偶像们的成功可以作为孩子努力的方向。作为父母,我们应该正确地引导他们,不能让孩子盲目地崇拜,而是要引导孩子去挖掘成功人士内在的东西。譬如对于那些商界偶像,我们应该引导孩子把注意力集中到那些成功人士所拥有的荣誉与财富的同时,要多想想别人是如何得到这些的,他们付出了怎样的努力!

《鲁豫有约》曾访谈过一位80后的男生,这位男生非常崇拜中国企业家马云,他将马云视作自己的灵魂偶像,他经常关注这位偶像的消息,马云创办阿里巴巴的神话更让他无比向往。他觉得人生如此,才不枉费多年的寒窗苦读。这位男生在大学毕业之后,并没有像别的学生那样听从家长的安排,而是自己选择了一份工作——去一家小的网络公司打工。其实家里已经托人帮他在老家县城找了一份公务员的工作,这份工作清闲不说,工资奖金、各种福利绝对是有保障的。男孩却放弃了这一切,甘心留在大城市碰得头破血流。

男孩工作的这家小公司,由于人手少,他负责了很多的工作,从而学习到了很多网络方面的知识,得到了很好的锻炼。

男孩一直期望自己能像马云那样创办自己的事业。随着工作经验的增长、人脉的积累,他终于发现了一个很好的机会。他用一笔微薄的资金申请创办了一个网站,专门负责在上面刊登一些房产类的信息。在最开始的日子里,网站不仅达不到赢利,而且还要不断地投入人力、物力和财力。最困难的时候,他连吃午餐的饭钱都省下了。

家人不理解,让他回老家发展,但是他想到马云创业时的艰难,便觉得自己的这点困难算什么呢?就这样,他一步一个脚印勤恳地工作,终于让网站的搜索量大幅提高,并吸引了很多房地产商的投资和加盟。五年之后,当他的同学们还在职场上苦苦挣扎的时候,他已经开上了自己的车,并在省城买了房子。回首往事,他不由得感慨,在最绝望的时候,是马云的经历给了他信心和力量,这位偶像的精神支持他咬着牙挺了过来。

可见,向偶像学习并不是简单地学习他们的言行举止、穿衣打扮等,这样只是最肤浅的学习。而真正的学习,是从他们的人生经验中汲取力量,体会他们的奋斗精神,学习他们的为人处世方法等。这些偶像可以帮助孩子学习,达到良好的学习效果。因此,父母在引导的时候,要让偶像为孩子服务,学习偶像的最终目的就是要改变孩子。家长在引导孩子正确对待偶像的过程中,首先要和孩子站在一起,在认同孩子偶像的前提下,引导孩子学会如何学习偶像的长处,不要简单、粗暴地处理,认为孩子崇拜偶像是不好的,强硬地逼着孩子不要沉迷其中。这样做的后果,只会适得其反。

踏实做事，诚实做人

克利夫兰出身贫寒，没有接受过多少正规教育——父母是克利夫兰的启蒙老师，11岁时他进入纽约州的费耶特维尔中学；14岁时，他进入纽约州的克林顿文科学院学习，接着又回到费耶特维尔中学；16岁时，父亲去世，家境贫寒的克利夫兰只能辍学。从此开始了一边自学一边赚钱养家的生涯。

少年时代的艰难困苦，使克利夫兰养成了勤奋与踏实的品格。在这里，我仅举一例来说明他的诚实。

第一次总统竞选时，作为民主党总统候选人克利夫兰，他的竞争对手是共和党的总统候选人布莱恩。本来布莱恩是有绝对的优势战胜克利夫兰的，但是在选择谎言还是诚实这方面，布莱恩作出了错误的选择，从而使局面发生了颠覆性的改变。

1884年7月，克利夫兰作为民主党的总统候选人参加竞选。《纽约世界报》提出了支持他的四点原因："一、他是诚实的人；二、他是诚实的人；三、他是诚实的人；四、他是诚实的人"。作为纽约州的州长，克利夫兰以粗犷、朴实和正直受到普遍赞扬，以"好人格洛佛"著称。

1884年7月21日，《巴法罗电讯晚报》刊登了一篇文章披露"高尚"的克利夫兰年轻时曾与一名33岁的布法罗寡妇交往密切，并生了一个儿子，从那时起克利夫兰一直给母子俩提供财物帮助。这样的消息，对克利夫兰竞选是极其不利的。克利夫兰的朋友们听到这一消息大吃一惊，但当他们问起他时，克利夫兰承认这个故事基本属实，尽管报纸进行了加工润色。当朋友问到在竞选中如何处理此事，没想到克利夫兰坚定地说："总之，要讲事实。"

相反，竞争对手布莱恩却面临诚实的危机。9月15日，《波士顿日报》发表了一封布莱恩写给波士顿铁路公司的律师沃伦·费舍尔的信。这封信是布莱恩自己写的，但却要费舍尔签名发表以替他洗刷在铁路交易中的不端行为。

这个事件，使人们对布莱恩产生了严重信任危机，葬送了他的总统之路。

一位名人曾说过："我们用人的原则是德才兼备，以德为先。打个比方说，品德就像火车的方向、路轨，才能就像马力。如果方向、路轨偏了，马力越大，造成的危害也就越大。"

作为父母，在培养孩子的过程中，不仅要努力培养孩子的知识才干，更要在生活中努力塑造孩子踏实做事、诚实守信、正直做人的优良品质。

家长在培养孩子踏实做事、诚实做人时，可以在生活的细节中、在孩子的活动和游戏中观察，适时地对孩子进行教育，使其逐步养成踏踏实实的作风。例如，孩子画画时，不专一，画的小人或小动物不是丢了胳膊就是丢了腿，家长就要对他说："做事要踏实，要专心致志做好一件事。"

当孩子搭积木时，告诉孩子，做事要一步步来，不要急于求成；孩子看书走马观花、不认真时，要向孩子提出要求："认真看，看完后给妈妈讲一讲。"

另外，就是诚实品质的培养。孩子到了5岁，基本能够辨别对错、好坏、美丑，这是孩子品格形成的关键时期，家长要注意悉心教育和培养。而这个时期的孩子，最让家长头痛的就是说谎。在这个时期中，家长一定要及时纠正孩子说谎的毛病，培养他们的诚实。

孩子出于种种原因，编造理由来掩盖错误或欺骗家长，就是我们所说的说谎，这是孩子比较普遍存在的问题。但在纠正孩子说谎的方法上，不要不分青红皂白地横加指责，呵斥，甚至打骂。因为，这些方法会导致孩子为了自我保护，或发泄对家长的不满，更加变着法儿的说谎。而最好的办法是要先问清孩子说谎的根由，鼓励孩子说真话，然后再耐心地给孩子讲清道理。

正确的事值得穷尽毕生去坚持

"为正义，我已经付出了一生的努力。"这是克利夫兰临终时对自己一生的总结。这既是他个人的总结，也是他一生践行的人生理念。克利夫兰无论做什么事都专心致志、全力以赴，而且他聪颖好学、勤于思索，被许多历史学家称赞为"那一时代美利坚坚强公民的象征"。

1870年,克利夫兰竞选县长,取得了胜利。这位33岁的县长很快作为一名正直的公职人员而颇著声誉。他揭发了奸诈的承包商克扣监狱的食物和燃料供应的罪行。当两个判罪的凶犯被处绞刑时,克利夫兰亲自动手操纵绞刑机。他说:"我不能把自己不愿做的事推给别人去干。"

克利夫兰还是一位大胆改革、不徇私情的人。在任纽约州伊利县行政司法官期间,他为了根除人们习以为常的贪污受贿风气,疏远了很多政治家,而且一再努力阻止与本市做生意的公司签订有水分的合同。他否决了一份定价过高的街道清扫合同,从而获得了广泛的赞扬。为了确保本市资金得到谨慎的使用,他坚持即使是最细小的计划也要进行竞争性招标。他还采取措施改进该市的下水道系统,从而制止了与伤寒有关的死亡人数的不断增加。

克利夫兰对市政厅正直有效的管理,使他赢得了"纽约州能干的革新派官员"的好名声。

由于克利夫兰政绩卓越、威信大振,在任布法罗市市长不到一年的时间,就被民主党州大会提名为纽约州州长候选人,并于1882年11月当选。此时,他还是以一个好否决的州长著称,对有缺点毛病的法案,他不签字。他还回绝了一些党派求职者的要求,坚持认为任免官员唯一考虑的是才德,而不是党派服务。他还提出了"公共职位就是公众信任"的口号。

克利夫兰因此赢得了伴随终生的不畏强暴、公正廉洁的好名声。

现在,有些孩子似乎缺少胆识、主见,过于懦弱,做事畏手畏脚,就是有正确的想法,也不敢大胆提出来,更不敢坚持。孩子的这种表现显然与我们的教育方法有关。如果我的教育方法是以父母为命,简单、粗暴地与孩子沟通,孩子只会走向两个极端,一个是怯弱地服从,从此变成一个听话但没有主观的人;另一个就是叛逆,孩子会不分对错,凡是你反对的,他都坚持,尽管他明知道是错的,也会去做。这样的教育方法,显然与我们的愿望背道而驰。根据我的经验,我觉得要培养孩子的主见,培养孩子坚持做正确的事,在与孩子沟通时,需要注意以下五点:

- 耐心倾听孩子的想法，不要粗暴打断孩子的话。尽管孩子的想法和做法，你不能理解，但是他有他的理由，让孩子说出产生这种想法的原因。在孩子说的过程中，家长要把持着尊重孩子、发现孩子的心态，看看孩子在成长过程中心理正在发生怎样的变化。孩子说的过程就是一个自我认识、自我分析、自我评价的过程，有时在说的过程中，你可能就会理解孩子，发现自己的反对是错误的了。

- 保持冷静，不要因孩子出格的想法而谩骂。孩子提出自己的想法，不要因为不符合家长的观点就坚决制止，甚至打击挖苦。家长的态度一定要冷静，这些都在表示你对孩子是以尊重的、平等的态度进行交流的。

- 对于孩子好的想法，一定要肯定鼓励。对孩子一些进步的、健康的想法，家长要及时鼓励肯定。这种肯定是对孩子成长的肯定，会让孩子以更积极、更勇敢的精神去探索人生、认识社会。

- 讨论分歧。对于孩子的一些我们不能认同的想法，可以讨论解决。在讨论中家长可以把自己的看法表述出来，让孩子来评价。即使孩子不能马上接受，他也是会重新思考自己的认识的。

- 如果孩子是对的，家长不要出于面子的考虑，死不认错。如果通过沟通，发现孩子的想法是正确的，父母的想法是错误的，这时不妨勇敢地跟孩子承认错误，这样可以从另一方面激励孩子坚持主见，让孩子能够在遇到任何困难和阻碍时都坚持不懈。

古语说得好：不积跬步，无以至千里。培养孩子的胆识、主见并非是一朝一夕之事，培养孩子的主见，需要从点滴的小事做起。

14

老罗斯福家训
——伟大的人，有强悍的心

（总统任期：1901年9月14日[1]—1909年3月4日）

西奥多·罗斯福是美国的第二十六任总统，人称"老罗斯福"[2]，昵称泰迪。老罗斯福在任内开创了很多的先河，他凭借着自己独特的个性和改革主义政策声名远扬。他因成功地调停日俄战争，成为首位获得诺贝尔和平奖的美国人。他与华盛顿、杰斐逊、林肯并列雕刻在拉什莫尔山美国总统纪念公园中，是美国最伟大的总统之一。

在所有的美国总统的父亲中，罗斯福的父亲的表现堪称完美。在他去世时，他所居住的城镇都降了半旗，几百人在他的家里为他守夜，各界名人都来吊唁。纽约《世界报》赞美说："他的眼不能看了，脚不能站了，但他的美德长在。"

罗斯福年幼多病，患有哮喘，稍大点后，他的哮喘病变得十分严重，只有坐在床上或用毯子围住身体坐在椅子上才能入睡，父亲常常整夜守护着他。后来，父亲觉得只这样守护着儿子并不可取，他迫使罗斯福带病进行身体训练，并且学习拳击，以增强体质。这才坚定了罗斯福战胜疾病、变成强壮的人的决心。

---

1 1901年9月6日，麦金莱总统被无政府主义者刺杀，9月14日不治身亡。由时任副总统的罗斯福继任总统。
2 罗斯福家族曾产生两位美国总统，一位是第二十六任总统西奥多·罗斯福，人称老罗斯福；另一位是第三十二届总统富兰克林·德拉诺·罗斯福，人称小罗斯福，他是老罗斯福的侄子。

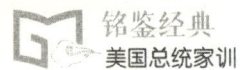

只有先让自己强大，才能保护梦想

罗斯福哈佛大学毕业时，体检医生曾告诉他："你应该找个坐办公室的工作，因为你的心脏有问题。"但他无视医生的警告，仍然喜欢剧烈运动。在北达科的牧场里，罗斯福学会了骑马等牛仔技能；闲暇时他参加拳击赛。尽管晚年时，罗斯福疾病缠身，但他仍保持乐观的生活方式。美国童子军总会授予他"首席童子军公民"称号，他也是唯一获此头衔的人。

在我们看来，一个年幼多病的孩子能顺利成长已属不易，可罗斯福用坚强的毅力战胜病魔，成为了与华盛顿、杰斐逊、林肯并列雕刻在拉什莫尔山美国总统纪念公园的伟大人物。他的成功，和他父亲的循循教导有着密不可分的关系。

现在，家里的孩子都是宝，条件再怎么艰苦，家长也不会让孩子受委屈，都在拼命为孩子创造更好的条件。家中的一切大小活家长全包，舍不得让孩子做，孩子是衣来伸手、饭来张口。这样的结果使孩子在身体上弱不禁风，心理上自私、任性、跋扈，承受能力差，成为一个脆弱的人。

孩子不是温室中的花朵，光靠大人的保护是不会拥有强健的体魄的。只有加强锻炼，孩子才能提高身体素能，只有拥有好的身体，他才有精力去做事情。身体才是革命的本钱！

其实，每天锻炼身体，坚持运动，看起来只是强健了体魄、灵活了肢体，跟智力水平的发展没什么关系，但我们仔细观察会发现，一个行为迟钝的人很难学习超群。因为大脑思维的灵活性与肢体的灵活性是相联系的，锻炼身体对智力水平发展具有促进作用。

罗伯特·安德罗·米利肯是美国著名物理学家，他毕生努力奋斗，取得了卓越的成就。他与罗斯福一样，在幼时也非常重视身体的锻炼：米利肯是个穷孩子，在6个兄弟姐妹中，他排行第二。父亲是个公理会的穷传教士，收入有限，加上家里孩子多，家境相当拮据。可父亲常常对孩子们说："穷并不可怕，可怕的是没有志气。"这句话深深扎根在小米利肯的心中。父亲还指导他进行体育锻炼、游泳、打球、骑马等他都很喜爱。因此他的体魄比起一些蜜罐里长大的孩子要强健得多，精力十分旺盛，这使他拥有了良好的身体条件，为以后长期从事艰巨繁重的学习和研究提供了保障。

可有些家长和孩子，为了学习主动或被动地让孩子放弃了锻炼身体，这是很不明智的。不锻炼身体的人常感觉四肢乏力，打不起精神做事情或学习。身体健康是保障，只有身体好了，学习起来才会更轻松。

锻炼身体还可以磨炼意志，塑造良好的个性心理。孩子在参加体育运动中，经常需要克服很多困难、遵守规则、调节和控制某些不利的个性品质，因此体育锻炼能帮助孩子培养坚强的意志、勇敢、果断、积极向上等良好品质。体育还能增进快乐，帮助人调节情绪。

但是，家长在陪孩子体育锻炼时也要注意一些问题，比如：空腹时不宜让孩子进行体育锻炼；让孩子遵循循序渐进的原则进行锻炼，孩子的机体对各种体育锻炼项目都有一个逐步适应的过程；锻炼时要根据孩子身体的不同发育水平制订运动量、动作难度和复杂性可衔接的训练计划，循序渐进地逐步提高孩子身体素质；剧烈运动后不宜马上洗澡，父母要告诉孩子，运动消耗了大量的能量，必须等人体各系统机能恢复正常，大约半小时后才去洗澡；孩子剧烈运动后切忌暴饮，父母要让孩子知道，大量水分进入血液，会将血液稀释，使血量增加，加重心肾负担，同时稀释胃液，导致消化功能和食欲减退；孩子运动后，饮用适量的淡盐水，能够补充因汗水带走的盐分，运动后千万不要喝生水，以免大量病菌被带入体内，导致感染疾病。

对弱小动物的爱，是世间大爱

大家都知道大名鼎鼎的动画形象"泰迪熊"吧！它的来历据说就跟罗斯福有关。

那是1902年秋天，这位喜欢狩猎的总统在密西西比河一带猎黑熊，却一直毫无收获。主办者留意到这个情形，于是将捕获的一只小黑熊绑在树上让总统射杀，但被罗斯福断然拒绝了。当时这个传闻被画成漫画刊登于《华盛顿邮报》上。在纽约开杂货水果铺的俄裔人米德姆夫妇看到漫画中那只惹人怜爱的小熊后，兴起了缝制熊玩偶的念头，也就是泰迪熊的前身。由于他们制作的熊玩偶深受好评，后来便创立了创意玩具公司。

不论这个故事是真是假，我们可以看到罗斯福是一个充满爱心的总统。罗斯福的这种品质与他那位被称作"专职慈善家"的父亲的教育是分不开的。

罗斯福的父亲不是公职人员，但因为他全身心地投入慈善事业，因此赢得了很多人的尊敬。在家里，父亲教孩子们如何爬树、骑马和划船，怎样来欣赏大自然的千姿百态……正如罗斯福的弟弟曾说的："父亲给予孩子们的礼物是同情心，是'阳光普照'般的伟大爱心。"

还记得那个"大学生伤熊"事件吗？在这里我们不是谴责当事人，我们看到的是孩子们长期以来缺少爱护动物、爱护生命的教育，人不会与动物友好相处，不懂得热爱自然，这才是这起悲剧最重要的社会原因。

培养孩子从小爱护小动物有助于培养他们的爱心、丰富他们的情感、提高他们的责任感。

"咱们家养只小狗吧！"这个要求可能有很多孩子都提出过，可大部分家长都会用"以后再说"等借口来推辞。其实，现在的独生子女很容易养成以自我为中心的习惯，而不知道该怎样去关心他人。他们拥有的东西太多了，让他们学会去关心自身以外的东西是很有益处的。饲养动物恰恰可以丰富孩子的生活内容，培养孩子的责任心，更有助于孩子性格的完善和发展。

宠物不是玩具娃娃，它们是有生命的，有它们的生活与感情。有小动物相伴的孩子，在日常生活中可以学到更多的自然科学知识，动物可以教会孩子生命科学最基本的知识，可以将一些自然常识潜移默化地渗透给孩子们，让孩子在无意之中受到生动的教育，比如：生命是如何诞生、成长、繁衍等生物学方面的知识，小动物的各种行为、表情的意义等动物行为学方面的知识……通过和小动物的玩耍嬉戏、对小动物的喂养、训练和护理，可以让孩子逐渐了解生命的辛苦与美丽，并能意识到生命的可贵，使孩子从小就养成保护动物，热爱自然的好习惯。

不过，有些家庭虽然把小动物带回家了，但对于如何让它融入家庭生活、更好地与孩子相处却并不上心。

要想让孩子与宠物有一个良好的关系，从把宠物带回家的那一刻起就要开始注意建立与宠物的和谐关系。比如：狗的等级观念是很强的，年龄比较小的孩子，对狗会有一些粗鲁，特别是3~6岁的孩子，调皮爱玩，觉得狗狗不听话时，会打骂狗。这时要教导孩子，不能打骂。家长也不在宠物面前骂孩子，当着孩子的同伴批评孩子，这样做会让他觉得很没面子，伤自尊，甚至失去自信。另外，当狗做错事时，要让孩子学会管教，但不是用武力对待狗，同时家长也不能当着孩子的面来惩罚它，否则它可能会迁怒于孩子。

如果你决定让孩子和宠物一起成长，就要让孩子了解宠物的习性，教会孩子正确地和宠物相处、交流。在小动物面前，家长的举止要从容，因为孩子会模仿家长的行为，比如刺耳的尖叫、兴奋的猛跑、突然的推拉等都可能造成小动物因受惊而自卫，孩子模仿家长的行为有可能导致孩子受伤。

养宠物的家庭，家长要让孩子参与养育过程。目前有些孩子在与宠物的相处过程中，只承担陪伴宠物玩耍的责任，家长要让孩子参与养育过程，如：带着孩子找资料、看书，购买宠物所需食物用品，带孩子布置宠物新家，与孩子一起讨论动物的习性，让孩子一起学习照顾。

眼睛看到更远的地方

罗斯福因成功地调停了日俄战争而获得1906年的诺贝尔和平奖，他是第一个获得此奖项的美国人。在调停过程中，他敏锐地察觉新崛起的日本对美国构成的潜在威胁，认识到巴拿马运河对美国不仅具有经济价值，而且能够使美国海军舰队在太平洋和大西洋之间的调动更加快捷，具有重要的军事战略意义。因此，他在任内竭力推动巴拿马运河工程，并且视其为自己最伟大的成就。

"眼睛看到更远的地方！"西奥多·罗斯福告诉我们，人要有远见。美国作家唐·多曼在《事业革命》一书中写道："把眼光放长远"是踏上成功之路的一条秘诀。青年人要想成大事，不能没有远见，必须把目光盯在远处，要确定自己人生的方向，用远大志向激发自己，并咬紧牙关、握紧拳头，顽强地朝着自己的人生目标走下去。没有这种品性的人，是绝对不可能成大事的，甚至连小事都做不成。

远见跟一个人的职业无关，他可以是个货车司机、银行家、大学校长、职员、农民……世界上最穷的人并非是身无分文者，而是没有远见的人。但是，远见就跟正确的思维方式一样，不是天生的，谁都不会生下来就具备看到机会和未来的能力，远见是一种可以培养出来的本领。这种本领也可能会被压抑，比如：远见就可能受到以往的经历、当前的压力、缺乏洞察力以及当前所处的地位的限制。

远见是一种可以培养出来的本领。有很多家长只关注孩子学习成绩，没有能站在更长远、更健康、更理性的角度上看待孩子，看到的只是孩子暂时的成绩和名次，而忽视了孩子的心理发展过程。

其实，我们更要看重孩子的远景。家长要学习，要懂得科学、健康的教育理念，要了解孩子、尊重孩子，和孩子建立和谐稳定的亲子关系，在良好的家庭环境中让孩子快乐成长，并融入科学的教育方法。

在这里，我建议家长可以让孩子去学下棋。下棋需要孩子思考，有利于逻辑推理能力的发展。在下棋的过程中，可以让孩子知道：世事如棋，当局者迷；要"落子无悔"，防患于未然；懂得当机立断，不计较一日之短长……其实，人生就如同一盘棋，要从基础开始，还要有长远的规划和明确的目标，更要有灵活的头脑和扎实的功底，才能从容面对生活，博弈人生！

15

塔夫脱家训
——优秀是一脉相承的

（总统任期：1909年3月4日—1913年3月4日）

威廉·霍华德·塔夫脱是美国的第二十七任总统，他重达三百多磅的体重使得他成为美国历史上最重的总统。他不是手腕灵活的政客，不像罗斯福一般精力充沛、个性喜人，也没有罗斯福在大众阶层的广大支持和紧紧追随的死党，就像他的体重一般，他一直踏踏实实、勤勤恳恳地工作，并在任内做了不少实事。值得称道的是，塔夫脱在卸任总统后不久又被任命为美国最高法院首席法官，对美国的法制建设和法院办事效率都起到了重大的促进作用，以至于有人说塔夫脱的首席法官工作比当总统更为出色。

幼年，塔夫脱是一位成绩优秀的孩子，他出生在豪门家族，母亲路易莎·玛莉亚·托里·塔夫脱很有本领，而且意志坚强，在母亲的耳濡目染之下，塔夫脱也拥有积极争取的秉性，脱颖而出，并最终获得人生的成功。

笑容有无敌的杀伤力

塔夫脱在政治上是一个小心慎重的人。他思想保守、性格随机、精明能干，并且是一个异常出色的演说家。在美国，有人把他看做是政治生活中一直卓越的进步分子，他经常同党魁们进行政治斗争，不断地反对特权集团，并成为力求民主政治力量的杰出领袖。在面对各种斗争时，塔夫脱始终保持笑口常开，是一个跟谁都要好的人，人们称他为"微笑的比尔"。

可别小看塔夫脱的这个绰号，塔夫脱用他的经历告诉后代们：笑容可是有无敌的杀伤力的！

如果有个人整天绷着一张脸，紧锁眉头，似有很多烦心事，更是很难看到他的笑容，那谁又会喜欢和这样的人交往呢？所以说，我们家长要让孩子时时露出他可爱的笑容。

德国幽默治疗中心主席夏埃尔·蒂特研究发现：一个高兴的儿童每天笑400次，一个有幽默感的成人每天笑15次，而精神忧郁的成人平均3天还笑不到一次。一名儿童每天笑400次就是说每个儿童每天除了睡觉之外（按平均每天睡觉10小时计算），剩下的时间（14个小时），孩子每2分钟就应该笑一次。

笑是一种能力。笑代表着乐观和积极的心态。而爱笑的孩子，也更容易在社会交往中被接受。早期对孩子"笑能力"的训练有助于孩子的身心健康，有助于塑造他们的健康人格。

孩子在儿童期时有一种"天真快乐反应"。孩子情绪好的时候，妈妈逗他笑，孩子会紧盯着妈妈的眼睛，手舞足蹈，呼吸急促，甚至咿咿呀呀地发出声音，表现出快乐的神情。经常保持愉快的情绪，会让孩子食欲旺盛、睡得安稳、更招人喜爱。相反，情绪不好会影响孩子的身体健康，严重时甚至会影响他以后人格的发展。

孩子有了充足的睡眠、足够的营养和周到的照顾，才会开心满意地笑。游戏是让孩子快乐的最佳方式，如果孩子年龄还比较小，妈妈要每天都和孩子玩一些适合孩子年龄的亲子游戏，充实孩子的生活。不要想着只要孩子不哭就可以了，我们还要让他露出笑脸。孩子在欢乐的气氛中能够发挥最大的潜能。

在这里，我要重点说一说让孩子快乐的必要元素。

第一个元素是妈妈。母亲温暖的怀抱、迷人的微笑和爱抚的动作，会让孩子感到舒适、满足。妈妈高兴地和孩子交往，会使孩子情绪愉快，这种愉快的情绪会使孩子和妈妈逐渐形成健康的亲子依恋关系，让孩子感到安全、快乐。别小看孩子，他们很小就能感受到妈妈的情绪，所以妈妈要小心对待孩子的哭闹、任性等行为，不要对孩子乱发脾气，那样会使孩子的心理健康发展受到不利影响。

第二个元素是和谐的家庭关系。家庭关系和谐才能传递美好情感。孩子最先接触到的就是父母、家人，美满和谐的家庭生活能使孩子建立起对他人的信任，良好的情感传递可以为孩子将来的人际关系打下好的基础。虽然工作的压力、家庭的矛盾、带孩子的辛苦都是不可避免的，但家长不要把压力传递给孩子，更不能把怨愤发泄到孩子身上，应以乐观、幽默的方式来处理成人的压力和矛盾，做快乐的父母。亲子之间彼此尊重、理解，不仅能让孩子感受到真正的幸福与快乐，还能让他学会如何面对压力。即使是单亲家庭，我们也不要把愁闷、烦恼带给孩子，让孩子快乐地度过每一天。

另外，在家长有意识地进行"笑能力"训练时，我们还可以借助音乐这个辅助元素。研究发现：常听音乐的孩子表情更快乐、动作更活泼，音乐甚至可以改变孩子的神态或容貌。当我们和着音乐的节拍抱着孩子一起跳舞，让孩子躺在摇篮里静静地听一段优美的乐曲，或者只是为孩子轻唱一首童谣，都会让孩子体验到爱与美好。神奇的音乐可以帮助你培养出一个善解人意、善于观察世界、善于表达自己情感的孩子。

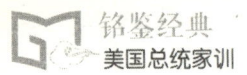

从小开始练习优秀

塔夫脱小时候是一个爱开玩笑、活泼机灵、举止得体的孩子，在运动方面，他热衷于打棒球，是位优秀的二垒手和击球手，还很喜欢游泳和溜冰；在学习方面，他是一个好学生，成绩在年级中一直名列前茅。他甚至每周还去上两次舞蹈课，尽管身体笨重，但他的舞步却很轻快。

1870~1874年，塔夫脱在伍德沃德中学学习，上完了大学预科的全部课程。四年中，他的平均学分为91.5分，毕业时成绩名列全班第二，而平常他在班里的成绩经常都是第一名。在中学生活中，他的个头更高更大了，健壮的身体使他在摔跤场和拳击场上饶有名气。

1874年，塔夫脱考进耶鲁大学。他的成绩仍旧很出色，同时他仍旧热爱体育运动。上大一时，他代表一年级学生参加校内摔跤比赛中，赢了二年级的对手库克。三年级时，塔夫脱还加入了智能和体格学会，并当选为三年级学生演讲员。他在三年级时获过一次数学奖，在四年级时又数次获得作文奖。1878年在耶鲁大学毕业的132名学生中，塔夫脱以名列第二的成绩完成学业。

之后，塔夫脱又在辛辛那提大学法学院学习了两年。这期间，他用部分时间担任《辛辛那提商报》的法院记者。1880年，他获得了法学学士学位。在毕业前夕，他被律师公会接纳，具备了当律师的资格。

从塔夫脱成长经历看来，他爱好广泛，绝对可以称得上是一个多才多艺、"德、智、体、美、劳"全面发展的好学生——不仅成绩名列前茅，而且在运动、写作等方面都表现出相当惊人的天赋。但塔夫脱没有像很多的"天才少年"一样，少时表现惊人，长大了却乏善可陈。这其中离不开塔夫脱父母的引导以及他的勤奋。

塔夫脱说他的母亲是一位意志力坚强、很有本领的女人，她"可以成为一个优秀的铁路公司董事长"。母亲在塔夫脱成长的过程中，给了他很多合理的引导和教育。

15 塔夫脱家训
——优秀是一脉相承的

在我国，著名的儿童天才方仲永5岁能见物作诗，但由于在他的成长过程中缺乏科学、适当的教育，结果泯然众人。其实，生而知之者是不存在的，"天才"也只是极少数。人们的才能虽有差别，但主要来自于勤奋学习。一个人即使有很高的天赋，但如果不努力学习，也很难取得真正的成就。孩子能勤奋读书，学而不厌，并非是先天的，而是靠后天的一点一滴地教育形成的。邓小平曾说过："教育必须从娃娃抓起。"

就像有很多家长抱怨，孩子做事忙忙乱乱、毛手毛脚、慌慌张张、丢三落四，上学总是忘带学习用具，做作业马马虎虎。这种现实，有的家长容易忽视，有的家长却无可奈何。但无论怎样，家长们都应该意识到，孩子将来要适应繁杂的社会性事务和紧张的生活节奏，必须从小养成生活的条理性、计划性，养成严谨细致的习性，拥有良好的习惯。

我们要培养孩子对目标坚韧不拔的精神，应从容易培养的习惯开始，逐渐培养孩子的毅力，慢慢的才能达到持之以恒，比如：孩子每天晚上的预习，家长要监督孩子准时准点完成，家长要给孩子创造"雷打不动"的条件，这样有助于孩子的坚持。

有的父母认为毅力是天生的，是没有办法培养的。其实，毅力是完全可以培养出来的，而培养习惯正是增强毅力的最佳途径，可以说，这两者是相辅相成的。毅力会在习惯的培养过程中逐步产生、增强；逐步产生、增强的毅力反过来又可以强有力地促进习惯的培养。

培养孩子的独立性也是如此。家长们要想让孩子独立处理好自己的事情，父母们首先要相信自己的孩子是能够独立的，要善于发现孩子所具有的能力。同时又要在生活中创造各种条件让孩子们去发现自己的能力。家长要做到能放手的时候尽量放手。

也许，孩子第一次自己准备文具时会忘这忘那，但家长不要提醒他。当第二天，孩子因为没有准备齐全，而遇到了困难，他就会牢记准备文具的重要性。天冷的时候，父母们不要先对孩子说"该穿大衣了"，而是要让孩子自己在感受中学会加衣服。为了孩子的独立性，父母不要把孩子照顾得太过于无微不至。家长不要事事为孩子操心、做主，要给孩子独立思考的机会。独立的行为来自独立的思想，当孩子的想法与父母不同时，父母不要急于否定他们的想法，而是要问他们为什么这样想，仔细听听他们的陈述，让孩子独立表达自己的见解。

家长还要注意孩子责任心的培养，千万不要用"你还小，什么也不懂"之类的话敷衍孩子。跟孩子有关的事，要让他们自己思考决定，我们要给孩子锻炼的机会。在家时，家长可以有意识地给孩子布置一些适当的、他们力所能及的任务，如打扫卫生、负责给花草浇水等，遵循从简到繁、从易到难的原则，看他能否完成，完成了立即加以鼓励。家长不要总在孩子面前表现出一副风雨无惧的样子，孩子会认为父母是不需要他们关心照顾的。我们不妨偶尔扮一扮弱，向孩子求助，那时你会惊奇地发现孩子竟因此变成了懂事的"小大人"，而你也可以从孩子的帮助中获得很多东西。

不要与人为敌

虽然塔夫脱体重达三百多磅，是美国历史上最重的总统，为此还获得了一些不雅的绰号，但是他个性喜人，与人为善。这是塔夫脱最大的优点。他时常告诫身边的人：不要与人为敌。

心理学家研究表明，在我们生活的社会中，个人的成功只有15%依赖我们的智商，而85%却是依靠非智力因素。在众多非智力因素中，交往能力是非常重要的方面。不仅如此，良好的人际关系本身也是我们人生快乐的一部分。

所以，帮助孩子提高社会交往能力，拥有和谐的人际关系不仅可以使孩子更容易走向成功，而且还能增加孩子的快乐。但是，孩子毕竟是孩子，家长该如何培养孩子的人际交往能力呢？

我们经常会遇到这样的情况：朋友带着孩子来家里做客，大人们聊天，小孩子在一起玩。可这种愉快的气氛并不能保持太长，一会儿，孩子就会来告状："妈妈，他抢我玩具。"朋友的孩子也哭着说："妈妈，他不让我玩。"两位妈妈只能各自劝解自己的孩子，不知道该怎样处理这样的事。

其实，这种情况就是小孩子要面对的人际交往问题。家长不能代替孩子去处理事情，更不能"拔刀相助"武断处理孩子的事情。这时，我们可以跟孩子说："小朋友来咱们家是咱们的客人，你可以跟小朋友商量一下，你玩一会儿，他玩一会儿。"孩子在家长的鼓励下，就会跟小朋友商量着如何去玩。这种方法我们称为"忽略法"。家长一定要做到,孩子在游戏中产生的矛盾,最终要让孩子自己协商、自己解决,大人不干涉,这是一种社会生活的预演。学会处理与他人的纠纷,学会调整自己的态度去达到自己的目的,这对培养孩子的社交能力是有益处的。但家长不要因为孩子们在一起争吵,就想方设法不让孩子和其他小朋友交流。孩子们在一起,玩得不高兴、争吵是避免不了的,从某种意义上说,这也是对孩子的一种磨炼,他们会从中明白:每个人都要考虑到别人的感受、理解他人情感,要富于同情心、爱心,要善于自我克制,懂得谦让,遵守游戏规则,这对培养孩子的社交能力大有好处。

孩子们的争吵是天真的、没有恶意的,他们只是想得到自己想要的而已。争吵也是一种语言竞争,孩子必须选择流畅、简练、有说服力的语言驳斥对方,此时他们大脑思维活跃,有益于逐步学会分析、综合、演绎、归纳等最基本的思维方法,提高思维的敏捷性和逻辑性,刺激语言的发展和大脑的发育。

为了提高孩子的交往能力,家长可以使用一些行之有效的方法,比如:可以引导孩子购物。3～7岁的孩子完全可以在父母的引导下购物。例如让他买自己喜欢的小玩具、小卡片、文具、零食等。孩子在与售货员交流的时候,也在学习与人沟通的技巧。如果孩子一开始做有困难的话,妈妈可以在一边鼓励,教孩子说"请售货员阿姨拿一下那个玩具狗""请问要付多少钱""谢谢"等话,渐渐地让孩子自己能开口说。在这个过程中,家长要培养孩子使用礼貌用语。当孩子在熟人或者陌生人面前能够很好地使用礼貌用语的时候,通常会得到对方的良好反馈,这对增强孩子交往的信心大有益处。当孩子得到别人的赞扬和鼓励的时候,他也会更乐于交往,这在无形中增加了孩子主动交往的机会,孩子的交往能力也会得到相应的提高。

有时间时,家长还要带孩子到处走走,外出旅游也是提高孩子交往能力的一种途径,正所谓"见多识广",旅游能扩展孩子的交往范围,增加他的交往对象。同时,多走多看也会增加孩子对于不同文化或风俗的了解。

如果孩子在学校行为孤僻、不爱说话、不喜欢与他人同桌、害怕参加集体活动,这些行为有可能提示孩子在"人际交往"中存在心理障碍。

这时,家长切不可粗暴对待,要鼓励孩子参加群体活动,孩子们在一起玩,就得自己建立规则、遵守规则,就要学会妥协、协调、让步、服从大局;家长还要创造各种条件为孩子建立群体活动环境,当孩子在游戏中被同伴排斥时，不可一味护着、宠着自己的孩子，应该鼓励、引导孩子自己寻找解决问题的办法，让孩子学会把注意力放在解决问题的方法上，而不是纠缠问题本身。

16

威尔逊家训
——理想值得倾尽一生去努力

（总统任期：1913年3月4日—1921年3月4日）

伍德罗·威尔逊是美国的第二十八任总统，也是美国历史上学术成就最高的一位总统。少年时代的威尔逊便拥有政治理想，为自己的理想主义政治理念奔走相告。他是近代史上最具道德使命的政治家，是"联合国"组织的倡导者。在其卸任后被授予诺贝尔和平奖。在美国人心中，威尔逊是可以与林肯比肩的巨人。美国史学家认为："威尔逊是使美国取得重大进步的具有远见卓识的伟人。"

威尔逊是一位基督教政治家，他生活俭朴、为人正直，从不为贪婪的生活所动摇。在欲望之林中，他始终坚持着一份理想主义的浪漫和梦想，并为此不懈奋斗。

每一个人都应该是自己情绪的管理者

威尔逊被认为是美国历史上学术成就最高的一位总统，但他并不是天生就具有学习的天赋的。

威尔逊大约过了10岁才开始学习阅读。虽然阅读上的困难暗示威尔逊可能患有阅读障碍症，但10多岁的威尔逊靠自学速记来弥补这一不足，而他的决心和自律也都保证了他学业的成功。

在这段时期，威尔逊的父亲在家对其进行耐心的指导和疏通，这给了威尔逊很大的帮助，让他成为了一个能有效管理和控制自己心思和情绪的人。

最近，美国密歇根大学心理学家南迪·内森的一项研究发现，一般人的一生平均有十分之三的时间处于情绪不佳的状态，因此，人们常常需要与那些消极的情绪作斗争。

消极情绪对我们的健康十分有害，科学家们已经发现，经常发怒和充满敌意的人更易患心脏病，哈佛大学曾调查了1600名心脏病患者，发现他们中经常焦虑、抑郁和脾气暴躁者比普通人高三倍。因此，可以毫不夸张地说，学会控制情绪是关乎人的生存的大事。

同时，积极的情绪能促进孩子认知的发展，激发孩子活动的兴趣，并有助于建立良好的人际关系。所以，父母要让孩子学会控制自己情绪和行为，这种能力是衡量一个人心理健康的重要标志。孩子自我控制能力的强弱，对于孩子今后各种能力的培养有很大的制约性。

孩子在儿童时期，常常表现得非常蛮横，他们不服从父母的管教，情绪也非常不稳定，一不如意就大哭大闹，表现出较强的反抗性。此时，他们喜怒哀乐完全表露于外，不知道如何控制和掩饰自己的情绪；周围环境的变化非常容易引起他们的情绪变化；遇到困难时他们不会用语言解决问题，他们的生气和怒火一般通过大哭大闹来发泄，他们一旦哭闹就很难平静下来；他们还不能正确认识悲、喜、怒、恐惧等面部表情，因此无法体谅他人的情绪和情绪产生的原因。

  对于这个时期的孩子，家长要帮助他们建立安全感，比如：对孩子来说上幼儿园意味着和父母分离，这对年幼的孩子来说是一件非常痛苦的事情。父母要帮助孩子逐渐适应幼儿园，注意尽可能多地与孩子交流，要清楚地告诉孩子，爸爸妈妈是爱他的，帮助孩子建立安全感。

  孩子有了不好情绪时，我们要查明孩子产生负面情绪的原因，父母不能简单地把孩子发脾气看成是无理取闹，一定要弄清楚原因，帮助孩子一起克服困难。

  父母还要允许孩子自由抒发情感，要允许孩子自由表达自己的情绪感受。因为消极的情绪需要宣泄，积累、压抑消极情绪对孩子身心健康不利。父母应尽量不要大声训斥孩子，特别是在孩子哭闹时，不要阻止孩子哭，此时父母可以什么也不说，先拿毛巾给他擦去泪水，拥抱他，让孩子的情绪尽情宣泄，等孩子完全冷静下来，再对他进行说理教育。

  同时，家长可以教给孩子一些更健康的发泄情绪的方法。其实发泄情绪的方式有很多，我们可以让孩子学会用语言表达情绪。学会用语言来表达自己的情绪非常重要，有助于沟通，可以防止误会的产生。父母要多花时间与孩子进行交流。当孩子生气时，父母可以耐心引导孩子说出自己心中的不快，让孩子的情绪得到发泄，并帮助孩子找到一个解决的方法。

  另外，要充分发挥父母的榜样作用。孩子很善于模仿父母的行为，所以父母要注意在孩子面前控制好自己的情绪，遇到不开心的事情可以和孩子一起寻求合适的解决方法，让孩子学会用理智控制自己的情绪。如果父母常常脾气暴躁、喜怒无常，孩子也会模仿大人，无法控制自己的情绪。

  家长可以教给孩子控制情绪的方法，以防止不良情绪带来的过度行为。如：教孩子在要发怒时默数1、2、3、4……或默念"我不发火，我能管住自己"，这样做能暂时缓冲孩子的情绪，不做冲动的事情。还可以让孩子转移注意力，一旦发生了不开心、烦恼的事时，可以让孩子暂时不去想它，让烦恼慢慢消失。

在教孩子学会控制情绪的过程中，家长要及时肯定孩子的行为，及时对孩子做得对的事情给予表扬、肯定，这样做可以逐步激发孩子的自信心和自豪感，使其在今后的生活中更加注意自己的行为。

父母在培养孩子控制情绪的能力时，一定要坚持说道理，不仅要让孩子知道"怎样做"，而且要让他知道"为什么这样做"，并为孩子建立一套行之有效的行为准则，作为孩子评价自己、判断自己行为的依据，来增强孩子对情绪的自制力。

此外，家长还应给孩子创造与同伴交往的机会，让孩子学会在不同条件、不同环境中控制自己的情绪。这样做孩子的自我控制情绪的能力会逐步提高，同时，人际关系会得到发展，解决问题的能力也会增强。

辩论出真知

威尔逊的父亲是一个喜欢辩论的人，他早年曾为废奴主义辩护，并为奴隶们建立了一所学校。在后来废奴问题发生分裂时，老威尔逊仍坚信自己的真理，他又与别人共同创建了新的会所，为废奴主义继续努力。

父亲的这种精神影响了威尔逊，威尔逊从青年时代起就富有辩才。

曾经有朋友问威尔逊："准备一个10分钟的演讲，大概得花多长时间？"

威尔逊想了想说："两个星期。"

朋友又问："一个小时的演讲稿，要多长时间来准备？"

威尔逊答："不超过一个星期。"

朋友最后问："如果是两个小时的讲演呢？"

威尔逊自信地站起来说："不用准备了，我现在就可以开讲。"

正所谓台上一分钟，台下十年功！威尔逊的辩才与他年轻时候的锻炼是分不开的。他在卫斯理大学任教期间建立了辩论队——这支辩论队现已被命名伍德罗·威尔逊辩论队，他的辩论队以不服输的力气和敢于争辩的个性而著称。

威尔逊辩论队的精神也正是我们要让孩子拥有的品德：辩论出真知。

现在有些孩子不敢说"不"，在同伴中更不敢说出自己的意见，喜欢人云亦云。这种个性，在现代竞争社会是不适合的。现代社会是一个充满机遇的信息社会，只有具备了敏捷的反应能力和坚强的意志，才能在众多的竞争中发挥自己的特长，获得自我的实现。因此，我们要培养孩子敢于争论的个性，让孩子从小学会表达自己的意见和看法，从而更好地发现自己、认识自己。同时也是锻炼孩子语言表达能力的好方法。

善于争辩，是一种能力，是坚持自我的表现。正如教育家陶行知所说："解放孩子的嘴，让他能谈。"

我们不要动不动就训斥孩子——"听话""不许多讲""大人说话小孩子不要插嘴"，或者看见孩子之间的"吵闹"就强行制止。有时候孩子在与同伴的争吵中能够学到一些沟通技巧。剥夺孩子的这种机会就等于取消他们自我锻炼的机会。我们应该知道，随着孩子年龄的增长，他们对自己在家庭中、社会中的角色与地位的认识也越来越明朗，他们有自己的自尊和见解，在一定程度上有与我们父母同等的行为身份与权利。这就是说，他们可以和我们一起交流思想、交流情感、参加社会活动。当然这一切都是在以他们所具有的行为能力为尺度的范围内开展的。

家长明确了争论的意义，可以在孩子小的时候，教孩子学会与父母在争论中做游戏，父母经常有目的地运用激将法，"逼"孩子对选定的项目发表意见，并且要给孩子一点胜利的机会。

教育孩子敢于争论，要先让孩子主动发表自己的意见。家长要有意识地培养孩子敢于说出意见。可以先从小事情入手锻炼孩子，比如：晚饭吃什么，家长可以先征求孩子的意见，然后按照孩子的要求去做。孩子会发现，原来，他说的话也会被大人采纳，他也要勇敢地表达自己的意见的。然后慢慢地，孩子就会有信心和胆量，勇于在更多事情上发表更多的意见了。

不做心胸狭窄的人

威尔逊常常教育他的部下和儿女们：不做心胸狭窄的人。

心胸狭窄的人，一个显著的特点就是不能容忍别人比自己强，他们自我、自私的特性决定了他们的世界里只能有他们自己。如果有别人比自己强的话，他们就会感觉自己成了别人的陪衬，这是他们万万不能接受的，他们会因此烦躁不安、心神不定，严重时简直连日子都过不下去。

拿破仑称得上是一位伟人，但是正是因为他心胸狭窄，使他失去了世界霸主的地位，以失败而结束了他传奇的一生。

19世纪的某一天，美国发明家富尔顿来到了金碧辉煌的凡尔赛宫，他刚发明了蒸汽机铁甲战船，正兴致勃勃地向拿破仑建议，用之取代当时法国的木制舰船。

毫无疑问，蒸汽机铁甲战船比木制战船要先进得多，威力也不可同日而语。眼看拿破仑就要被富尔顿说动，准备采纳富尔顿的建议时，拿破仑脸色陡变，两眼放射出难以抑制的怒火，眼睛直逼向富尔顿。

合作告吹了，而莫名其妙的富尔顿也许永远不会知道，他失败的原因完全在于他毫不在意地顺口恭维了拿破仑一句："伟大的陛下，您将成为世界上真正最高大的人！"

在这里，富尔顿想表达的是"高贵"、"崇高"的意思。由于富尔顿法语不熟练，他一不留神把"高贵"、"崇高"一词说成了"高大"，这一下正好击中了拿破仑最自卑、最害怕被别人嘲笑的生理短处——个子很矮，看着身旁身材高大的富尔顿，拿破仑更是气不打一处来。

拿破仑又自卑又嫉恨，他对富尔顿咆哮道："滚吧！先生！我不认为你是个骗子，但认为你是一个十足的蠢货！"

这之后，富尔顿的发明专利被英国购买，自此英国凭借强大的海军，确立了世界海上霸主的地位，法国却远远落在了后面。

直到20世纪30年代末，爱因斯坦在建议美国总统罗斯福迅速研制原子弹的信里，还又一次重提旧事："总统先生，如果1803年拿破仑接受了你们国家富尔顿关于建造蒸汽机军舰的建议，今天的世界格局将不会是这样！"

看看吧，拿破仑仅仅因为容忍不了别人无意间使用的"高大"一词，就拒绝了一项伟大的发明，也失去了一个称霸世界的绝好机会。

16 威尔逊家训
——理想值得倾尽一生去努力

纵观古今成大事者，不但要有大志，也一定要拥有宽广的胸怀，胸怀是人格的具体体现，具有宽广胸怀的人，才能成为人格高尚的人。

孔子曾说，一个真正的人要有宽容、恭敬、诚信、灵敏、慷慨五德，他把宽容放在五德之首。

庄子说，圣人应有包容天地，遍及天下的宽阔胸怀。近代民族英雄林则徐指出："海纳百川，有容乃大。"一个人善于宽容，他的人格才会像海一样伟大。

孩子因为一次单元小测验没考好，心里一直闷闷不乐，耿耿于怀；孩子因为同伴对他说了一句难听的话，就生气地说要断绝关系；孩子因为家长批评几句，就拒绝上学……这都是孩子心胸狭窄的表现。因此，我们要教育孩子，不要对小事斤斤计较，要拥有一个宽广的胸怀。

家长可以从多方面入手，来培养孩子的宽广胸怀：

• 故事是教育孩子的重要手段，国内外体现宽容品质的小故事，父母可以用来教育孩子。通过故事还能够教会孩子站在别人的立场、角度考虑问题，有利于孩子去理解别人的想法与行为，让孩子对别人的痛苦感同身受，激起孩子的宽容、善良之心。

• "眼界宽的人，胸怀也会宽广。"家长有机会应多带孩子游览祖国的大好河山。带他领略泰山的雄伟壮观；带他到内蒙古，体会那种"天苍苍，野茫茫，风吹草低见牛羊"的壮阔；带他游览海南岛，观赏热带森林植物的瑰丽和神奇……在这一次次的游览中，孩子增长了知识，开阔了眼界，胸怀也会变得宽广。

• 家长身体力行，做孩子的榜样。这一点是最重要的。孩子在家长的言传身教中，也会变得越来越大度，心胸渐渐宽广的。

17

柯立芝家训
——慎言慎行，少犯错多做事

（总统任期：1923年8月3日—1929年3月4日）

卡尔文·柯立芝是美国的第三十任总统，以少言寡语出名，常被人们称作"沉默的卡尔"。1923年8月2日当时的美国总统哈定突然逝世，柯立芝作为副总统继任总统。在柯立芝任期内，他小心谨慎地进行各项行政改革，使美国经济进入了稳定增长的时期，国民经济获得了长足发展，他也因此谋得连任，在他执政的这段时期被称作"柯立芝繁荣"。在柯立芝卸任总统后，美国在资本主义世界工业生产的比重已达48.5%，超过了当时英、法、德三国所占比重总和。

柯立芝出生于一个贫民家庭，他的父亲是一位普通农民，母亲在他12岁时去世。父亲的勤俭持家，深深地影响了柯立芝，使他即使在成为了一位高度工业化时期的美国总统时，骨子里却还保有早期农业国所具有的勤劳、节俭和道德等品质。

生活需要简约风格

柯立芝是一位高度工业化时期的美国总统,又是早期农业国所具有的勤劳、节俭和道德的化身。他平时生活简约朴素、少言寡语。由于柯立芝总统的沉默寡言,许多人还以能和他多说话为荣耀。在一次宴会上,坐在柯立芝身旁的一位夫人千方百计想使柯立芝和她多聊聊,她说:"柯立芝先生,我和别人打了个赌:我一定能从您口中引出三个以上的字来。"结果没想到,柯立芝恰恰只说了两个字:"你输了(You lose)!"

从柯立芝的言谈举止和生活作风中,我们可以感受到他人生的追求——简约主义。

现代人快节奏、高频率、满负荷的生活方式,已让人疲惫、难以应付。很多人在这日趋繁忙的生活中,渴望得到一种彻底的放松、希望能以简洁和纯净来调节、转换精神状态,这是人们在互补意识支配下,所产生的亟欲摆脱烦琐、复杂,追求简单和自然的心理。

林语堂提倡的生活也是简约,他说过:"所谓的福是这样的:睡在自家的床上;吃父母做的饭菜;听爱人给你说情话;跟孩子做游戏。"他所列举的这些,无非是生活中最简单的细节,虽然在当下社会,这些细节有些很难实现,但其中却充分肯定了"简单"这一生活态度。简单,也可以是一种福分或者福气,它跟财富和地位无关,其所追求的是幸福,是生活中的平安和祥和。

其实,从婴儿时期开始,家长就要给孩子提供一种简单的生活环境。有些妈妈刚有了孩子,总担心自己照顾不过来,又怕自己太累,就把双方老人都请来照顾孩子。但是,照顾孩子的人如果太多了,也有很多的麻烦。比如:照顾孩子的观念不一致,看似大家都在管孩子,其实没有人真正负责,结果孩子有需求没有人理,甚至发生意外伤害事故,表现为典型的"责任扩散";由于照看的人过多，还出现许多问题，比如：婴儿不能和妈妈形成稳定的依恋关系……很多事情都是有利就有弊，但家长要认真权衡，在利和弊中哪个对孩子更有益。

在孩子准备玩具方面，家长也不要觉得玩具越多越好，我们的原则是合适就好。玩具多了，孩子不知道玩哪个。本来，玩是一种快乐的事情，可孩子在众多玩具面前，没有适当的选择，每种玩具都玩几分钟，每种玩具玩得都不尽兴。家长给孩子买玩具是为了给孩子带来乐趣，但是太多的玩具带来的后果却事与愿违了。

从某年开始，社会上开始流行这样一句话："不让孩子输在起跑线上。"有了这句话，孩子们便开始遭了罪。看看现在的孩子，从三岁起，学英语、学舞蹈、学乐器、学写字、学下棋……家长也不管孩子是否喜欢，反正就是铆足了劲"逼"孩子学这学那。其实，早期教育的合理开发是有益的，但开发得多了便会成为孩子的负担，甚至影响孩子的身心健康。人这一生中，只有在童年时是最无忧无虑的，可有些家长却剥夺了孩子简单的生活，让孩子在小小年纪便背上了沉重的包袱。

超过孩子承受能力的早期教育会有适得其反的效果。如果家长注意到下面这些"报警信号"，可能就该给孩子和自己"减减负"了：孩子有压力过大的表现，如焦虑、烦躁、厌学，或有某种生理反应，如突然开始尿床；你坚定认为孩子在某方面有天赋，一定要高标准严要求，但周围人（如家长、配偶、亲友、孩子本人）都持否定态度；你感到带孩子上课给你自己的时间、精力、金钱上带来了很大的负担……

故事大王郑渊洁曾说过："孩子的成才是体育运动中的长跑，谁能坚持到最后才是胜利。他们比的不是起跑的速度，而是长久的耐力。"

除此之外，家长还要给孩子提供一个简约的环境。在装修孩子的房间时，家长不要追求奢侈华丽。有张舒适的床，合适的书桌……每天早上孩子醒来，有清晨的第一缕阳光照进来，孩子清爽地起床，开始新的一天——这便是最简单的生活方式。

孩子将来的社会是怎样的，谁也说不好。但我们从小要培养他们拥有一种简约的生活态度。简约包含多方面因素，简约也可以是一种心情上的简单。环境可以创造，让自己心灵上有一片宁静，这才是最重要的。

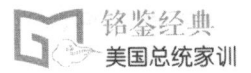

有自知之明的人才会急流勇退

柯立芝执政时，共和党四分五裂，国家呈现无政府状态，联邦政府信誉扫地。柯立芝抓住国人渴求安定的心理特点，稳扎稳打，改变上述状态，赢得了民众的信任，从而赢得了1924年的大选，获得连任。此后，在国内，他对经济活动采取不干涉的方针，而用减轻税负、保卫关税的政策间接管理经济，使国家呈现出没有危机、繁荣发展的景象。由于柯立芝是在总统哈定突然逝世后作为副总统继任总统，并获得连任的，他的总统任期未满6年，根据美国宪法，他可以在第二个任期后，谋求连任，而且取得连任的可能性很大。但在第二任届期满后，柯立芝拒绝再次提名总统候选人，退休后著书立说。

柯立芝能够及时退出总统竞选的这种果断和决绝，教育了他的子孙后代们一个道理：要做一个能够急流勇退、有自知之明的人。

1952年11月9日，爱因斯坦的老朋友以色列首任总统魏茨曼逝世。在此前一天，就有以色列驻美国大使向爱因斯坦转达了以色列总理本·古里安的信，正式提请爱因斯坦为以色列共和国总统候选人。

当日晚，一位记者给爱因斯坦的住所打来电话，询问爱因斯坦："听说要请您出任以色列共和国总统，教授先生。您会接受吗？"

"不会。我当不了总统。"

"总统没有多少具体事务，他的位置是象征性的。教授先生，您是最伟大的犹太人。不，不，您是全世界最伟大的人。由您来担任以色列总统，象征犹太民族的伟大，再好不过了。"

"不，我干不了。"

爱因斯坦刚放下电话，电话铃又响了。这次是驻华盛顿的以色列大使打来的。

大使说："教授先生，我是奉以色列共和国总理本·古里安的指示，想请问一下，如果提名您当总统候选人，您愿意接受吗？"

"大使先生，关于自然，我了解一点，关于人，我几乎一点也不了解。

17 柯立芝家训
——慎言慎行，少犯错多做事

我这样的人，怎么能担任总统呢？请您向报界解释一下，给我解解围。"

爱因斯坦的确被同胞们的好意感动了，但他想得更多的是如何委婉地拒绝大使和以色列政府，又不使他们失望，不让他们窘迫。

不久，爱因斯坦在报上发表声明，正式谢绝出任以色列总统。在爱因斯坦看来，"当总统可不是一件容易的事。"同时，他还再次引用他自己的话："方程对我更重要些，因为政治是为当前，而方程却是一种永恒的东西。"

哲人说："诚实地向自己展开自己，这是人生一道优美的风景线。"有自知之明，是一个人最优良的品质；有自知之明，才能够看清事实，在急流中勇退。

顾名思义，自知之明是指一个人能够认识自己、了解自己。知道自己的强项和弱项，知道自己能做哪些事，不能做哪些事。常言道"人贵有自知之明"，自知之明对孩子当前的发展和日后的发展都非常重要。

很多人都喜爱听好话、奉承话，很多孩子也不例外。可家长想过没有，长期只关注孩子的优点，忽略他们的缺点，慢慢地，孩子就会变得自高自大，目中无人，不愿接受别人的批评，会更加地看不清自己。

要让孩子真正了解自我，就必须让他们换一个角度看自己，客观地审视自己，跳出自我，观照自身。这就如同照镜子，不但要看正面，也要看反面；不但要看到自身的亮点，更要觉察自身的瑕疵。包括对自己的学识能力、人格品质等进行自我评判，切忌孤芳自赏、妄自尊大。要不断完善自我，对别人的意见做到"有则改之，无则加勉。"同时还要教导孩子"天外有天，人外有人"；尺有所短，寸有所长。

在家庭教育中，许多父母在对孩子进行评价时常用比较的方法，例如：隔壁家小明怎么怎么样，美美又如何如何等。曾有一位哲学家说过，对比他人的痛苦，我们才感受到自己是多么幸运。因此，培养孩子正确对待外界评价的态度，要巧用比较的方法。

所谓"巧用"，就是父母应分清楚孩子在什么情况下是"红花"，在哪些方面是"绿叶"。比如，开完家长会，家长可以把情况这样反馈给孩子："老师夸你进步了，虽然你的同桌考分比你高，但是他比期中考试退步了，而你却是在不断地进步。老师说你主要是计算和审题粗心，我认为这是因为你平时温习功课不够认真。你觉得呢?"

这种比较方法之"巧"在于,不把孩子的缺点和他人的优点相比,而把孩子的优点和他人的缺点相比。如此,孩子既能接受他人的批评,认清自己的优缺点,又不会觉得伤到自尊心和自信心,也为今后缺点的改正打下基础。

孩子只有真正了解自己的长处和短处,避己所短,扬己所长,才能对自己的人生坐标进行准确定位。

幽默细胞是一件稀罕物

柯立芝虽然平时少言寡语,但他却有自己的一套幽默术,有时竟能像堪称20年代"滑稽大师"的喜剧电影明星巴斯特·基登一样滑稽。发生在柯立芝身上的幽默片段数不胜数,这里仅举一例。

在柯立芝总统任期快要结束时,发表了有名的声明:"我不打算再干这个行当了。"

记者们觉得柯立芝话里有话,老是缠住他不放,请他解释为什么不想再当总统了。实在没有办法的柯立芝把一位记者拉到一边对他说:"因为总统没有提升的机会。"

柯立芝以一种幽默的方式,表达了他对政治生涯的明智态度,那就是见好就收,留有余味。

幽默是一种睿智的处事方式,也是一种成熟的心理自卫机制。如果我们能够学会合理使用幽默,不但是拥有良好个人素养的表现,在很多情况下甚至可以化解困难、化险为夷。凡是具有较高情商的人,大多善于用幽默来应付紧急情况。也就是说,当你遇到急迫而又棘手的问题时,可以随机应变,用一句幽默的话,使自己免于陷入困境。柯立芝则正是做到了这一点才使自己充满了个人魅力。

刘墉先生说:"有幽默感,这句话在中国或许并不重要,却是西方社会对人的极高赞赏,因为它不仅表示受赞美者的随和、可亲,能为严肃凝滞的气氛带来活力，更显示了其拥有的高度智慧、自信与适应环境的能力。"幽默就像是击石产生的火花，是瞬间的灵思，所以必须有高度的反应与机智，才能说出幽默的语句。一句幽默的语言可能化解尴尬的场面，也可能在谈笑之间有警世的作用，还可能作为不露骨的自卫与反击！

但是，幽默的最高境界不是会讲很多笑话，而是在关键时刻能够避免正面的冲突，并以积极向上的态度和乐观的情绪帮助自己走出困境。

幽默感在人的社交能力发展过程中起着举足轻重的作用。擅长幽默的孩子在人际关系方面比较成功，幽默风趣的孩子比缺乏幽默感的孩子更有魅力、更受欢迎。幽默感在儿童期的教育与培养是完全有可能的，重要的是家长要根据儿童当前的需要，抓住时机进行渗透和引导，启发儿童发散思维，帮助他们学会运用幽默。

如果家长发现孩子缺乏幽默感，这时候家长可别抱怨孩子没有幽默细胞。据研究发现，幽默感从出生后第一个月便开始产生了。小婴儿在父母的逗弄下，便会呵呵地笑个不停；而1岁左右的孩子，会因为身边人滑稽的表情和动作而哈哈大笑。可孩子长大了，为什么有的懂幽默，有的却不懂呢？这主要还是跟家长的教育、影响有关。家长要在语言方面、行为感染等方面向孩子表达幽默。

人与生俱来就有幽默感的因子，家长要从小就给孩子营造一种幽默气氛。比如说，当孩子摔倒时，父母若懂得在一旁营造气氛，不要去抱他，更不要严厉地让他起来，而笑着说："哎呀，我一不留神，宝宝怎么就亲了地面一下呢？妈妈可嫉妒了，快起来亲妈妈一下。"温柔、幽默的表达方式，有助于孩子忘记哭泣、破涕为笑，并能坚强地自己爬起来。因此，当孩子说出一些好笑的笑话和语言，或是做一些有趣的动作时，别忘了给他一些掌声和鼓励，建立他的自信心，让自己和孩子轻松一下。

家长还可以用言语的幽默来引导他。父母平时可以多给孩子讲讲幽默故事、机智故事、脑筋急转弯等，训练孩子思维的敏捷性，丰富孩子的词汇。家长可引导孩子编幽默故事，改编电影、电视剧的情节或添加令人捧腹的结局，来激发孩子的幽默感。经常开展一些有趣的亲子游戏，比如"两人三足"等，不仅可以在游戏中增强亲子感情，让孩子懂得团结协作的重要性，而且游戏夸张有趣的肢体动作、妙趣横生的失误环节还会让你和孩子忍俊不禁，让孩子在轻松快乐的环境中体会幽默感。

在诸多的培养计划中,家长一定不要忽视的就是与孩子一起参与其中。给孩子买幽默故事书,和孩子共同分享其中的故事,并和孩子共同培养幽默细胞。

18

小罗斯福家训
——打败的可以是身体，而不可以是灵魂

（总统任期：1933年3月4日—1945年4月12日[1]）

富兰克林·德拉诺·罗斯福是美国的第三十二任总统，是美国第二十六任总统西奥多·罗斯福的侄子，人称"小罗斯福"，是美国历史上执政时间最长的总统，被认为是大自然赋予美国的一大奇迹。罗斯福在年富力强之时，不幸患上了小儿麻痹症，却未因此气馁。他化不幸为动力，击败强有力的对手当上总统，四次连任，并成功推行"新政"。在20世纪的经济大萧条和世界大战中，罗斯福扮演了重要的角色，捍卫了自己"美国最伟大总统之一"的荣誉。

罗斯福的父亲是商业界和外交界的活跃人物，母亲出身上流社会，受过良好的教育。罗斯福从小接受母亲的启蒙教育，拥有坚持、吃苦等优秀品质。更加难能可贵的是，当他面临残疾这一厄运时，从未放弃理想和信念。在美国人民的心中，罗斯福即便坐着，也比很多站着的政客更高大。

---

1 根据美国宪法第二十条修正案规定，美国总统就职日由3月4日改为1月20日，所以从1937年小罗斯福第二次当选总统时，就职日改为1月20日。

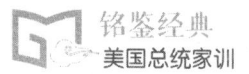

有目标便要追逐

  罗斯福出生在纽约哈得孙河畔一个显贵的家庭里。他拥有英俊的容貌、善良的性格和聪明的天赋，14岁进入著名的格罗顿公学学习，四年后来到哈佛大学。

  可就在1921年的夏天，罗斯福带全家在坎波贝洛岛休假，在扑灭了一场林火后，他跳进了冰冷的海水，因此患上了脊髓灰质炎症。高烧、疼痛、麻木以及终生残疾的前景，并没有使罗斯福放弃理想和信念，他一直坚持不懈地锻炼，希望可以恢复行走和站立能力。他用以疗病的佐治亚温泉也被众人称之为"笑声震天的地方"。

  1924年，罗斯福拄着双拐重返政坛，并在1928年成为纽约州州长。政敌们常用他的残疾来攻击他，这是罗斯福终生都不得不与之搏斗的事情，但是他总能以出色的政绩、卓越的口才与充沛的精力将其变成优势。首次参加竞选，他就通过发言人告诉人们："一个州长不一定是一个杂技演员。我们选他并不是因为他能做前滚翻或后滚翻。他干的是脑力劳动，是想方设法为人民造福。"

  罗斯福年轻时加入共和党人俱乐部，开始了自己的政治生涯。也正是这一年，他的堂叔西奥多·罗斯福成为了美国历史上最年轻的总统。堂叔成了罗斯福的榜样，他决心有一天也要像堂叔一样入主白宫。依靠这样的坚忍和乐观，罗斯福终于在1933年以绝对优势击败胡佛，成为美国第三十二任总统，并成为美国历史上执政时间最长的总统。

  堂叔的成功，让身残志不残的罗斯福有了自己的目标，最终他成功了，这也让我们明白了一个道理：只要有目标就要去追逐的决心。

18 小罗斯福家训
——打败的可以是身体，而不可以是灵魂

我们常说："身未动，心先远。""心有多远，我们就能走多远。"而不论自己的理想是怎样的，我们都要教育孩子敢于追逐，敢于奋斗。

当代作家钱钟书先生出生于江苏的一个书香门第之家。他出生时，因其伯父还没有孩子，就由祖父做主，把他交由伯父抱养。

伯父没有让年幼的钱钟书苦读诗书，而是整天带着他四处游玩，进茶馆、听说书、看小说……伯父家宽松的生长环境使钱钟书可以毫无顾忌地全身心地去追求自己的兴趣，而对兴趣的追求，恰恰打开了他的天才之门。

钱钟书小时候很喜欢看小说，在看完了家里收藏的古典名著之后，就去书摊上看，常常流连忘返。伯父不得不给他租小说看。后来，钱钟书凭着优异的语文、英文成绩被清华大学破格录取，成为中华文化界的一位独具魅力的大师。

在钱钟书的成长过程中，我们可以看到，是伯父给了钱钟书自由、宽松的环境，让他可以随着自己的兴趣发展。我们家长也要注意给孩子提供一个自由、宽松的家庭环境，让孩子可以自由地发展兴趣，比如：在让孩子玩积木时，有些家长很困惑不知道怎么去引导，于是就拿着积木对孩子说："照着这图摆，它怎么摆你就怎么摆。"孩子照葫芦画瓢，没有进行任何思考就跟着摆了。还有一些家长对孩子说："来和妈妈一起摆吧！我放一个你放一个。"很多亲子活动都是这样，家长做什么就让孩子做什么，孩子成为了父母的工具，孩子没有经过想象，父母代替了孩子思考。我们提倡孩子不管去做什么都要经过思考、想象，一边想一边做。家长千万不要给孩子画框框，让孩子自己去想、去做，慢慢地发现自己的兴趣，再把兴趣设立为目标去努力。

当今的孩子是非常早熟的。受社会环境的影响，他们都有自己的想法，希望按自己的愿望来生活，而不希望自己成为别人的影子或按照别人的方式去生活。现在的孩子个性都比较强，如果父母强行要求孩子按照父母给他们订定的目标去生活的话，很多孩子都会感到压抑、愤怒甚至反叛，有些孩子甚至可能会以拒绝长大、自我封闭等方式来发泄他们对父母的不满。所以，孩子的目标必须是孩子自己定的。

找准了目标，家长要做的是鼓励孩子勇敢地坚持下去。世界上的事并不都

是一帆风顺的，在完成目标的同时一定会遇到很多挫折，孩子有退缩时，就需要父母的鼓励和帮助。家长温和的眼神、鼓励的话语会让孩子充满信心，他们会觉得背后有强大的支持力量，他们会勇往直前。

适当附和他人，能增加人格魅力

在罗斯福的个人传记中，有这样一段描述：

> 1896年，罗斯福被送入以培养政界人物为目标的格罗顿公学，开始适应新的环境。他读书多，见识广，文质彬彬，酷爱体育，擅长网球、高尔夫球，爱好骑马和驾驶帆船。
>
> 当时，格罗顿公学橄榄球盛行，罗斯福就主动组织了拉拉队，当管理员。他擅长辩论，是"辩论学会"会员，在格罗顿公学他的成绩优良，给人的印象是善于用讨好人的办法来加强自己的地位，以至于雷克斯福德·特格韦尔认为那是富兰克林·罗斯福处理困难问题的惯常做法，是他遇到类似情况时言行举止的模式。

不知道大家读完这段内容，有什么感想？一个家境富裕、成绩优秀、各方面都表现十分出色的人，却常常以"讨好人"的方式与人交流。我们从中发现了罗斯福的人格魅力——适当地附和他人。

这种观点和前面威尔逊总统的"辩论出真知"并不矛盾，相反，这两句家训联合起来，会起到相辅相成的作用。

我们教育孩子要敢于说真话，敢于表达自己的意见。但是，切不可让孩子钻牛角尖，认死理。辩论不是人家说什么，自己就唱反调，认为只有这样才能显现出自己的辩论才能。有时，我们需要适当地附和他人，以表现我们对他人的尊重。

就像看戏的时候，该在什么时候拍手，这是一个大问题。因为合乎时机的拍手会使节目更精彩，而不合时机的拍手反而会破坏气氛。

再举个例子。有一天，你发现一个好笑的笑话，便热情高涨地要讲给同事听，哪知你刚刚开了个头，那边就有同事扫兴地说："这个笑话我知道，没什么意思。"这句话就像给你当头泼了盆凉水，浇灭了自己的那份好心情，令你很是尴尬。而那位同事，缺少的就是适时附和的智慧。

有人把适当附和称为是谈话中的润滑剂。在人际交往的课堂中，如何聆听，做一名好听众也是一门大学问。善听能给人以尊重他人、有礼貌的印象，最直接地表现为适时地随声附和，真诚地望着对方，适当穿插一些话语，使双方能愉快地交谈下去。

而如何选择附和的时机呢？其实在说话人的停顿中就已经暗示了你附和的时机，就像炼钢打铁的人一敲一停也要掌握敲的时机一样。掌握对方说话的节奏，并且配合对方，适时地作出附和，这并不是很难做到的事。即使对方说的话你不感兴趣，也要认真听、认真想。附和不是简单地说是、是、是……那只能证明听者心不在焉。有人总结出聆听的技艺：用一分钟说话；用两分钟倾听；在倾听的两分钟里，至少附和对方三次。我们不需要照搬这套理论，但在倾听时一定要做到用心。

家长在教孩子学会适当附和之前，自己要先做到。在家庭中父母之间不要针锋相对，事事争吵，什么事要先商量着办，谁说的对就照谁的办，使家庭氛围和睦健康。对孩子更不要娇纵、溺爱，不能让孩子唯我独尊，不能让所有的人都附和孩子。

在家庭教育中，孩子首先要学会接受父母的意见。父母跟孩子说话时，要让孩子认真倾听，孩子不同意时可以发表意见。在融洽的家庭环境中长大的孩子，才能学会尊重他人，学会谦虚地对待自己。比如：六·一儿童节时孩子的同学在舞台上表演，家长和孩子在下边观看。这个时候，有些孩子看到自己的同伴在表演，会表现出不服输、不屑一顾的情绪。

这时候，家长就要引导孩子学会欣赏同伴："看，他表演得多好啊！"孩子听多了，也就会认同表演，学会欣赏别人，发现别人的优点。

抓住时机，是成大事者的必备素质

罗斯福4次当选美国总统，除了战争因素，究竟有无成功的秘诀呢？答案是肯定的。罗斯福的权威传记作家詹姆斯·伯恩斯，经过大量研究而得出以下结论：抓住公众舆论、善于选择时机、关心政治细节、注意内部的派别之争、个人的魅力和政治上的技巧是罗斯福取得成功的关键。

在罗斯福首任总统的1933年年初，正值经济大萧条的风暴席卷美国的时候，到处是失业、破产、倒闭、暴跌，到处可见美国的痛苦、恐惧和绝望。罗斯福却表现出一种压倒一切的自信，他在宣誓就职时发表了一篇富有激情的演说，告诉人们："我们唯一害怕的就是恐惧本身。"在1933年3月4日那个阴冷的下午，新总统的决心和轻松愉快的乐观态度，"点燃了举国同心同德的新精神之火"。

罗斯福适时的演讲，使美国人民增加了信心，也为自己的上任之路铺下了坚实的基础。

我们常说："机会是留给有准备的人的。"但是，机会转瞬即逝，稍不留心就会溜走。即使你已经储备了大量的知识、能力，可以胜任机会，但是如果你没有抓住机会，也只能枉费一身的才能。所以说，能够识别机会、抓住机会，才是成大事者必备的素质。

家长要培养孩子发现机遇、把握机遇、利用机遇的能力。

赞比亚和扎伊尔是非洲主要的产铜国。1973年3月，非洲国家扎伊尔有一股叛军借着月色逼近了赞比亚，一场激战已经不可避免，这势必会影响两地铜矿的开采和外销。

日本三菱公司一个采购商获悉这一消息后，及时电传公司总部，大本营立即命令各驻外分公司大量收购铜。此时的伦敦黄金交易所也得到了这一消息，然而并没有重视，交易所的铜价依然照旧。过了一段日子，叛军与政府军的拉锯战严重影响了铜矿生产，加之交通受阻，铜的运输成为了大问题，以致铜价猛涨。此时，三菱公司便大量抛售铜，从而赚得一笔巨额利润。

从这个事例可以看出，机遇隐藏在一切事情中。有时在一句话或一个看似不相关的事情中就包含着一个成功的机会。发现机遇要有敏锐的思想触角、独到的洞察力和想象力。

有一天，丹麦物理学家雅各布·博尔在实验室做实验，快下课时，不小心打烂了一只玻璃瓶子。在清扫玻璃碎片的时候，博尔突发奇想，将那些碎片分为大的、次大的、次小的和最小的4类，接着拿去称重量。结果他发现，这几类碎片，大的与次大的重量比为16比1，次大的与次小的也是16比1，次小的与最小的也是16比1。

博尔对这同样的规律很感兴趣，于是又做了大量实验，结果发现几种碎片的重量比都接近16比1！博尔于1942年推出了著名的雅各布·博尔碎片规律。

而把握机遇就是不失时机地追踪机遇，把握机遇要及时，要抓得紧。

某地发现了金矿，想发财的人一窝蜂地都涌了去。就在他们就要到达金矿地点时，一条宽而深的河挡住了他们的去路。河上没有桥，河中没有船，他们不知道该怎么过去。

就在众人束手无策时，有个人灵机一动，他回去买了一只小船，用来做摆渡，向每个过河的人收三个金币。虽然要价很高，但人们一想到不过河就挖不到金子，就纷纷掏钱了。结果去金矿挖金子的十有八九都是空手而归，而摆渡人却发了大财。

最后，还要学会如何利用机遇。其实，这一点比发现机遇更有意义。中国首富李嘉诚的成功就在于他不但抓住了机遇，还很好地利用了时机。改革开放初期，社会还相对落后，土地也没有现在这样"寸土必争"。但就是在这样的环境下，李嘉诚把握住了商机，在自己并不富裕的情况下借巨款购买了大量的地皮。这样的举动需要多大的勇气！也正是这次常人想都不敢想的投资使他发家起业，成为了亚洲地产大亨。

19

杜鲁门家训
—— 当总统和挖土豆的儿子都同样让我骄傲

（总统任期：1945年4月12日—1952年1月20日）

哈里·杜鲁门是美国的第三十三任总统，也是最后一位没有大学学位的美国总统。1945年，当小罗斯福总统在任期内逝世后，时任副总统的杜鲁门成为新任美国总统。在他的任期内，由于第二次世界大战即将结束，内政、外交以及一系列战争时期的问题纷至沓来：在国内，美国正处于新一轮的经济衰退周期中，无数的罢工和争论充斥整个社会；在国外，二战后世界新格局建立、冷战开始……国内外危机四伏。在接任总统后杜鲁门曾对记者说："我感觉月亮、星星和所有的行星都朝我撞来。"比起前任罗斯福，杜鲁门的支持度不算高，但他却努力克服各种困难，工作尽心尽力，他向国会提出"21点咨文"，计划扩大社会保险范围，充分就业计划，制定永久公平就业法案，建造公共住宅并清除贫民窟，被称为公平施政。同时，在外交事务上，他也扮演了极具影响力的领袖角色。

把所有人放在同一天平上

杜鲁门著名的"21点咨文"意在解决社会的贫富差异,让所有人有工作、有家住,争取做到人人平等。杜鲁门的这一思想,都得自于母亲的言传身教。

当年,在杜鲁门新当选美国总统时,有人向他母亲祝贺:"你有这样的儿子,一定十分自豪。"杜鲁门的母亲回答:"是的。不过,我还有一个儿子,同样让我骄傲。他现在正在地里挖土豆。"

在母亲眼里,无论孩子是总统还是农夫,他们都是自己的孩子,都是宝,都要一碗水端平。

英国大作家萧伯纳,有一次在写作间歇时和邻居小女孩一起玩耍。当萧伯纳送小女孩回家时,他对小女孩说:"知道我是谁吗?回家告诉你的妈妈,就说今天和你在一起玩的是萧伯纳!"

小女孩天真地回应:"知道我是谁吗?回家告诉你的妈妈,就说和你一起玩的是克里佩·斯莱娅!"

大文豪不禁愕然。

此后,萧伯纳每次对朋友说此事时,就会感慨地说:"是这位7岁小女孩给我上了人生最好的一堂课!一个人不论有多大的成就,他在人格上与任何人都是平等的。这个教训我一辈子也忘不了。"

"平等"可以包括各个方面:法律平等、制度平等、性别平等、真理平等……人的一生要面对许多人,要经历许多事,但无论如何都要活得自由而

19 杜鲁门家训
——当总统和挖土豆的儿子都同样让我骄傲

高贵。

孩子是否拥有平等的意识，跟父母有很大关系。孩子是很敏感的，平时大人不经意的表现，小孩子都会记在心里。比如：我有一个同事，他家的孩子一直由保姆带。同事的想法是，要想和保姆处理好关系，就要做到平等。所以在孩子面前，同事就让他感觉到保姆是自家的人，不是花钱请来的。每次给保姆工资，同事从不当着孩子的面给。因为小孩子会有很多问题的，有时他会问同事："妈妈，阿姨是我们家的人吗？"同事就会反问："我们家的事都是谁做的呀？阿姨给谁穿衣洗澡啊？阿姨是不是做家务洗衣服啊？"孩子会觉得阿姨好累，有时还说："阿姨等我长大了给你洗衣服、扫地，赚了钱给你用。"保姆听了自然高兴，工作也卖力。所以孩子是不会天生就看不起人的，他受到了身边人耳濡目染的影响。

现在教育主张"一切为了孩子，为了孩子的一切，为了一切的孩子。"一般家长都能做到前两点，但最后一条就不考虑了，认为没有必要为别人的孩子费心。其实有时候家长只考虑自己孩子而忽略了同伴的感受，会把孩子陷入孤独之中。培养孩子的平等意识，就如同把鱼儿放入水中，能让孩子融洽于环境，融洽于同伴之中。

如今孩子都是独生子女，缺少伙伴，在与同伴交朋友时若没有平等意识，也无法得到别人的好感，也就没人喜欢跟他玩耍，孩子会变得孤立的。我身边就有一个这样的例子：邻居家的孩子很聪明，但从小被宠惯了，孩子看不起别人，甚至连家长都不放在眼里。有时候，家长还与校方打招呼，让孩子搞特殊。但这样反而害了孩子，弄得他上课没人管，对同伴蛮横无理，学习上不去，脾气还很大。等到家长意识到问题严重时，再纠正就困难了。

其实，教育孩子平等的意识，从小事上就可以做到。比如：在家里就要人人平等，有好东西大家一起吃。女儿吃饼干，我要求她先给爷爷、奶奶、爸爸、妈妈分一块，然后再自己吃。开始时，她会有很多问题："为什么要给你们吃？""为什么要先给大人吃？"我会耐心地告诉她，这不光是一种礼貌，而且体现了人人都要平等的精神。慢慢地，孩子就知道了，家里的每个人都是平等的。还有一点需要注意的是，有时候，孩子给大人们分东西时，有些家长因舍不得而推说不吃，这样做也是不对的，推托的次数多了，孩子再吃东西时，也就不会想着大人了，他们会认为就是自己给了，大人也不吃。

西方教育很重视培养孩子的平等待人的素质，如今整个社会都在提倡以人

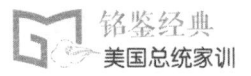

为本，为了给孩子创造和谐的生活环境，请家长注意培养孩子平等竞争的意识，这样利己利人。

推卸责任者，到此止步

杜鲁门是一位极具责任心的父亲，他曾为女儿打抱不平的故事流传至今。

一位音乐批评家对登台表演的杜鲁门的女儿横挑鼻子竖挑眼，十分刻薄、恶毒，勃然大怒的杜鲁门写信给这位批评家，威胁说要是让他抓住，他会敲掉批评家的下巴，踢出他的肠子。当然，一位年轻气盛的父亲说出这种狠话，并不奇怪，可杜鲁门当时是美国的总统，而且已经66岁了，他的手下担心此话会引起风波。然而很多做父母的都站了出来，强有力地声援杜鲁门，尤其是做母亲的，她们认为一个合格、称职的父亲，就应该这样。

说到杜鲁门对责任感的推崇和践行，我们可以从他生活的一个细节看出端倪。杜鲁门在自己的办公桌前，郑重其事地放了一块"推卸责任者，到此止步"的牌子。这个举动，一看就相当明了了——推卸责任，不知道担当的人，请停住你的脚步，言外之意就是没有责任感的人，是不受我欢迎的。

其实，做人应如此，做父母者应如此，教育小孩子亦应如此。

我曾经教过一个孩子，这个孩子聪明帅气，可却突然退了学，回到家玩得不亦乐乎，家长却愁白了头。这个孩子成绩一直很好，家长对他寄予厚望，我仔细分析了孩子为什么会这样的原因，主要在于他的家庭。这是一个重组家庭，爸爸忙于工作，继母对孩子忽冷忽热，在这个家庭中，孩子得不到关爱。我也曾和孩子的爸爸聊过，他时不时地流露出对二次婚姻的不满，只在乎自己的感受，却忽略了孩子。

有的家长有这样的心理：别人家的孩子是优等生，自己的孩子却是差等生，跟别人谈论孩子时简直说不出口。别人的孩子与父母其乐融融，自己与孩子却像是仇人，说不上三句话。其实，父母与孩子的感情如何，决定权在于我们父母！

孩子走上歪门邪道，心理不健康，责任在于我们父母！孩子出现问题，首先肯定是我们父母的教育出现了问题。天下的父母们，只要我们把孩子带到这个世界上，责任就坚实地落到了我们的肩上，什么人也不能代替父母，爱孩子、教育孩子是我们不可推卸的责任。

有些孩子很小就习惯了推卸责任。他一旦做错了事情，事后问他是谁做的，他就说是别人（爸爸、妹妹）做的，从来不说是自己做的。

这个年龄的孩子，是不可能本能地承认犯错的。能够懂得规则以及违背规则带来的后果，是孩子在这个阶段需要完成的一个成长"作业"。不过，孩子此时的这种"不承认""辩解""推脱"从某种角度上看也是一个好的信号：它说明孩子已经知道自己做的事情并不是一件好事。在孩子的眼中，推卸责任是躲避麻烦的最简单有效的方法。孩子能够做到敢于承担，需要父母的耐心的帮助。

说谎实质上是儿童的一种自卫措施，其责任更多地在于成人。成人处理这类错误的要领在于：首先，反省自己，不要严厉追问；然后，让孩子知道，根本无须撒谎，父母从来不责罚诚实的孩子。

逃避责任的心理来源于对批评的恐惧，也就是说不希望被否定。在推卸责任的时候，大多数人并没有意识到自己是在推卸责任，而是认为自己的理由很充分，也其实是一种自我欺骗。

作为父母来说，看到孩子的错误一定要指出来，当孩子并不认为自己做错了的时候，要耐心地给孩子讲道理，让他知道双方都有责任，要学会宽容别人和承担自己的责任。对孩子的教育如果过于严厉，有可能会让孩子由于恐惧而逃避，这样孩子就会用谎言掩盖错误。所以，家长要以说服教育为主，以体罚为辅，和孩子说话时语气一定要和缓、温柔，即使是批评、惩罚孩子，也只要和他说清楚道理就好，不要带强烈的感情，家人不要带有侮辱性的行为或语言，要让孩子知道自己是因为什么受到的批评，让他自愿接受惩罚，并且让他明白自己的确做错了。批评和惩罚不是目的，是手段。为人父母，一定要尊重子女，否则将得不到子女的尊重。

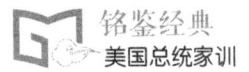

怕热就不要进厨房

杜鲁门任职期间,遇到了一系列棘手的政治问题,但他仍旧以友善谦逊的态度,有条有理地处理着各种问题。他的人生原则是:"既然选择了总统的职务,就应该知道总统的责任和职责,排除万难努力把这份工作做好。"

这就好比如果你总是坐在桌旁等上菜的食客,是永远都搞不清楚厨房里头是怎么回事的。要想好菜端上桌,就得先在厨房里忙着洗、切、蒸、煮、炒,忍受油烟和高温,"怕热就进不了厨房"。

而这个道理,我认为可以在很多地方广泛应用。很多家长常常抱怨:"现在的孩子真不好教育。"可是,明知道孩子难管束,为什么还要生呢?正如人们常说的"没有有问题的孩子,只有有问题的父母",不同的家庭里,发生着同样的悲喜,善于面对的父母,总是找方法而不是找抱怨的借口。

很多时候,责备和抱怨不仅无济于事,还给孩子做了一个坏的表率。家长一味地抱怨别人会传染给孩子,会对孩子的人格、性格、心智等造成巨大的影响,会在孩子心里催生阴暗的种子,所以请别在孩子面前抱怨,让孩子拥有一个纯粹的心灵世界,让他们用自己的言行去逐渐感知这个世界。

抱怨、挑剔就像是长在人身上的毒瘤,必须拔掉。当你抱怨别人的时候,很可能是你自己出了问题。孩子对自己的抱怨和挑剔可能并不自知,需要父母帮助他克服。

从前,有个小男孩脾气很坏。一天,父亲给了他一大包钉子,要求他每发一次脾气都必须用铁锤在他家后院的栅栏上钉一个钉子。第一天,小男孩共在栅栏上钉了17个钉子。过了几个星期,由于学会控制自己的情绪,他每天在栅栏上钉钉子的次数越来越少,并且发现控制自己的脾气要比在栅栏上钉钉子容易多了……最后,他终于变得不爱发脾气了。小男孩把自己的转变告诉了父亲。他父亲建议说:"如果你能坚持一整天不发脾气，就从栅栏上拔下一个钉子。"

经过一段时间后，小男孩拔掉了栅栏上所有的钉子。父亲拉着他的手采到栅栏边，对小男孩说："儿子，你做得很好。但是，你看看那些钉子在栅栏上留下那么多的小孔，栅栏再也回不到原来的样子了。当你向别人发脾气，你的言语就像这些小孔一样，会留在人们的心中，同时还会留下疤痕。你这样做就好比用刀子刺向某人的身体，然后再拔出来。无论说多少次'对不起'，那伤口都会永远存在。言语对人们造成的精神伤害与伤害人们的身体没什么两样。"

这是一位成功的父亲，他用独特的方式告诉孩子自己的不当行为造成的危害程度有多大。

我们身为父母，不会希望自己的孩子总是抱怨别人，成为爱挑剔的不受欢迎的人。就像我们不愿意自己身边的同事或者上司是个爱挑剔的人一样。这样的人在人际关系中得到的评价肯定是非常不好的。

有一个孩子向家长抱怨班里有个同学很讨厌，总喜欢跟他比较，影响他的情绪。家长问这个孩子："我知道你喜欢吃苹果，可是你想，有没有人不喜欢吃苹果？"

孩子想都没想就说："当然有了。"

"那不喜欢吃苹果的人是犯错吗？"

孩子笑笑："当然不是！"

"如果你的朋友来我们家，你给他吃什么呢？"

"那我得先问问人家啊！"

"那还好，但很多人就不是这样，觉得自己喜欢的别人也会喜欢。"

举个例子，某人喜欢梨，就以为鱼也会喜欢，就把梨当做鱼饵放在钓钩上去钓鱼，鱼儿总是不上钩，于是埋怨："这鱼儿怎么回事呢？"其实，生活中，我们经常听到有人在抱怨、挑剔、议论某人的缺点，殊不知，其实很多时候是我们自己出了问题。我们习惯以自己的标准衡量别人，把自己的喜好当做别人的喜好，制造了许多不和谐。放下偏见，正视他人，我们的生活将变得轻松而美好。

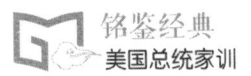

　　我们家长可以在一段时期内，如十天内，天天挑剔孩子。例如："看看你的语文成绩，虽然得了 95 分，可是我觉得你的作文还是写得太差了！尤其这一段，太糟糕了。"接下来的 10 天，每天给他鼓励，让孩子在两种态度的对比反差中理解挑剔别人的坏处。我们还可以把孩子常常抱怨、挑剔的话用醒目的颜色写在很多小纸条上，贴在他的卧室和洗手间里，提醒他注意改正自己的坏毛病。

　　如果孩子总是抱怨——抱怨兄弟姐妹、家长、老师。家长要让孩子去面对那个人或是他们不喜欢的事，引导孩子去抱怨的源头。比方说，孩子回来向你抱怨哥哥。家长可以说，"你和哥哥谈了吗？"很有可能他会说没有。这时候牵着他的手，带他到哥哥面前，然后说，"告诉哥哥你怎么想的。"有了沟通，孩子会找到抱怨的出口的。

20

艾森豪威尔家训
——控制自我，才能调控世界

（总统任期：1953年1月20日—1961年1月20日）

德 怀特·戴维·艾森豪威尔是美国的第三十四任总统，陆军五星级上将。在美国历史上，是由五星上将登上总统宝座的第一人也是唯一的一个人。在实现与盟国的合作中，艾森豪威尔表现出了卓越的军事、政治、外交才能，被誉为"军人政治外交家"。他坚定、果断、宽宏大量，对部属充分信任，作战沙场，战功卓著。

艾森豪威尔在晋升为五星上将时以晋升"第一快"、出身"第一穷"而著称，但他选择军人职业，并非完全出于个人爱好，也不是父母的意愿，而是与家境有关。但即便是在最贫瘠的土地上，他凭着自我的励精图治和卓越表现，依旧声名鹊起。艾森豪威尔毕业于西点军校，学校的训练奠定了他卓越的军事素养，而母亲的教诲更奠定了他一生的做人风格。

艾森豪威尔的母亲是个开明、果敢、勤于思考、悟性极高的奇女子。艾森豪威尔出生于一个贫寒的家庭，但是母亲却一直在鼓励他、告诫他做人的道理。这些对艾森豪威尔的成才起到了关键的作用。

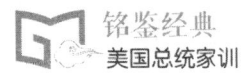

赏识他人，发现每个人好的一面

艾森豪威尔是个戎马半生、战功卓著的美国总统。从很早开始，艾森豪威尔就意识到现代战争需要各方面的知识和人才，而要使各方面的作用得到充分发挥，又不互相摩擦、自我消耗，就要有人从中协调。艾森豪威尔在具体战役指挥上可能不如巴顿、蒙哥马利，但在协调各方面关系上极具才能。他以坚定、镇静而又平等待人的态度赢得了广泛的信赖和支持。他还善于发现人才，所以蒙哥马利、巴顿、范佛里特等一大批名将都能为他所用。

艾森豪威尔这种赏识部下的做法，在二战期间担任欧洲盟军最高统帅时表现更为突出。当时，艾森豪威尔要统领由12个国家组成的几百万军队，并使之同心协力形成强大的战斗力。此时作为统帅最关键的是要协调好各国军事元帅、将领之间的关系。

当时，一向钟情于指挥大权的英国元帅蒙哥马利就没有把艾森豪威尔放在眼里，他甚至常常借故不出席集团军司令官会议。

对于蒙哥马利这种目中无人的傲慢，艾森豪威尔很难说不动怒，作为最高统帅，他有权力撤掉蒙哥马利。然而，他容忍了，因为他需要蒙哥马利这样一个有着卓越军事才能的"牛人"。他包容了蒙哥马利的"牛气"，还常常主动进入蒙哥马利的"将军府"屈尊求教，给足蒙哥马利"面子"。蒙哥马利最终被折服，并立下赫赫战功。

如果说蒙哥马利是英国"刘伯承"式的人物，著名的巴顿将军则完全是一个美国版的"鲁智深"。巴顿将军是公认的"军事上的天才，政治上的蠢材"。他曾殴打士兵，散布谣言损害盟军关系……巴顿一次又一次地"冒犯"军纪，给自身惹下了不少麻烦，也把最高统帅艾森豪威尔搞得十分郁闷。每一次，艾森豪威尔都得站出来为他"擦屁股"。

有一次，巴顿在医院殴打了一个装病的士兵，事情被媒体捅开，全国哗然，一致指责陆军部用人不当，要求撤换巴顿。巴顿面临着接受军事法庭制裁的局面。为此，艾森豪威尔几夜未合眼，他深知巴顿是一位极为难得的指挥官，留下他是"符合战争最高利益"的。

最后，艾森豪威尔以电报形式向华盛顿极力辩护："巴顿将军的工作是很出色的，这件事情本身没有造成大的危害，保留他是符合战争最高利益的。如果因为这件事而把他撤职，国家将失去一名勇敢善战的指挥官，实际上等于帮了敌人的忙。"

艾森豪威尔的力挺，使巴顿再一次留了下来。这位美国版的"鲁智深"，在艾森豪威尔面前流下了感激的泪水。

正因为艾森豪威尔的赏识，善于发现蒙哥马利优秀的一面，才促使其"绊脚石"变成了"垫脚石"；也正因为艾森豪威尔的"用人所长，护才之短"让巴顿发挥了其军事潜能，建立了不朽的功绩，最终取得了战争的胜利。

"他山之石，可以攻玉。"艾森豪威尔的这种做法对我们无疑有着很强的学习和借鉴作用。每个人可能或多或少都有一些缺点或不足，但他也一定有其独特的优点，人无完人，我们要用明亮的眼睛去发现别人的长处，自己有不足，别人也是有不足的，我们应该用一颗包容的心去面对，懂得发现对方的长处，并且能够扬长避短，让我们的生活过得更精彩。

生活中，有些孩子，总是爱指责别人的缺点，对别人的优点却视而不见。我们该如何帮助孩子学会赏识他人呢？

我们可以利用孩子善于观察的优势，鼓励他每天发掘一个他人身上的优点，然后告诉大家。家长要做到及时发现孩子的进步，对其进行表扬奖励。

还有一些孩子总喜欢和学习差、表现差的孩子比较，从来不和好的比。我们都知道，与好榜样比，越比越好，与坏榜样比，越比越差。但是从另一个角度想，孩子的这种表现充分地说明他害怕被批评更需要得到别人的赏识与肯定。针对这些喜欢"比"的孩子，家长要多鼓励孩子，如果他在一天当中，某

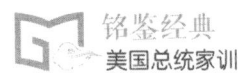

一方面比一贯表现好的孩子做得还好,回到家里就要表扬他。

另外,在教育孩子学会发现别人优点之前,一定要先教孩子学会尊重他人。尊重别人是每个人都必须具备的一种品德,只有尊重别人的人,才可能正视别人的优点。父母要成为尊重别人的榜样,处处尊重别人。有的父母喜欢在背后议论别人,嘲笑别人的短处。被嘲笑的人当然并不知道,但却会给孩子留下不尊重别人的榜样。

最后,我们要让孩子学会感恩。感恩是一种品德,也是一种生活态度。如果人与人之间缺乏感恩之心,必然会导致人际关系的冷淡。所以,每个人都应该学会感恩,而感恩教育对于现在的孩子来说尤其重要。现在的很多孩子都是以自己为中心,只顾着自己,不在乎别人。让孩子学会感恩,关键是通过家庭、学校的教育让孩子以平等的眼光看待每一个人,让他们学会尊重他人,对待他人的帮助时时怀有感激之心,让孩子知道每个人都在享受着别人的付出所带来的快乐生活,让他们从小就知道爱别人、帮助别人,尊重每一份平凡普通的劳动、每一位劳动者,也是更加尊重自己的表现。家长要教育孩子学会感恩,让感恩教育成为孩子成长的必修课。

总之,家长要让孩子在懂得尊重与感恩的前提下,鼓励他们发现别人身上的闪光点,相信这样做后孩子的进步一定会更快!

一个能够统辖自己精神的人才是真正伟大的人

艾森豪威尔是一个充满传奇色彩的人物。他曾获得很多个"第一"。在美国军事历史上,一共授予了10名五星上将,艾森豪威尔晋升"第一快";出身"第一穷";他是美军统率最大战役行动的第一人;他是第一个担任北大西洋公约组织盟军最高统帅;他是美军退役高级将领担任哥伦比亚大学校长的第一人;他的前途"第一大"——是唯一当上总统的五星上将。

艾森豪威尔的军事能力有目共睹,任总统时也是雄才伟略。他不论担当什么角色,都能全身心地投入,并且出色地完成。他的个人经历同时也教育了他的后代们:"一个能够统辖自己精神的人才是真正伟大的人。"

在如今这个多元的社会中，有很多新鲜事物分散了我们的注意力和时间。工作时，我们要时不时地查看邮件，偶尔还要浏览一下新闻；吃午饭时，有时要接听电话，还要惦记着"偷菜"时间……我们好像每一天、每一分钟都很忙，但每一天又好像没有做一件大事。

其实，我们缺少的是管理自己的精神，这里的精神指的是自己的意识、思维和一般心理状态。

这个问题说起来很广泛，没有长篇大论好像说不清楚。但我们从自身来看，不论是哪种意识、哪种心态，我们都要把它们打理好、管理到位，使自己一直处于最佳阶段，才能有好的工作表现。

孩子情绪不稳定，对很多事物还不太了解，更别说能控制住自己的心思了，而这个时候，就需要家长的帮助了。而我觉得，一个人不论做什么，只有专注于其中，才能做好。专注训练，也是培养孩子学习统辖自己精神的有力方法，对于孩子现在学习、以后的工作都具有十分重要的意义。

比如：我的孩子刚刚上幼儿园。第一天，家长和我说："您家孩子上课时总爱乱跑，坐不住。"我想哪个家长听了这种投诉，心里都会不是滋味。可是我说："我也教育过孩子啊！为此还把孩子打哭过，可却不见效。"老师又说："您也不用着急。主要是要从孩子小时候开始，就培养他认真看书、安静画画的习惯，您一定要有耐心，从现在开始训练孩子，还不晚。"

我仔细想想，老师说得也对，于是，我和老师共同商量了一套方案，回家开始实施。

● 看书：由于我家孩子好动，每一次看书最多只能坚持两分钟。于是，我就先把目标定在每次看书5分钟。在孩子开始看书前，我先给她讲一遍书中的内容，然后定闹钟5分钟，并跟孩子说："等闹钟响了，本次看书时间就到了。"刚开始的时候，孩子哪是看书啊！她的眼睛光盯着小闹钟了。终于时间到了，孩子像解放了一样欢呼，给人感觉，我就像个"奴隶主"似的。但是我没有气馁坚持了几天后，我发现孩子竟然可以安静地看很长时间书了。有时，闹钟响了，她也在看。这时我当然不会忘记给她奖励，我买了一些小红星贴纸，每一次孩子表现好时，我就给她贴一个，每一次孩子得到贴纸后都会高兴得直蹦。从这我也看出来，孩子最需要的就是鼓励。

● 玩玩具：以前，我给孩子新买的玩具，她摆弄一会儿就全拆掉扔掉，在玩时根本体会不出游戏的乐趣。为此，我给孩子买了大量的积木，让她自己想象着拼，拼出她自己认为好的东西，并且要求孩子把自己拼的玩具用故事的形式讲出来。这样做后我看到了效果，孩子的兴趣提高了，孩子的创新能力也增加了。

● 游戏：父母不要认为玩游戏是一件无聊的事，孩子注意力的培养，最初往往是从游戏开始的。父母可以帮孩子建立一个学习和游戏相结合的有规律的生活，合理安排孩子游戏和学习的时间，这样也能锻炼孩子的体质。我的方法是一定要抽出时间，陪孩子一起玩。唱儿歌、跳舞、藏猫猫……只要是孩子有兴趣、家长也能做到的游戏都可以。而且，陪孩子玩就一定要玩得高兴、尽兴。

孩子有了专注的精神，做起事来得心应手，他们才能更好地管理自己的各种意识心态，做一个能够自控，合理安排自己生活的人。

"十字时间计划"，提高生活工作效率

"十字时间计划"是艾森豪威尔发明的一种提高生活、工作效率的工作方法。具体方法是画一个十字，分成四个象限，分别将重要紧急的事情、重要不紧急的事情、不重要紧急的事情、不重要不紧急的事情分别放在不同位置，然后先做重要而紧急那一象限中的事。这样一来，工作生活效率大大提高。这个方法后来成为美国成功学家们非常推崇的时间管理方法。

"十字时间计划"可以帮助人们有效克服每日或每周的混乱，以便正确区分事项类型，决定事项的优先顺序，以及事务的安排或删减。

生活中，我们浪费时间的现象随处可见，究其原因有主观的原因，也有客观的原因。由于主观原因是一个人浪费时间的根源，因此我们看一下主观原因。浪费时间的主观原因主要有：做事目标不明确；作风拖拉；缺乏优先顺序，抓不住重点；过于注重细节；做事有头无尾；没有条理、不简洁，简单事情复杂化；事必躬亲，不懂得授权；不会拒绝别人的请求；消极思考。

按照"要事第一"的法则，所有事务分为四类：

● 重要且紧急：需要尽快处理，最优先做的事情。

● 重要不紧急：可暂缓做，但要加以足够的重视，最应该偏重做的事。

- 紧急不重要：不太重要，但需要尽快处理，可考虑是否安排他人去做。
- 不重要且不紧急：不重要，且也不需要尽快处理，可考虑是否不做、委派他人做或推迟做。

我们常常感叹"计划赶不上变化"，从而对时间管理产生疑虑。科学求实的时间管理应该是计划性与灵活性的体现。

时间管理第一大关键是设立明确的目标。时间管理的目的是让你在最短时间内实现更多你想要实现的目标；你现在可以把今年的 4～10 个目标写出来，找出一个核心目标，并依次排列重要性，然后依照你的目标设定一些详细的计划，你的关键就是依照计划进行。

现在，请家长们拿出笔纸，把今天要做的事情写在纸上，按五类归类：

（1）必须要做的事。

（2）应该做的事。

（3）做了也不会错的事。

（4）可以授权别人去做的事。

（5）可以省略不做的事。

每一天，用你 80% 的时间来做 20% 最重要的事情。当然第一个要做的一定是紧急又重要的事情，通常这些都是一些突发困扰、灾难、迫不及待要解决的问题等。当你天天处理这些事情时，表示你时间管理并不理想。因为成功者往往花最多时间在做的事情是最重要可是不紧急的事情，这些都是所谓的高生产力的事情，然而一般人都是做紧急但不重要的事。你必须学会如何把重要的事情变得很紧急，这时你就会立刻开始做高生产力的事情了。即使一天不能完成所有的事情，只要将最值得做的事情做完就好、坚持下去，才能离成功越来越近。

在家长领会了艾森豪威尔的"十字时间计划"含义后，也可以把这个方法告诉正在上学的孩子。

在我所任课的高中学校，每晚都有两个小时的晚自习时间。很多孩子在跟我聊天时会抱怨，每天晚上面对太多的书本，不知道该从何看起。他们大部分先要完成作业，然后背英文单词，接着还要看物理……结果，一个晚自习结束了，他们才发现自己只是完成了点作业，学习效率不能提高，让他们很是苦闷。

其实，这个时候我们就可以教孩子使用"十字时间计划"。首先跟孩子分析出自己哪些学科是弱项，哪些学科是中等，哪些学科是强项。每天，第一时间把作业完成。接着按照学科强弱开始复习，复习到什么程度、复习的时间等都要有计划。"十字时间计划"可以是每一天的计划，也可以是每个月，每年的计划。让孩子自己安排每个阶段的学习目标，到规定时间后，要反思前段时间计划的完成情况。让孩子的学习思路始终保持着有计划、清晰的脉络。

另外，在让孩子学习安排时间时，家长还要注意告诉孩子：同一类的事情最好一次把它做完。假如开始做纸上作业了，就得做纸上作业，都完成了，再去看书或是听英文；假如是在思考，用一段时间只作思考；或者他想给家长打电话，那就让他把要说的话全部说完，不要催促他先看完书后再打，让孩子一次就把同类事做完，他也就不再惦记了。

21

肯尼迪家训
——问问自己，你能为别人做什么

（总统任期：1961年1月20日—1963年11月22日）

约翰·肯尼迪是美国的第三十五任总统，也是第一位出生于20世纪的美国总统，是美国历届通过竞选而获胜的最年轻的总统，也是去世时最年轻的总统，也是唯一获得普利策奖的总统。在任期间，他还是美国历史上支持率最高的总统。

肯尼迪是一位理想主义者，有着高大的形象，稍带浪漫的气质，同时又是一位在实践中获得实际成功的人；他是一位伟大的演说家，他真诚老实，襟怀坦白，但同时又是一位"现实的政治家"。他向他的国人们展示出诱人的未来宏图，并使这一诱人的宏图逐步得以实现；他赢得了不仅包括本国人民而且包括世界人民的喜爱。

肯尼迪被视为美国自由主义的代表，热情洋溢的就职演讲为他赢得了空前高涨的支持率，而他的政绩为他赢得不断升高的威望。发生在肯尼迪身上的刺杀事件影响了以后美国政治发展的方向，也成为美国民众心中无法抹去的伤痛。

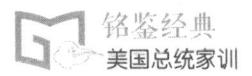

给予比索取更有魅力

1961年1月20日,肯尼迪正式宣誓就任美国第三十五任总统。在肯尼迪竞选时,由于他过于年轻的年龄和天主教的宗教信仰,民众对他的执政能力存有疑虑,他是以微弱优势击败对手当选总统的。在肯尼迪的就职演说中,他对国际事务给予了极大关注。在演说中,他呼吁全人类团结起来,共同反对专制、贫困、疾病和战争,他那句著名的:"不要问你的国家能为你做些什么,而要问一下你能为你的国家做些什么"更是成为了美国总统历次就职演说中最脍炙人口的语句之一。在他发表完就职演说后,约有四分之三的美国民众认可了新总统。

"春蚕到死丝方尽,蜡炬成灰泪始干。""横眉冷对千夫指,俯首甘为孺子牛。"古今中外,世人都在向我们力证——奉献是一种高尚的情怀!但是,在市场经济的今天,人们的经济活动异常活跃,各种各样的交易充满了人们的生活。孩子在耳闻目睹成人世界的各种交易后,对于"给予"和"索取"的理解附带了很多成人化的功利色彩。冷漠自私是当前青少年普遍存在的心理问题的主要表现之一,他们对集体事务漠不关心,事不关己就高高挂起,缺乏奉献精神。可他们也曾从别人的"谢谢"声中体会到助人为乐的快乐,他们的眸子里也曾有过"我来帮你"的热切,可是他们奉献的幼芽为什么没有茁壮成长呢?责任在于家长,在于家庭教育中助人为乐教育的缺失。家长作为孩子的第一任老师,有义务引领孩子走向真善美。

一个斤斤计较于名利得失的家长怎么能够教育出热心奉献的孩子来呢?家长整天计算着回报、索取,那会给孩子怎样的影响呢?父母之间,因为一些家务吵来吵去,孩子看到了心里会怎样想呢?所以说,有奉献精神的父母才能培养出大人物，父母的奉献精神将影响着孩子的人生观、价值观。

在培养儿童的奉献精神时，家长可以采用多种方法，比如：生活中的一些小事就可以潜移默化地影响孩子。家务活父母争着做；当天谁感觉比较疲劳，另一方就要主动承担今天的家务；等等。让家庭中始终有一种奉献的氛围。适当的时候，还要让孩子干一点力所能及的劳动。开始时，孩子可能会因为新鲜干得特起劲，可他们新鲜的感觉过了，就会问："为什么我总要干活？"这时候，家长一定要抓住教育契机，要态度温和地说："我们是一家人，谁干得多，谁干得少并不重要，重要的是要互相帮助。你帮助了我们，我们要谢谢你。"孩子受到了鼓励，也懂得了不计较个人得失的道理。

奉献精神的培养不是一朝一夕就能做到的，需要家长长期坚持不懈地努力，注意观察孩子的日常行为和思想变化，加以正面引导，使孩子能够在不知不觉中接受教育，不断增强奉献意识。

要让孩子乐于接受，我们就不能光讲那些大道理。只有触动孩子心灵的教育，才是最好的教育。现在的孩子接触的信息太多又太杂，简单的说教根本起不了什么作用，必须尽可能让孩子看到他们熟知的或身边的人和事，才有可能触及他们的心灵深处引起共鸣。

> 小区里的张奶奶是个热心人，每次下大雪，小区广场上的雪都是她早上起来给清扫干净的。有一天天还没亮，我把孩子叫醒，让她站在窗上看张奶奶扫雪。
>
> 孩子揉着没睡醒的眼睛问："张奶奶为什么要扫雪？"
>
> 我说："她是在为大家扫雪，她在帮助我们。"
>
> 孩子突然说："我也想去帮忙。"
>
> 我说："好啊，我们一起去。"
>
> 那天，孩子过得特别快乐，因为她觉得做了一件最有意义的事。

写到这里，又想到一个奉献的故事：

> 有一天，辛格和一个旅伴穿越高高的喜马拉雅山脉的某个山口，他们看到一个躺在雪地上的人。辛格想停下来帮助那个人，但他的同伴说："如果我们带上他这个累赘，我们就会丢掉自己的命。"

但辛格不忍心丢下这个人，让他死在冰天雪地之中。当他的旅伴跟他告别时，辛格把那个人抱起来，放在自己背上。他使尽力气背着这个人往前走。渐渐地辛格的体温使这个冻僵的身躯温暖起来，那人活过来了。过了不久，两个人并肩前进。当他们赶上那个旅伴时，却发现他死了——是冻死的。

在这个例子中，辛格心甘情愿地把自己的一切——包括生命，给予另外一个陌生人，这就是奉献。正是这种奉献，使他不仅帮助他人渡过难关也保全了他自身的生命。而他那无情的旅伴只顾自己，最后却丢了性命。我把这篇文章推荐给家长，请家长读给孩子听，期望他们明白：奉献，使我们在服务于他人时也成就了自己。

其实，我们身边有许许多多挺不错的书籍杂志报刊，都可拿来供孩子们阅读，比如《读者》《青年文摘》等。通过阅读让孩子逐渐懂得：乐于奉献，能体现出一个人美好的心灵、高尚的情操；乐于奉献，能催人奋发，激人上进。同时，当一个人献身于帮助其他生命的时候，他是高尚的、道德的。人类就是在一曲又一曲动人的奉献歌声中走向了文明，走向了现代，走向了未来。

前面没有别人，只有你自己

肯尼迪的一生都在与各种疾病做着斗争。

1930年秋天开始，他患上了一种当时无法确诊的疾病，后来这种疾病被确诊为爱迪生氏症。这种疾病使得他的内分泌发生紊乱，免疫力降低。由于担心自己的健康问题影响到政治前途，所以一直以来，肯尼迪都在严格保密着自己的医疗史，甚至这种隐瞒在他遇刺之后还在继续。他一直以类固醇类药物来抵御爱迪生氏症带来的身体虚弱的影响，并依赖大量的镇静剂、止痛药、睾丸素、抗生素和安眠药等来对付其他并发症。即便如此，肯尼迪仍旧以一个健康人的形象参与政事、四处演讲……他说："人生最大的敌人就是自己！"

肯尼迪之所以有着如此坚定的信念却得益于父亲。原来，肯尼迪年轻

21 肯尼迪家训
——问问自己，你能为别人做什么

的时候无心从政，他认为自己没那个能力。但是父亲却极其肯定地对他说："你别无选择。"后来，父亲的希望变成了无法改变的命令。肯尼迪在父亲的鼓励和帮助下，终于战胜了自己。

现在的家长都很重视孩子的学习。如果孩子发牢骚："那个物理老师说话含含糊糊，我一句也听不懂。"家长一听着急了，心里想着是不是得给孩子调班啊？可是，家长们是否想过，物理老师讲得不好，那这个班就没有物理成绩高的学生了吗？孩子发的牢骚，是他们把物理成绩差的原因归咎给别人，并没有反思自己的原因。这个时候，家长千万不能对孩子听之任之，要及时纠正孩子错误的人生观。

在孩子心中，他们也有着远大的理想、美丽的梦。但当他们去实施时，却遇到这样那样的问题，这时他们要不要持之以恒？要不要继续下去？主动权就在于他们自己。把孩子引向正确的人生之路，需要家长的帮助，要让他们学会克服自己、战胜自己。

当孩子们面对新事物时，他们会有些手足无措，这就需要家长鼓励他们大胆尝试，一旦他尝到成功的喜悦，就会变得积极活跃了。

在孩子刚上幼儿园时，我总是把孩子送到幼儿园，可孩子渐渐长大，我想让他自己去。开始时，孩子会表现害怕，走几步就回过头来看看我，那眼神很可怜。但我始终用坚定、鼓励的眼神看着她，最终用眼睛把她"送"到了幼儿园里。当然，孩子第一次自己走进幼儿园，那以后的事就更简单了。

每天早上起床，跟孩子对着镜子大声喊："我能行，我就是我。"这是用心理暗示的方法让孩子更勇敢、更有自信。要帮助孩子勇于打破自己的一些坏习惯，试着做改变。要让孩子试着做一些不敢做的事，强迫自己去做，让他们记住，事情远没有你想得那么可怕，行动可以将恐惧化为平静。

让孩子战胜自己，最关键的是要让孩子的胆子大起来，面对各种困难，有敢于承担责任的胆量。

首先，多带孩子参加各种游戏和体育活动。游戏能让孩子有更多机会接触小伙伴，习惯与人的互动行为，这样能在不知不觉中弱化孩子的怯弱心理。父母应该明白，一个孩子不敢与人交往，很大程度上不是不愿意交往，只是因为不熟悉。通过游戏让孩子慢慢熟悉这种交往形式之后，孩子就能慢慢放开，接纳更多的伙伴，全身心投入游戏当中。让孩子在体育锻炼中拥有强健的体魄，可以让孩子在困难面前增加信心。

其次,父母要做好表率。父亲如果在日常交际中也畏首畏尾、比较怯弱的话,对孩子只会产生不好的影响。因为孩子的模仿能力是很强的,他马上就会仿效爸爸的做法,在与人交往中比较被动。所以,要想孩子摆脱怯弱,父母自己首先就应该做好表率。

最后,给孩子更多尝试的机会。很多父母都认为孩子有很多事情都不会做,与其让他犯错误还不如自己代劳。其实,这是一种错误的想法。不让孩子自己去尝试,孩子永远迈不出这一步。当孩子不得不自己面对的时候,发觉自己完全没有相应的能力,从而造成沮丧和怯弱的心理。只有在日常生活中让孩子能做的事情自己做,尽可能地给孩子更多尝试失败、尝试成功的机会,孩子在抗挫折能力提高之后,对自身能力的恐惧感就会减少。

说不如做,做便要马上行动

肯尼迪在竞选总统时,由于他太年轻,国会中的民主党人在总统候选人提名上将他排在第四位。民主党更倾向于让他竞选副总统。但肯尼迪并没有接受这一建议,他说:"我没有兴趣竞选副总统,我的兴趣是竞选总统。如果我要当选总统,我就会在1960年成功。如果我这次不成功,那么我可能要等上8年时间,那时会出现一些新的面孔,而我就会靠边站。"肯尼迪就凭着他这股不服输的话,为自己的"总统梦"开始了不懈地努力。

肯尼迪为了抵抗阻碍他的势力,在一开始便公开否认自己是个候选人。此时,尽管肯尼迪还没有宣布参加竞选,但他已经启动了紧张而疲惫的日程安排,奔波于全国各地,在形形色色的场合向规模不等的人群发表演讲。因为肯尼迪知道提高自己的支持率是赢得胜利的关键。

1960年9月26日晚,在芝加哥的CBS演播室里,肯尼迪与自己的竞选对手,已经在艾森豪威尔内阁中当了8年副总统、与赫鲁晓夫进行过厨房辩论的共和党总统候选人尼克松面对大约7000万电视观众(占当时全国成人人口的大约三分之二)进行了美国历史上第一次总统候选人电视辩论。在电视辩论中,虽然肯尼迪的语言很有节制,但他凭借个人魅力和良好表现，在四场电视辩论中战胜了在当时被认为政治经验和声望都远胜于他的尼克松。

现在社会中，出现了一个不合理的现象，有些人把夸夸其谈、不求实际奉为圆滑、有头脑。其实，我们一般都会在一个固定的环境里工作上几年，甚至几十年，而若总是做一些"杀鸡问客"的事，大家就会对他产生厌烦，他的人际关系必然遇到危机。而有些家长对这个问题认识不深，竟然培养孩子光说不做的性格。

有句话说得好："100次心动不如一次行动！"行动是一个人敢于改变自我、拯救自我的标志，是一个人能力的证明。当孩子决定要做一件事的时候，不要让他为自己找种种难以开始的借口，一定要立即行动。而家长一定要养成孩子少说多做、当机立断、立即行动的个性。

优秀的孩子常和下列词汇相关联：勤奋、刻苦、努力、好学、博闻、踏实……这些词语其实是行动的代名词，所以，行动是孩子成长的必然，没有行动，也就没有结果，更不可能成功。空有理想而无实际行动永远只能一事无成，必须让孩子学会为理想而努力，将理想化为行动，否则理想终将是空中楼阁，可望而不可即。

鲁迅先生和闻一多先生都曾这样告诫过后人：与其每天想一百件事，不如每天做一件事。可是正所谓："说着容易，做起来难。"特别是对青少年而言，他们可能会产生各种各样的创意，有各种理想，甚至制订出详尽的计划，但因为自控力不足，所以他们总是让计划泡汤。

比如，孩子计划7点看书，但因为晚饭吃得太饱，就想看电视消遣；他本来只想看三五分钟，谁知节目太精彩，只好继续看完。这时时间已经流逝。等节目看完，刚想坐下来看书，又突发奇想，给朋友打电话聊聊天。聊完后，看到有人在打球，一时手痒，便又打球去了……于是，这一晚就这样过去了，时间就这样被浪费掉了。或许他一直都在想着要看书，但他最终却什么也没做。日复一日、年复一年重复这种生活的孩子比比皆是，终有一天，等他们领悟到该行动的时候，却已是心有余而力不足了。

所以，精神散漫必将导致一事无成。而解决这一问题的关键就在于遇事当机立断，决不拖延。

作为孩子的监督人，家长必须对其严格要求。比如：孩子要考试了感觉害怕，可仍然拖拖拉拉不复习，就说明他不想考，更不用说考出好成绩了。再比如：孩子害怕和陌生人交往，家长大可不必坐下来和他聊什么大道理，现在就拉着孩子出去和小区里的人聊天。那时，孩子会发现，聊天也是件很简单、很轻松的事情。

制止孩子夸夸其谈的习惯。如果你的孩子又在向你喋喋不休地诉说自己满腹的计划、理想和承诺时，你应该马上告诉他一句话："做完了再跟我说。我只看你的行动。"当然，还要注意一点，家长要让孩子建立信心，学会用行动来消除烦恼。

22

林登·约翰逊家训
——可以犯错，但不能错一辈子

（总统任期：1963年11月22日—1969年1月20日）

  林登·贝恩斯·约翰逊是美国的第三十六任总统，肯尼迪遇刺后，他在总统专机的机舱中宣誓就职，走马上任。并于任满后又再一次当选总统。他被称为"精力充沛的得克萨斯人"，年轻从政，政路平坦。在内政上颇有成绩，为福利和人权奔走努力。他在国内实施"向贫穷开战"的一系列福利法案、民权法案、消灭贫穷法案和减税法，而深得民心。

  约翰逊从小生活环境艰难，他除了要干家务杂活，还要在附近的农场打短工、在报社印刷厂当学徒、在理发店擦皮鞋、卖动物皮毛，只挣得很少几个钱。幼年时，约翰逊最难忘的是跟随父亲去阿拉莫旅行。他很小的时候就喜欢同川流不息到他们家的客人谈论政治。就是这种宽松的成长环境，使约翰逊的思想没有受到束缚，他的同学安娜·伊兹后来回忆说，约翰逊早就梦想投身政治活动，有一次向她吐露了心事："有一天，我要当美国总统。"

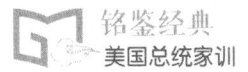

用对方法,不要做无用功

约翰逊干劲十足。他总是在行动着。他走路的方式很出名,人称"约翰逊小跑"。他曾说道:"我不想作为一个无能的人而遗臭万年。"

约翰逊有着惊人的旺盛精力。在1964年竞选总统期间,有一次,他在一天之内发表了不下22次演说。1967年12月,他只用了4天15小时48分钟的时间,绕地球转了一圈,访问了一个又一个的国家。告别白宫前夕,他夸口说自己创造了一个总统在白宫接待了201位外国来宾的最高纪录。他说:"无所事事比艰苦工作、更容易让人精疲力尽。"

约翰逊是个严厉的领导,部下们达不到他的工作要求时,他就大发雷霆。即使达到了要求,他也要不断地揶揄几句,有时甚至很刻薄。尽管约翰逊无情而刻薄,但仍不失为一个善良慷慨之士。他总记得自己班子里人们的生日和结婚纪念日,常给住院的病人送去鲜花和简短的慰问信,甚至还会解囊相助遇到困难的新闻记者。

无论在哪一个方面,我们都不难发现,约翰逊总是用最有效的办法做更多的事。他用自己的言行,教育着自己的孩子们。

生活中,有些孩子只是一味地努力,而成效不大,因为他们做的都是无用功。比如:有的孩子整天埋在书本里,自己累得昏天暗地,可成绩却提高不上来;相反,有的孩子一边学习一边不耽误玩,成绩反而很好。为什么会有这样的现象?因为后者掌握了学习的方法,提高了效率。

学习有学习的方法,记忆有记忆的方法,写作有写作的方法……无论做什么事,我们都要找到做事情的捷径,更好地完成工作。

孩子在解决问题时能找到合理、有效的方法,这种能力需要家长从小培养。"中国的教育最缺乏的就是创新思维的培养了。当周围的情况发生变化时，如果仍然习惯于原有的"惯性思维"，则会给创新设置重大的障碍。因此，父母要引导孩子打破思维定式，敢于幻想，勇于尝试，敢于怀疑一般人认为"理所当然"的事情。

我国传统的教育思想里，有一种"随大流"思想，许多孩子也形成了一种人云亦云的习惯，不敢表明自己的观点和见解，不敢否定权威，这就是缺少创新意识的表现。而有些孩子有敢为人先的个性，敢于跳出原有的圈子，对一些疑难问题敢于提出自己独特见解，敢于向权威挑战，这些孩子才是具有创新意识的孩子。

所谓创新思维就是针对一个问题提出与众不同的解决方案。德国数学家高斯，是近代数学奠基者之一。

在高斯10岁那年，有一次他的数学老师让他们全班解答一道习题：计算出 1+2+3+4+5+…+100=？这个题目在今天已经差不多人人皆知了。可在那个时候，那个场合，对于一群小学生来说，还真不容易。孩子们都想争取第一个算出来，立刻在纸上演算起来。只有高斯还没有动手，他在想，难道一定要经过这么复杂的计算过程吗？这时候，老师看见了他，走上前来问他为什么还不开始演算。

高斯说："我已经知道答案了，是5050。"老师十分诧异，问他是如何得到答案的。他告诉老师，他通过观察发现这一组数字中 1+100=101，2+99=101，3+98=101……这样的算式总共有50个，因此这道题可以化简为 101×50=5050。

这就是高斯的创新思维发挥了作用。养成良好的思维意识，有利于孩子对书本知识有选择地吸收，可以防止"死读书，读死书"，也可以不断激发孩子灵感，促使孩子新发现、新见解。

当孩子遇到需要解决的问题时，鼓励孩子从多方面寻求解决方案。例如，当孩子想得到他想要的一件东西时，家长就可以帮他寻求解决的多种途径，并从中筛选出最佳途径。对孩子富有创意的思维要给予赞扬和鼓励。比如说，孩子要打开卧室的灯，他会找爸爸、妈妈来帮忙。这个时候，家长可以让孩子开动脑筋，自己想办法解决。这一段时间，孩子会开动脑筋想办法。但是如果孩子想不到办法，家长可以提示孩子："可以找件东西借助啊！"孩子就会想到，搬来小凳放在脚下，打开灯。这样做会培养孩子开动脑筋解决问题的能力，也会让孩子知道，只要开动脑筋、永不放弃，一定能成功。

家长还要在日常生活中培养孩子不受拘束的思维方式。对于小孩子，从点滴小事上注意训练思维，会有很好的效果。

鼓励是最好的礼物

约翰逊出生于得克萨斯州斯通沃尔山区一个荒僻的农庄里，家境贫寒，只能简单糊口。但是母亲非常重视对约翰逊的教育。在约翰逊2岁之前，就让他从石板上学会了认字母和写字母。3岁的时候，约翰逊就熟知朗费罗和丁尼生的诗。4岁时，他就能拼出像爷爷、丹（家里的一匹马）这样的单词。丽贝卡还花了数不清的时间来开发孩子的心智，而且经常告诉朋友和亲戚，他是个智力超常的孩子。

从现代教育学的观点来看，贝丽卡这样做给约翰逊一种强烈的心理暗示，对培养其自信心具有很积极的作用。

约翰逊中学毕业后就辍学了。他和几个朋友流浪到加利福尼亚州，成为无业游民。为了维持生存只能靠帮人摘橘子、给餐馆洗碗碟。这种生活给了约翰逊很深刻的感受，因为农业萧条时他根本无以寻得活计。但母亲对约翰逊的信念却从未动摇。当约翰逊疲惫地说"妈妈，我已经试过靠双手生活。如果你愿意帮助我，我准备试着用我的头脑生活"时丽贝卡就立即开始行动，没有浪费一分钟，她鼓励约翰逊继续求学，在约翰逊考上了州立西南师范学院后，帮助约翰逊到银行贷款75美元，让其完成学业。

丽贝卡为约翰逊树立了正面榜样，并用不断的鼓励来塑造儿子的性格，同时也激发儿子身上的优点。而约翰逊也用行动实现了母亲的愿望。约翰逊在28岁时赢得了一次国会特别选举，从而进入国会，成为最年轻的成员。在约翰逊进入国会后，母亲寄出贺信祝福，并告诉儿子自己永远支持他。鼓励，成为母亲送给约翰逊最好的礼物。

西班牙著名画家毕加索的成功原因与约翰逊类似，他也是得益于父母的支持。

小时候的毕加索不适应学校的学习生活，上课对于他来讲就是一种煎熬，他听课时总是不能集中注意力，思想总是在稀奇古怪的幻想天地里遨游。上了两年学，他还没学会简单的算术，更谈不上读书了。老师认为毕加索这孩子智力低下，无法施教，经常跑到毕加索父母面前，绘声绘色描绘毕加索的"痴呆"症状。当时，几乎所有的人都认为：毕加索是一个傻瓜。面对来自方方面面的讥嘲与蔑视，毕加索的父亲仍然坚持自己的意见：毕加索读书不行，绘画是极有天赋的。

为了掩饰自己学习上的落后，毕加索总是毫不费力地绘出才华横溢的图画，企图由此来躲避他学习上的无能。可是不论怎样，嘲讽却越来越猛烈，在毕加索脆弱的心灵蒙上了阴影，他变得不爱说话了。

为了抚慰孩子受伤的心灵，关键时刻，是父亲为毕加索擎起一片蓝天。父亲每天坚持送孩子去上学，一到教室父亲便把画笔和用做模特的死鸽子放在课桌上。既然孩子读书不行，就不要勉强他，更不能由此扼杀孩子的绘画天赋。

这段时间，父亲成了毕加索强有力的心理依靠。似乎离开了父亲，毕加索根本没有勇气去面对生活。以致每天上学，必须得到父亲会来接他回家的承诺后，毕加索才会松开父亲那温暖的手。

有了父亲的支持，毕加索每天都沉浸在想象的天地里，虽然功课不好，但他却在绘画的天地里找到了快乐。作为坏学生，在学校关禁闭已成了毕加索的家常便饭，禁闭室里只有板凳和空空的墙壁，可是毕加索却很高兴。因为他可以带上一叠纸，在那里自由地绘画。毕加索的父亲从不因此而责骂他，他坚信：天生儿子必有用。

赏识自己的孩子，不是容忍孩子一错再错的缺点，也不是盲目地溺爱，如果孩子有着几乎与生俱来的弱点，而我们又一味不顾实际情况，恨铁不成钢，以恶言恶语、冷嘲热讽对待孩子，这会给孩子的心灵造成难以愈合的创伤。毕加索的父亲在关键时刻拯救了孩子。我们做父母的也应该尽可能地扬孩子所长，避孩子所短，使孩子身心得到健康的发展。

很多家长认为鼓励孩子很简单,其实,也有几个需要注意的地方:

● 鼓励要说结果。比如:家长注意到孩子自己穿衣服,父母可以说:"我发现你今天是自己穿的衣服,做得真棒!"这样孩子会明白父母鼓励的内容是什么,他会记住父母鼓励的内容是对的。

● 说原因(具体细节)。要告诉孩子具体好在哪里,例如:"你扣子系得很合适,连衣服领子也注意到了。"说得越具体,孩子下次就越知道应该怎么做,激励孩子重复这种积极行为。

● 说适合此行为的具体的人格特质。父母可以说"你扣子系得真好,真是一个用心的孩子"。

总之,家长在鼓励孩子时,越具体越好,不要过分笼统,更不能刻意恭维孩子。

人的成长需要空间

虽然约翰逊家境比较贫寒,但是在约翰逊中学毕业后,父母还是希望他可以继续学业。但是年轻的约翰逊却选择中学毕业即辍学,和几个朋友流浪到加利福尼亚州,成为无业游民。那段时间,他只能靠帮人摘橘子、给餐馆洗碗碟维持生存。这段经历给了约翰逊很深刻的感受,因为农业萧条时他根本无以寻得活计。

一年后他不得不返回家乡,到公路养护队谋得养路工的活计,凭着年轻力壮苦干挣钱。这时父母动员约翰逊继续求学,但还是被约翰逊拒绝了。直至18岁,约翰逊感到干苦力活不堪其负后,才改变主意继续求学,并凭着自己的努力考上了州立西南师范学院。

在大学阶段,约翰逊所有的教育经济支持全靠自己解决,他课余去当门房,给学院办公室打杂,期间还休学一年到科图拉城去教墨西哥孩子,他节衣缩食省下的钱终于供自己读到毕业,那年他才21岁。

从约翰逊的求学经历可以看出,孩子的成长需要空间,孩子有自己对事物认识的过程,约翰逊正是在经历了挫折,进行了思考后,才最终找到了自己的方向。现在有些孩子,在父母制订的圈圈框框中艰难地成长着,他们缺少自己的思维,整天像机器人一样,学习、吃饭。如果稍微休息一下,父母就要唠唠叨叨。为什么孩子都喊着"我要长大!"的口号?其实,他们只是想有一个自由的空间。

父母可以换位思考一下,自己小时侯是不是也讨厌让家长管束呢?所以,我们为人母为人父的,也要给孩子一点自由的时间,由他们自己支配,不要每一分钟都计算在内,分秒必争,紧迫盯人,要顾及孩子内心的感受。孩子慢慢长大后,便会有自己的想法,父母要尊重孩子。如果孩子完全照我们的方式去做,一成不变的话,人类怎么会有创新呢?只要目标达到了,请给孩子一点自由的时间和空间,让孩子做一些自己感兴趣的事,很多人类的文明就是来自不完全听父母话的孩子的创意上!

青春期的孩子渴望获得个人自由成长的空间,0~6岁的儿童同样也需要成长的空间。而且,由于在0岁到学龄前期儿童的身体及心理都处于刚刚发育的启蒙期,更需要家长的精心关注和扶持,更需要一个不受束缚的、能够自由自在成长的空间。只有这样,他们才能像小鱼儿一样顺畅地呼吸,像小鸟一样快乐地飞翔,像小草一样茁壮地成长。

儿童的思维方式与成年人有很大差异,出于好奇心他们不轻易相信别人说的话,总要自己亲自试一试,总要自己做。

幼儿园老师要求小朋友在家中的花盆里种几颗黄豆,丽丽很听话地完成老师的任务,她天天浇水等待小苗出土。两三天后,她终于忍耐不住,用小棍扒开土取出豆子看看,再重新埋进土里。此后,她每天都要这样看看那几颗黄豆。

妈妈轻声劝说:"不要再挖豆子了,你要把它挖死了。"

丽丽天真地回答:"我在观察呢。老师让天天观察的。豆子埋在土里,不挖出来,怎么看呢?"

如果丽丽的妈妈提出坚决不许她再挖豆子,极有可能会阻碍丽丽的好奇心,把她探索的兴趣扼杀掉。所以家长应该学会换位思考,用孩子的思维方式考虑问题,了解他们为什么会这样做,给他们留下足够的探索空间。

现如今的孩子都十分聪明,只要你给他足够的思考空间,他就有可能会进发出许许多多的奇思妙想。可是有些父母不了解孩子生理心理的发展规律和需求，总在按自己的模式去塑造孩子。他们或是盲目超前培养、揠苗助长；或是不顾孩子的兴趣，强制执行填鸭式的计划；全然不给孩子留下自主思考的空间。在给孩子思考空间，让孩子自由探索时，家长要有极大的耐心，给孩子思考的时间。

乐乐的妈妈最喜欢家中来客人的时候，让乐乐露一手——表演讲故事的绝活。乐乐故事讲得有声有色，还可以编出不同的结尾。但是乐乐也有一个小毛病就是他一遇生人会紧张，一紧张就忘词。妈妈比乐乐更着急，总在边上提词。慢慢的，乐乐也不动脑了，反正有妈妈提词呢。结果他讲的故事再也没有新的创意了。

其实，我们身边像乐乐妈妈这样的家长还真不少，他们一点儿也不清楚，他们这样做是剥夺了孩子思考的空间。很多家长代替孩子培养兴趣，代替孩子选择玩具，代替孩子回答问题，代替孩子完成老师留的各种需要创意、需要动脑筋的作业。结果当别的孩子想出房子装上轮子，汽车长出翅膀，树上结鸡蛋，天空架彩虹桥的大胆幻想时，他们又在埋怨自己的孩子笨。事实上，不是孩子脑子不好使，而是他们没有养成爱动脑爱思考的习惯。人的大脑像一部机器，不用就会生锈，越用才能越灵活。培养聪明孩子的关键是使孩子养成积极思考、爱动脑筋的好习惯。

23

尼克松家训

——失败了并不可怕，可怕的是失去勇气

（总统任期：1969年1月20日—1974年8月9日）

  理查德·米尔豪斯·尼克松是美国的第三十七任总统，也是中国人最熟悉的一位美国总统。作为访问中国的第一位美国总统，他打开了中美关系的大门，为改善和发展中美两国关系作出了巨大的贡献。尼克松是登过高峰也下过深渊的美国总统。年轻时的他是美国政界的"少年才俊"，平步青云，虽有过挫折，但总体顺遂，直至当选为美国总统。在事业上处于最高峰时，因为"水门事件"，尼克松被拉下了马，成为美国有史以来第一个自动辞职的总统。在权力的高峰和深渊中，尼克松自有一套为人处世的准则。面对困难和责备，他没有沉迷过去无法自拔，而是从失败中站了起来，并赢得了世人的原谅。

良好的心态是处理事情的最好武器

尼克松一生经历过两次重大的失败：一次是与肯尼迪竞选，以及之后竞选加州州长的失败；一次是"水门事件"导致下台的失败。前者，他以一种方式——东山再起，来证明自己的实力；后者，他以另一种方式——影响现实政治，来证明自己的实力。

"水门事件"后，尼克松在家里闭门谢客了一段时间，但很快他就开始琢磨如何重返公众场合，而机会总是有的。

1976年2月，尼克松作为一名普通公民访问中国。

1977年尼克松接受英国脱口秀主持人大卫·弗洛斯特的专访，讲述水门事件始末，这个节目引起巨大反响。

1978年尼克松开始撰写回忆录。

1981年尼克松作为美国代表团成员赴开罗参加萨达特葬礼，这是他离开白宫后第一次以官方身份参加国际活动。

1986年5月，美国《新闻周刊》在封面上刊登了一张尼克松的照片，标题是"他回来了"。

下野后，尼克松并没有沉沦，而是以良好的心态面对失败，积极地面对生活和工作。尼克松说："我在下野的那些年里学到了很多东西，有三点经验特别重要：第一，失败决不会是致命的，除非你认输；第二，当你经历失败时，你就能正确看待你的缺点，并长生一种免疫系统在将来对付这些弱点；第三，在事情顺利时，你永远不会知道自己有多大力量。"

这也是我由衷欣赏尼克松总统的原因所在——虽败犹荣，失败了却没有失去斗志和勇气。因此，在尼克松写的书中，我最喜欢的就是他对政治生活总结

23 尼克松家训
——失败了并不可怕，可怕的是失去勇气

的一本书：《角斗场上》。在这本书的扉页，尼克松引用了另一位美国总统西奥多·罗斯福的一段话：

> "受信赖的不是批评家，不是指出强人有何失误，或者指出干实事的人在哪些方面本来可以干得更好的人。荣誉属于那些在角斗场上翻滚的人，这些人汗流满面，血污斑斑；他们英勇地战斗；他们不断出现失误和缺点，因为只要做事，就免不了有失误和缺点；然而他们确实努力干实事；他们满腔热情，洋溢着伟大的献身精神；他们自立于一项崇高的事业，他们如果有幸得到成功，终于能欢庆取得伟大成就的胜利，如果不幸遭到失败，至少也是在敢于冒大风险之后遭到的失败。因此，决不能把他们同既不知胜利为何物，也不知失败为何物的冷漠胆怯的人相提并论。"

的确，尼克松把政治舞台当成一个角斗场，而他本人就是这个角斗场上的斗士。在这个角斗场上，他有过胜利，有过失败；有过荣誉，有过耻辱；有过高峰，有过低谷。但是他从来没有放弃过，正是凭着这一点，他最终赢得了人们的尊重，赢得了历史地位，所以，我由衷地佩服这位永不言败的"角斗士"。

尼克松的这种心态和精神是值得家长们效仿的，当然，家长们更应该把这种永不言败的心态灌输给我们的孩子。

大家都可能有过这样的体会：心情好时看什么都顺眼，做起什么事都顺心。如果每天都能保持一份好心情，那么，我们就能每天都过得快乐、充实。正所谓：虚怀若谷者得天时，处事廉洁者得地利，转危为安者得人和。美国心理学家霍特曾举过一个例子：

> 有一天，弗雷德感到意气消沉。他通常应付情绪低落的办法是避不见人，直到这种心情消散为止。但这天他要和上司举行重要会议，所以决定装出一副快乐的表情。他在会议上笑容可掬、谈笑风生，装成心情愉快而又和蔼可亲的样子。令他惊奇的是，不久他发现自己果真不再抑郁不振了。

弗雷德并不知道，他无意中采用了心理学研究方面的一项重要新原理：假装有某种心情，往往能帮助人们真的获得这种感受——在困境中假装自信心，在不如意时假装快乐。

我们再来看一看那些作出杰出贡献的成功人士，看一看那些奋发向上，朝气蓬勃的人们，他们共同的特点都是有良好的心理素质。在他们的人生道路上，绝不是没有挫折的，他们遇到的挫折比那些动不动就寻死觅活的人遇到的挫折可能还要多得多，但他们有抗挫折能力，面对挫折越挫越勇，最终战胜了挫折。像我国著名的科学家钱学森、华罗庚、李四光、陈景润、袁隆平等，他们的奋斗道路上都充满了艰难坎坷，但是他们凭着自己良好的心理素质战胜了一个又一个挫折。

所以说，我们每个人在这人生旅途中，都要体验快乐、悲伤、气愤、开怀、兴奋、怒吼，沉醉于鸟语花香，享受着花开四季，品尝着悲欢离合，忍受着雨打风霜，叹息着人生不如意之事十有八九……拥有良好的心态可以影响一个人的一生。所以，让孩子从小就拥有良好的心态是很必要的。家长不要觉得给孩子吃、穿、用就够了，一定不能忽视了孩子的心理。

人的心理会有饥饿感，这时就需要榜样、需要模仿、需要学习。这时若没有榜样的引领，孩子就会乱"吃东西"充饥，如阅读不健康的书籍，收听收看不健康的音像资料，登录不健康的网站，结交不合适的朋友……孩子如果经常"食用"这些精神食品，当然会影响他们的心理健康。这就要求家长经常给孩子提供高营养的精神食粮，如积极向上的歌曲，高雅健康的摄影美术作品，优秀的电影或电视剧作品，"感动中国"的人物故事，等等。

对于孩子，尤其是幼小的孩子，他们是在克服一个又一个的困难、学会一种又一种本领中成长起来的。如果我们在孩子自己吃饭表现好、用自己的小手学习洗脸时，适时地鼓励他们；当孩子摔了跤自己爬起来、打针不哭时，夸奖他们"勇敢"；在孩子把玩具送给别人、把压岁钱赠与患白血病的大姐姐时，赞美他们的"善良"孩子就会认识到自己的价值，知道自己做的是正确的。

把精力放在大事上

尼克松因"水门事件"成为美国有史以来第一个自动辞职的总统。当时，尼克松已61岁，一般而言应该长期隐居，安度晚年。可尼克松并不是这样，他要做一件看来几乎没有可能实现的事情——用另一种努力改变

23 尼克松家训
——失败了并不可怕，可怕的是失去勇气

他在美国公众心目中的形象，挽回自己的声誉。

在此后20年的时间里，尼克松不断反思自己，积极参与国际间的事务，为美国的在任总统出谋划策，在国内外讲演数百次，写出了包括《尼克松回忆录》《六次危机》和《领导人》在内的8部畅销书。

这期间，每年的6月17日——水门事件的纪念日，对尼克松来说都是一个痛苦的关卡，因为许多媒体会举行各种各样的活动来反思那段对尼克松来说极不光彩的日子，不断有新的录音资料公布出来，记者会在不同的场合发出攻击性的提问责难尼克松。

尼克松以极大的耐心和真诚的悔恨来求得公众的原谅，并用实际行动来等待时间的裁决。他的行为终于让美国人感动了，他重新赢得了人们的信任。

尼克松面对犯下的错误，并没有一蹶不振，他不在乎媒体对他的人身攻击，他把全部精力放在了改善形象上。尼克松用行动告诉我们：把精力放在大事上。

著名的职业顾问托尼·罗宾斯也总是喜欢提醒人们："别把精力放在鸡毛蒜皮这类小事上，想想大事！"现在的孩子大多是独生子女，缺少与人相处的经验和与人共享的观念。同学之间发生一点小事都要斤斤计较，你告我一状我告你一状，你踩我一脚我还你一脚的……整天计较个人得失，这样下去，等到他们长大了他们也会只在乎一些蝇头小利，却把本该要做的大事放在一边了。

孩子的很多行为习惯都是从父母那里学习来的，或者是从父母那里得到了某种暗示。父母平时斤斤计较，那么孩子有可能也会斤斤计较。这是因为在潜移默化中，孩子受到了父母的影响。打个比方，父母都不是计较的人，但是当孩子表现出对某个菜品的喜爱后，妈妈就跟爸爸说："你少吃点儿，孩子爱吃，别跟孩子抢"。这本来是爱护孩子的表现，但孩子却会从中得到一种观念，我的意愿很重要，只要是我喜欢的，别人就不可以跟我抢。一旦这种信念在孩子心中根深蒂固后，他们自然就不会懂得谦让，也不会与人分享了。

要改变孩子的观念和行为，就要为孩子营造一个良好的共同分享的氛围。

第一，要让孩子知道什么是大家的，什么是属于他自己的，比如饭菜是大家共有的，每个人都有权利吃，不能因为自己喜欢，就据为己有。

第二，要给孩子一种感觉，他与别人分享的东西并不少有，即使分给别人

一部分后自己仍然会有剩余。

　　第三，可以有意让孩子做一些分享的行为和事情，比如让孩子给家里人分他最喜欢的水果，从长辈开始。家人一定要商量好，孩子给就一定要收下，并说谢谢以及给予表扬，不要看孩子有"分发"的表示就推辞，甚至说"给你留着吧，我不吃"等。

　　第四，要让孩子体会到，分享不等于自己的东西被别人占有，也不等于自己失去了什么。要让孩子感觉到分享是一件开心的事情，你把东西分给别人，别人也会和你分享一些东西，这种分享也许不是实物，可能是一种感受，比如他也觉得这种东西很好吃，但却能给孩子带来快乐。

　　还有，就是家长要锻炼孩子的情感抗挫能力。虽然家里只有一个孩子，但家长不能事事顺着他，如果孩子因为一些小事生气了，家长便竭尽全力地哄他；不论是孩子犯的错还是其他人犯的错，家长都一味地袒护孩子，批评他人，这些方法都是不对的。长此以往，孩子就会觉得世界上每个人都得让着他，如果遇到不顺的事，孩子也会把责任归咎他人，不会自我反省，他的情绪始终沉浸在个人得失里，就会变得斤斤计较了。所以，家长对待孩子一定要客观评价，错就是错，对就是对，不能放纵孩子的不良情绪发展。

别预设标准衡量一个人

　　尼克松与人交往的准则是：别预设标准去衡量一个人。

　　在我们眼中，总没有十全十美的人，但是我们又特别希望能够遇到这样的人。扪心自问，你是这样的人吗？相信没有一个人能够说自己是一个完人。"金无足赤，人无完人"，这是一句再精确不过的话，事实上也就是如此。

　　但是，我们对于朋友、家人、亲戚、同事等，都有这样或那样的期望，希望我们的朋友是这样的人，希望我们的家人是那样的人……我们就是想要身边的所有人都按照我们的意愿去生活，而这，也是不可能的。

　　在社交生活中，我们会看到很多我们不想看到的事，遇到很多令我们讨厌的人，而我们也常常会为遇到这些而不高兴。比如：当你讨厌一个人而又不得不整天跟他相处的时候，整个人就会变得烦躁不安，整天埋怨上天的不公，让

23 尼克松家训
——失败了并不可怕，可怕的是失去勇气

自己整天看到这个令人讨厌的人。而那个被你讨厌的人，他不过也只是有某些让你不喜欢的缺点。想一想，缺点谁没有啊！关键看你怎么对待而已。当你因为讨厌某个人而变得不高兴的时候，又有没有想过，被你讨厌的那个人呢？他并不会因为你讨厌他而受到任何影响。曾听过这样一句话："对别人的讨厌是对自己的惩罚。"说的不错，事实上也正是这样。

其实，仔细想一想，我们对别人的讨厌，不就是对别人要求太高的后果吗？我们应该清楚的知道，我们能操控的其实只有我们自己，我们没有能力也没有资格对别人要求太高，只要能够接受，我们也不应介意太多。我们不必把别人的缺点放大化，而把优点缩小化。我们要是能够这样想的话，人际关系就会更好，生活也会更加和谐了，我们也就不会有这么多烦恼的事了。

以上所陈述的道理其实是写给家长们看的，当家长可以认同"别预设标准衡量一个人"的道理时，才可以用自己的言行和有效的方法来改变孩子的看法。当然，很多孩子还听不懂这样一套大道理，但家长只要把自己已经领会到的思想逐渐运用到生活中就会在潜移默化中产生影响。

生活中，有些孩子总认为自己比别人强，不能接纳别的同学、朋友。这时候，家长要尽量多给孩子提供和同伴交流的机会，让孩子体会到交朋友的乐趣，慢慢发现别人的优点。还有一些家长为了让孩子生活在幸福的怀抱中，尽享童年的快乐，全家人对孩子百般呵护，但是缺乏"爱的教育"却会延误孩子情感的发展。

孩子要学会感恩和回报，他才能生长成一个健康、出色的人。一个连为自己付出巨大辛劳的父母和家人都不知道尊重、感恩和回报的人，必然是情感冷漠的人。家长要让孩子学会关心他人，多为别人服务。例如，有家人生病的时候，要给孩子讲述病人不舒服，需要人照顾，说话走路应该轻声慢步，不要影响病人休息；为病人倒杯水、拿一件衣物；对病人说一些安慰的话，削一个水果，递东西给行动不便的人等。

另外，在孩子的交友过程中，家长要教育孩子与人为善、通情达理。有的孩子在家里任性，在外边也唯我独尊，和朋友做游戏时，总要按照他的要求玩。如果有人达不到他的要求，他就生气或是无理取闹。这样的孩子在人际交往中就出现了问题，一旦如此一意孤行下去，孩子将来在社会中的人缘关系也会很差。

要知道：在人生中，人格的力量是无价之宝，它会给人的一生带来无穷的

快乐和幸福。大凡人格高尚的人，想问题、办事情都懂得通情达理，因此人缘一定错不了。"雁过留声，人过留名。"人生一世，能赢得个好人缘非常重要。在一定意义上说，"好人缘"也是做人的一种资本。

可为什么有些人不能拥有好人缘呢？一般来说，除个别品质恶劣、声名狼藉的人外，大多数人人缘差，都与自己不能通情达理地与人交往有关。而这些人中，也不乏一些颇有才华或广有资财者，他们往往或有恃无恐，爱招惹是非；或清高孤傲，招致众人侧目，总是以自己的观点去要求、评价他人。

家长要知道人在少年时代，学会做人比学习知识更重要。经验告诉我们：没有那个年龄应有的德行，就有那个年龄该有的一切痛苦。孩子们虽然对生命充满了热情，对生活充满了想象，对未来充满了向往。但是他们毕竟见少识寡，对生活的体验也不深，因而懂得的人情事理也是朦胧的、似是而非的。所以，孩子最需要长辈们以一种朋友式的、充满人情味的、寓理于情的言传身教，去教育和感化他们，使他们及早学会如何通情达理的做人和处世。

24

福特家训
——别把自己放入战争中

（总统任期：1974年8月9日—1977年1月20日）

杰拉尔德·鲁道夫·福特是美国的第三十八任总统，为人诚实体贴，被称作"好好先生"。因为前任总统尼克松的"水门事件"，他的副总统和总统职位都不是竞选得来的，所以得了一个"意外总统"的称号。生性温厚的福特谦逊、随和，尽管历经30年的政治斗争，政敌却少得惊人，还提拔了很多政治新秀和白宫的重量级选手。他赦免前任总统尼克松使美国渡过一大历史难关，却背了一个"黑幕交易"的黑锅，导致自己连任失败。即便如此，福特却用他坚定的性格和他的人格重建了政府的尊严。

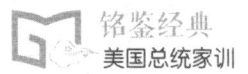

坦诚是赢得信任的最佳途径

福特原名莱斯勒·里奇·金,两岁时父母离异,母亲再嫁后,他改名为杰拉尔德·鲁道夫·福特,继父对他视如己出,继父的脾性和品德也深刻地影响了他的一生。

老福特有一条极严的家规,即"吃完你盘子里的东西,否则就得坐到睡觉的时候"。另外,老福特从不对子女们放纵,对四个儿子有三个明确要求:努力工作,有所作为;说话老实;吃饭准时。因此,虽然家中有佣人,但孩子们都得干家务活。福特从小就养成了吃苦耐劳、办事认真严谨的作风。

孩子们中有谁违犯了家规,老福特都会毫不留情地进行惩罚。有一次,福特的弟弟小汤姆吃饭来迟了,为逃避惩罚他编造了一个站不住脚的理由,结果被老福特按住屁股打了一顿,连尺子都打断了。不过,在大事情上,老福特对孩子们特别关心,尽量让他们作出点成绩来。福特的兄弟理查德断言说:"父亲实际上指导了他们选择各自的职业。"

密执安州大急流城和东大急流城平静的环境,勤劳、热心、正直的父母,和睦的家庭,养成了福特开朗、友善、耿直的性格。他的典型作风是:温厚、谦逊、随和、和蔼可亲,即使任总统职务时,他也毫无"傲慢的威严",因此赢得了更多人的信任。

福特当上总统后不久,曾去科罗拉多州的维尔度假滑雪。一天晚上,他正与家人共进晚餐,他的一条狗把狗食盆弄翻了,一个身着红色夹克的白宫服务员马上过来要清扫溅撒的狗食。福特立刻绕过桌来,从服务员手中接过抹布,亲自去抹地板。他说:"谁的狗弄脏东西,就该由谁来打扫,不该由别人做。"

其实,打动人最好的方式就是真诚的欣赏和善意的赞许。家长要从小教育孩子待人坦白真诚。

当今社会存在着严重的不坦诚现象。这里的"不坦诚'所指的并非那些故意的欺诈与欺骗,这里主要指两种情况:

一种是指人们不能真诚地表达自己的思想,不愿意直截了当地说出自己的看法和意见,即不能坦诚面对自己的想法。这种做法严重扼杀了孩子的思维创新能力。为什么会这样呢?看看家长每天都在跟孩子说什么吧!"不许乱画!""不许和陌生人说话。""不许光脚在地上走"……太多的"不许",让孩子们中规中矩,不敢越雷池半步。久而久之,孩子们学会了隐藏自己的真实思想、情感和意见。在他们周围建起了一堵堵无形的围墙,把真实的自我困在里边,将另一个自己公诸于众,这个自己害怕别人的批评,通过别人的感受来选择自己的感受,通过别人的期望,来选择自己的道路。这样,人们都戴上面具,人与人之间充满着种种假象。这样虚假的人还谈什么坦诚相对啊!

孩子犯错后的"不坦白"就是给自己的错误戴上了美丽的"面具"。其实在某一阶段,孩子对错误还分不清楚,有时在大脑中反而会把错误看成是"光荣"。这时就需要家长去正面引导,微笑着听取他们的"汇报",然后温和地指出哪是错误的。这样做既能让孩子对已经发生了的错误有一个判断,又能让他以后情不自禁地给家长"汇报"在学校的表现以及他觉得比较"大"的事情!

所以,家长要从小让孩子敢于表达真情实感。家长要蹲下来和孩子讲道理,而不是高高在上地不许孩子这样或那样。

当孩子无法表达真情实感时,他们往往会采取压抑及回避的方式。孩子因伤心、委屈而哭泣时,有些父母会说:"不哭了喔!妈妈带你去公园玩。"有些会说:"你要是不哭的话,妈妈给你买最好的玩具。"还假装生气恐吓孩子。在父母这些多种多样的行为背后,有一个共同的认定——哭是不好的,悲伤是不好的。其实,当孩子出现一些负面情绪时,家长选择的这些方法都是在压抑孩子的情绪表达。当孩子逐渐长大后,再遇到挫折、悲伤、恐惧、沮丧时,他们也会一味地寻找逃避的办法,而不是勇敢面对。

所以说,家长在面对孩子哭泣时,一定要让孩子弄明白情绪差的原因。不要看到孩子哭，家长就失去了耐性，应该让孩子适当地发泄一下情绪，然后再找到哭泣的原因，帮孩子疏通内心的烦闷。

还有一种是指孩子放弃了自己内心的愿望，违背了自己的价值观及原则，即不能对自己的价值观坦诚。在这一点上，还是要求家长不要对孩子一手遮天、大包大揽。每个孩子都有自己的想法和愿望，如果他违心地按照家长制订的方式去生活，那不是他自己想要的生活，他不会感到快乐。现在，家长就可以问一问自己的孩子："你为什么要学习电子琴？"如果他的答案是："你让我学的。"那孩子就没有体会弹琴的乐趣，他对自己的价值观根本不明确。

这两种"不坦诚"的表现，是从孩子的情感和价值观上出发的，家长在面对孩子的问题时，一定不能急躁，使用暴力方式去管束，恰当的方法才能起到良好的教育作用。

将低调贯彻到生活中

跟其他前总统相比，福特更喜欢"不显山，不露水"的生活。福特卸任后，巡回演讲和打高尔夫球成了他生活中的主要内容。此外，他还热衷于社会公益和慈善事业，世界闻名的贝蒂·福特中心就是由他资助的。这是一个帮助人戒酒戒毒的诊所，于1982年由福特的妻子贝蒂创办，一些世界著名的艺术家、政治家和运动员都曾在这里接受治疗。

福特选择这种生活方式与他从小的经历有很大关系。福特的继父是一个善良的人，直到福特15岁，才知道继父不是自己的亲生父亲。他们一家幸福地在密歇根州大急流村里生活，福特说："我继父是一个非常伟大的人，我母亲同样好。对于我的家庭成长我找不出更好的描写了。"

我们常说："高调做事，低调做人。"低调是一种谦虚谨慎的态度。

有这样一个故事：

爷爷带着即将要参加工作的孙子去海上打鱼。他们行至大海深处，爷爷教他如何使舵、如何下网、如何根据海水颜色的变化辨识鱼群。可是天有不测风云，刚刚还晴空万里、风平浪静，突然间就狂风大作、巨浪滔天，几乎要把渔船掀翻。

连爷爷这个老水手都措手不及，但他丝毫不慌，吃力地掌着舵，同时以命令的口气大喊："快拿斧头把桅杆砍断，快！"

孙子不敢怠慢，用尽力气砍断了桅杆。没有桅杆的小船在海上漂着，直漂到大海重新恢复平静，祖孙俩才用手摇着橹返航。途中，由于没有桅杆，无法升帆，船前进缓慢。孙子问爷爷："为什么要砍断桅杆？"

爷爷说："帆船前进靠帆，升帆靠桅杆，桅杆是帆船前进动力的支柱。但是，由于高高竖立的桅杆使船的重心上移，削弱了船的稳定性，一旦遭遇风暴，就有倾覆的危险，桅杆又成了灾难的祸端。所以，砍断桅杆是为了降低重心，保持稳定，保住人的生命，人是最重要的。"

这次经历，使孙子明白了一个道理：不论职务如何升迁，都需要脚踏实地地做人，无论取得多大成绩，无论地位多么显赫，绝不凌驾于他人之上。

那么，家长在培养孩子低调做人时可从以下几个方面着手：

首先，教育孩子在言辞上要低调。教育孩子讲话要有分寸，不要伤害他人。不要揭人伤疤，不能拿朋友的缺点开玩笑。那样做会伤及对方的人格、尊严，违背开玩笑的初衷。对老师、同学、长辈的赞许恭贺，应谦和有礼。"说出去的话如泼出去的水"，教育孩子在开口说话之前，要三思而后行，确定不会伤害他人再说出口，这样做才能受到别人的尊重和认可。

其次，家长要言传身教，让孩子始终保持一颗平常心。当孩子取得好成绩时，不要得意忘形，要让孩子学会谦逊、谨慎。要让孩子有容人之过的肚量，因为大度睿智地低调做人比横眉冷对地高高在上更有助于问题的解决。家长还要培养孩子知足者常乐的精神，在孩子的生活中降低一些标准，让孩子能知足常乐，不用事事都追求最好。

最后，在姿态上要低调。所谓："大智若愚。"它鼓励人们不处处显示自己，低调做人。在生活中，家长要注意教育孩子不抬高自己、夸耀自己，让孩子注重自身修养和素质的提高；教孩子学着大度开放的处世，开扩自己的心胸和气度；培养孩子踏实做事、注重积累的品质。

宽容有巨大的魔力

1974年9月8日福特特赦尼克松——无条件和完全赦免尼克松在当总统期间犯的"水门事件"之罪。在对全国的电视广播中福特说他觉得这个特赦对国家利益来说是最好的,因为尼克松家庭的情况是"我们所有人都参与的美国悲剧,它永无止境,除非有人在上面写上一个结尾。我认识到只有我能做这件事,假如我能够的话,那么我必须做这件事。"

美国民众对尼克松的特赦产生了很强的争论。批评者嘲笑这个特赦为两人之间的"腐败交易"。他们说福特以此换取了尼克松的辞职,本人成为总统。不过至今为止并没有发现任何共谋的迹象。福特本人坚持他在此前和此后从未与尼克松讨论过这件事。最后关于特赦的争论消失了,今天民众普遍认为福特重建了美国公众对其政治系统的信任。

2001年福特因有勇气特赦尼克松,从而将美国从其麻痹状态中解放出来而被授予"肯尼迪勇敢人物奖章。"

福特为了国家背了"腐败交易"的黑锅,但他始终认为自己做的是正确的,这全是因为他有着一颗宽容的心,而福特性格的养成同样与他继父从小对福特这个继子无私的关爱是分不开的。

宽容是一种修养,是一种品质,更是一种美德。宽容是一种海纳百川的大度。

格林一家本是非常幸福和谐的,格林和他的太太均受过良好的教育,有着体面的工作,他们还有两个可爱的儿子。

有一次,格林夫妇带着两个儿子到意大利旅游,不幸遭劫匪袭击。7岁的儿子死于劫匪的枪下,格林立即作出决定,同意将儿子的器官捐出。4小时后,儿子的心脏移植给了一个患先天性心肌畸形的14岁孩子;一对肾分别使两个患先天性肾功能不全的孩子有了活下去的希望……儿子的脏器分别移植给了亟须救治的6个意大利人。

24 福特家训
——别把自己放入战争中

"我不恨这个国家,不恨意大利人。我只是希望凶手知道他们做了些什么。"格林——这位来自美洲大陆的旅游者说。格林一家失去了自己的亲人,但事件发生后他们所表现出来的自尊和宽容令全体意大利人深感羞愧和感动。

在教育孩子时,家长也要有宽容的态度,家长不要因为害怕孩子受欺负,而把他们"保护"起来。宽容的品性不是听出来、说出来的,而是在社会活动中培养出来的。孩子在与同伴的交往过程中,会发现同伴的优点和缺点,在赞扬同伴的优点时,会感受到同伴的喜悦;在原谅同伴的缺点时,会体验到宽容的快乐。当然,这些心理活动,孩子往往不能用语言准确地表达出来,但是他们的内心是能够感受到的。

但是当孩子与同伴发生纠纷,特别是自己的孩子吃了亏时,家长一定要冷静,要先搞清事情的缘由,再与对方家长、老师协商解决,切不可冲动地责骂对方,或怪自己的孩子笨、没本事。在漫长的人生道路上,人与人之间的摩擦冲突是不可避免的,冷静处理才是上策。父母在孩子幼年时处理问题的方法,会给孩子留下深刻的印象,对孩子一生影响极大。

家长还可以努力营造温馨、和谐、友爱、宽容的家庭氛围。家庭成员之间彼此友爱、互相宽容、不争不抢,生活在其中的孩子会在潜移默化中受到影响,逐步形成宽容、忍让的良好品性。反之,孩子从小受到不良影响,将会影响他今后的与人相处。父母如果心胸狭窄,总是为一点小事争执不休或得理不让人,孩子又怎么会学会宽容呢?父母作为孩子的第一任老师,只有自己拥有一颗宽容之心,宽容才会重现在孩子身上。

家长要利用儿歌、图片、故事等教育孩子学会理解别人,学会宽容。像负荆请罪这个故事:蔺相如因为"完璧归赵"有功而被封为上卿,位在廉颇之上。廉颇很不服气,扬言要当面羞辱蔺相如。蔺相如得知后,尽量回避、容让,不与廉颇发生冲突。蔺相如的门客以为他畏惧廉颇,然而蔺相如说:"秦国不敢侵略我们赵国,是因为有我和廉将军。我对廉将军容忍、退让,是把国家的危难放在前面,把个人的私仇放在后面啊!"这话廉颇听到,被蔺相如宽容、大度感动,就有了廉颇"负荆请罪"的故事。

家长可以选择一些类似的故事等给孩子学习,还可把生活中体现理解、关心、友爱、宽容等内容的事情,编成朗朗上口的儿歌和短小易懂的故事,讲给孩子听，使孩子知道宽容是一种美德。遇到宽容的好事例，要抓住教育契机，让孩子更快接受教育。

教育孩子无小事，每一时、每一刻发生在我们和孩子之间的事，我们都应该谨慎对待，在这些小事中教孩子学会做人的道理、学会宽容别人、学会关爱别人，使孩子健康成长。

25

卡特家训
——使人伟大的不是权力，而是人性

（总统任期：1977年1月20日—1981年1月20日）

  詹姆斯·厄尔·卡特是美国的第三十九任总统，被称为"读书最勤、品行端庄、诚实无欺的总统"。1971年卡特开始任乔治亚州的州长，在任州长期间，他曾因办事富有实效，积极消除种族歧视而赢得声誉。卸任总统后，卡特仍然热心于国际事务，频繁造访世界各地，到处倡导民主和人权事业。

  卡特于1990年7月4日获"费城自由勋章"；于1995年1月10日获得联合国教科文组织设立的费利克斯·乌弗埃·博瓦尼和平奖；1997年11月获得由印度英·甘地纪念基金会授予的"1997年度英·甘地奖"；于1998年12月10日，获"1998年度联合国人权奖"；并于2002年获得诺贝尔和平奖。

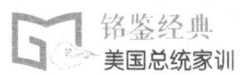

一个人高贵的是心

卡特在总统任期内,力求加强其平易近人的形象。出现在公众场合时,他的穿着及言谈均不拘形式,不时举行记者招待会,并避免总统的排场。在工作和生活中,卡特总统善于反躬自省,总是乐于面对自己的缺点,并设法自我改正。

卡特十分勤奋而又能自律,同时坚信积极思考的力量。他曾说过他最大的力量来源于一种内心的平静。他有着使人消除敌意的谦虚,把不拘泥礼节的作风带进了白宫。这一点在这位总统手提提包登上空军一号机舱的许多照片中显得极为突出。

卡特即使在竞选活动中,仍然坚持做家务。

在宣布参加总统竞选的几天后,《花花公子》杂志的记者去采访这位总统候选人。卡特一面接受采访,一面缝补他的上衣。记者感到十分惊奇,问:"卡特先生,你经常自己缝补衣裳吗?"

"是的!"卡特熟练地用牙咬断了手中的线,满不在乎地回答。

卡特的轻松的心态和对待事情的潇洒深深地教育着他的子女们,使他们懂得人一定要有一颗高贵的心。

卡特将这种品德带进了白宫:在总统任期内,卡特在国内积极实行行政和经济改革,在国际上强调人权。他当政时期,把巴拿马运河的管理权交还给了巴拿马;实现了同中华人民共和国的关系正常化,中美两国正式建立了外交关系;推动中东实现了和谈;作为访问古巴的第一位美国总统,为改善美国和古巴的关系起到了积极的作用,更为人津津乐道的是在20世纪80年代的海地危机中,尽管美国战机已经起飞,卡特仍不顾生命危险留在海地首都谈判至最后一刻,最终说服军政府交权避免了流血战争。这一事件令卡特在国际上赢得了巨大的声望。

大概在所有的语言中,"心"都表示重要的意思,不仅是生命的重要器官,而且是记忆、思想、情感的源泉,跟勇气、热情有关。人的心所想的,决定了他的方向,使人能够行动起来。卡特所拥有的一颗平常心让他能够在总统竞选时,坐在家里缝补衣裳;体现了他得之安然,失之泰然的良好的心态。

像天下所有家长一样,NBA超级巨星乔丹的父母也"望子成龙",但他们从未想要培养一个世界篮坛超级明星。他们以一颗平常心,踏踏实实地做着孩子的培养与教育工作,从孩子的优良品德、坚强性格和进取精神着手,并以身作则、发挥成人榜样的影响作用。在乔丹成名后,他们仍能以平常之心,把"世界巨星"荣誉看做是孩子正常成长"外加的一条藕"。正是父母将这种平常而执著的笃定之心传给了乔丹,赋予了他稳定的心态、长久的准则,才造就了乔丹的巨大成功。

在书店中,一些如何教育孩子的指导性书籍的销售量非常高。这说明现在的家长对孩子的教育非常重视,这是好事。可是,家长要知道每家的孩子都不是一样的,我们不能拿同一个标准来要求自己的孩子,在这里,我要说的是家长在教育孩子上要有一颗平常心。平常心对家长,对孩子都是有益的。

现在,不少家庭的主要矛盾是孩子的学习成绩问题,一个初中生的学习时间,占到了他除睡觉以外生活时间80%以上,孩子的学习成绩上不去,整个家庭就如临大敌,以为天要塌了下来。其实,学习仅仅是孩子十分重要的任务的一项,做父母的不能替他学、替他考,我们能做的就是帮助他们找到学习的方法和途径。

对于学习好的孩子,我们要关注他们的学习目标和学习心态;对于学习差的孩子,我们更要帮助他找到问题所在而不是一味地、过多地训斥和指责孩子,更不能感情用事把孩子当成出气筒,这样只会火上浇油。

家长的平常心是指对孩子的要求要客观,要实事求是,在孩子能力所及的情况下,激励孩子前进一点,再前进一点。比如:一个孩子在写作业的时候每次经常错五六道题。有一次他写作业又错了三道题。这时有些家长首先看到的不是他少错了两道题,而是他还是错了三道题。这样时间久了孩子的上进心就没有了。

我观察到有不少的孩子的一些不良心理都是从家长的暗示中产生的。当你对孩子用一颗平常心去看待，你的心态也就平和了，少了不满、少了拿孩子的缺点与别人孩子优点相比，你的心态也就平和了。

孩子是一本活生生的书，需要我们用心地、仔细地、认真地去读。有了平和的心态，我们才能更理智地对待孩子成长中出现的各种问题，不管是早恋也好，学习差也罢，我们就能够从容地应对了。

关注生活中的细节

有一次，卡特因公和一位佐治亚州的专员同机外出，两人相约7点在飞机上见。早晨7点钟已过，卡特已在飞机上等候了，只见那位专员正匆匆忙忙地在亚特兰大航空站的跑道上奔跑而来。这时飞机正好滑行到跑道上，卡特虽然看到了那个人，还是命令驾驶员准时起飞，并厉声说："他不能按时到达这里，这实在太遗憾了。"

还有一次，是在1976年的竞选运动中，卡特的助手克拉夫特把他的日程安排得过紧，致使他无法准时出席一次记者招待会。这事惹得他十分恼火。后来又有一次卡特和克拉夫特一起乘私人飞机前往新墨西哥州。在途中为了赶时间，他命令飞行员低飞，飞机颠簸得很厉害。他瞪眼看了一下克拉夫特，说道："我宁愿早到15分钟，却不愿意迟到一刻钟。"

看了这两个事例，有些人可能会觉得卡特太苛刻、太严厉了。但是，有些时候，有些事情，就是一些小的细节才决定了事情的成败。卡特的这种生活作风，同样影响着他的下一代。

1961年4月12日，苏联宇航员加加林乘坐4.75吨重的"东方1号"航天飞船进入太空遨游了89分钟，成为世界上第一位进入太空的宇航员。他为什么能够从20多名宇航员中脱颖而出？

原来，在确定人选前一个星期，航天飞船的主设计师罗廖夫发现，在进入飞船前，只有加加林一个人脱下鞋子，只穿袜子进入座舱。就是这个细小的举动一下子赢得了罗廖夫的好感，他感到这个27岁的青年既懂规矩，又如此珍爱他为之倾注心血的飞船，于是决定让加加林执行人类首次太空飞行的神圣使命。加加林通过一个不经意的细节，表现了他珍爱他人劳动成果的修养和素质，也使他成为遨游太空的第一人。

我们教育孩子时，也要从细小的事情上着手。孩子第一次对老人没礼貌，第一次对父母说话不尊重，这样的情形发展下去孩子就可能会对父母严厉训斥了……长此以往，当家长发现孩子太过分时，想管可就费劲了。所以，在对待孩子的言行时，家长不要抱着等他长大了就什么都懂了的观念，要事无巨细，严格要求。

细节常常发生在不经意间，但却可能铢积寸累，聚沙成塔；细节也常常不被人重视，但却可能日积月累，由小小的细节变成了一种习惯。这种习惯可以是一种陋习，也可以是一种修养。有人说，细节造就成功。但"不积跬步，无以至千里；不积小流，无以成江海"，所有的成功都不是一蹴而就的，都是有一个逐渐聚集的过程的。

成功的家庭教育往往是从教会孩子做对每一件小事开始，而不是告诉孩子一个抽象的道理。家庭教育中有许多有待开拓的细节，孩子的每一句话、每一个表情、每一个手势，甚至是一次低头，都有可能成为让父母为之一振的精彩细节。同样，父母对孩子的一句轻声问候、一个亲昵的动作也会成为亲子沟通中的最有效的"强音"，成为孩子一生中都难以磨灭的记忆。只要父母懂得如何在细节中塑造自己、塑造孩子，善于抓住每一个细小的教育契机。

那么在教育孩子上什么样的事情才是细节呢？在这里我就举个简单的例子，希望家长能够举一反三。

小明的爸爸性格粗犷，不注重生活细节，下班到家，脱下外套随手就扔到沙发上，穿过的袜子也扔在地板上。虽然妈妈对他唠叨个没完，可爸爸还是不改。爸爸的行为习惯影响了小明，小明自己的东西也扔得到处都是，没有规矩。

而相反的，在另一个家庭中，小花的爸爸妈妈做事都很有规矩，不到处乱扔书、杂物等，这样在教育孩子上父母也有了说服力。小花开始时也不习惯把物品摆放整齐，可第一次乱放时，妈妈就及时地纠正了她的毛病。第二次再乱放，妈妈就同孩子一起收拾玩具……久而久之，小花的习惯养成了，她不乱扔物品，自己的学习用具也不会轻易丢掉。

看看吧，就是从摆放物品这件小事上，就能有很大的益处。所以说，家长一定要细心，在教育孩子时不要心血来潮，家庭中的每一成员都要有统一的规则，尽量不要因为特殊事情，而把规则给打破了。

教育孩子是一个任重而道远的事情，家长要多关心孩子的小事，小事最终会凝聚为大事，会使孩子受益终生。

诚实不分等级

卡特常常说："诚实是不分等级的，我们要对所有人表示自己的诚实。"

诚实做人、厚道处事，是现行社会人文精神的一种体现。诚信作为自古流传的美德，在人们心中有着极其重要的地位。生活在复杂的社会中，我们也总将诚信的人当做典范争相效仿。我们常常告诫孩子不要撒谎，做人要诚实。可是家长们，请扪心自问，你们是一个诚实的人吗？你们对孩子诚实吗？有些父母，为了自己的应酬，常常用谎话来欺骗孩子，还美其名曰："美丽的谎言"。其实，家长不要以为孩子还小什么都不懂，时间长了，他们什么都懂，只是不说罢了。在他们心中，家长的信任度也越来越低。家长的哄骗行为不但让孩子学会了向别人撒谎，更重要的是孩子还会因此对家长不再信任。

我们从小就听过"一诺千金"这个成语，知道许下的诺言都应该尽力实现。可很多家长最常做的事就是对孩子出尔反尔。前一天跟孩子说："明天给你买玩具。"可到了第二天，却又说："没钱，不买了。"这样对待孩子，家长的威信必将扫地。

所以，家长面对孩子的请求，无论是否能履行，都要正面回答，而不要靠编织谎言来为自己脱身。同时，家长也不要轻易许诺。在孩子心理成长的时期，家长对孩子最好的示范就是言必信，行必果。因此，家长不应该随意对孩子许承诺，一定要三思而后说，答应孩子的事情就一定要做到，真正做到言而有信。如果因为种种原因兑现不了，家长也应及时向孩子解释、道歉，让孩子从内心理解和原谅父母。

25 卡特家训
——使人伟大的不是权力,而是人性

童年时代的宋庆龄曾经因为答应过要教小朋友折叠花篮,而一个人留守家中不随父母外出做客。父亲宋耀如对小庆龄的这一行为不但没有阻止,反而给予肯定和赞赏。正是家长的表扬和鼓励,奠定了宋庆龄日后守诺如金的良好品格。

而有的家长,从来不把孩子的事放在心上,总觉得他们是小孩,不在乎他们的情感,更别说发现孩子的诚实守信的表现了。家长平时应多观察孩子的行为,一旦发现孩子做到了诚实守信,就应该加以肯定和表扬,使孩子的这一行为慢慢转化为习惯。

同时家长还得有一双慧眼,及时发现孩子的不良行为。孩子终究是孩子,思想单纯幼稚,很容易受外界环境的影响,会效仿很多不良的行为,尤其是当他们发现谎言可以掩藏自身的错误,逃脱本应该承担的责任时。孩子一次得逞,放纵下去就会产生得过且过的心理,形成一种习惯。当他们犯错时也不再去想承担责任,而一味靠谎言来蒙蔽,天长日久,小错变大错,造成无法挽回的遗憾。这就需要家长,拥有慧眼,善于观察孩子的问题,哪怕是一个细微的问题,也要及时了解,适时疏导,以除后患。

现在的孩子每天衣食无忧享尽家长溺爱,凡事不分大小,家长处处包容,孩子没有责任感是再平常不过的事。很多孩子学习抱着混天度日的心态,作业不完成如家常便饭,老师发现随便找个理由就想解决,根本没有认识到学习的目的。如果家长、老师盯得紧了,反而会产生逆反,有的甚至拒绝上学,弄得家长束手无策。有些不明事理的家长还会抱怨是老师教育不得法,根本没有找到问题的根源。

在孩子学习的问题上,家长应做好老师的助手,一经发现孩子有哪些不良的行为,要与老师及时沟通,共同探讨解决问题的办法,而不是助纣为虐,帮孩子隐瞒、撒谎、放任、袒护,这样做只会害孩子一生。

26

里根家训
——最好的还没有来到

（总统任期：1981年1月20日—1989年1月20日）

罗纳德·里根是美国的第四十任总统，是就职年龄最大，也是唯一一位演员出身的美国总统。他是同时代的风云人物，当他离开白宫时，支持率之高创下历届总统之最。在他连任的8年期间中，是美国历史上持续时间最长的没有经济衰退和经济萧条的和平时期。对外，里根主动示好，打破"冷战"坚冰；对内，他复兴美国经济，重建美国霸主地位，为美国领导人树立了政治力量的楷模和榜样。

母亲在里根成功的历程中扮演了重要的角色，她不像那些望子成龙心切的父母，给儿子设下高不可及的目标。她怀着一颗平常心，教育里根要认真地做每一件事情。因为她相信，只要努力，一定能得到上帝的青睐。即使在家庭极端困难的情况下，母亲都把全家人凝聚在一起，精打细算，保证一家人的生活，同时还亲自教育子女，向他们灌输各种道德观念，给他们传授各种知识。

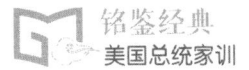

最好的总会到来

里根从小就表现出过人的才华和天生的领袖才能,虽然他的生活充满了各种不同的麻烦,但不屈不挠的乐观精神总是为他排除万难,赢得胜利。他时常告诉身边的人:"最好的还没有来到。"

成为一名体育播音员一直是里根的梦想。

里根大学毕业后,希望能先在电台找一份工作,然后再设法去做一名体育播音员。里根搭便车去了芝加哥,敲开了每一家电台的门——但每次都碰了一鼻子灰。里根又搭便车回到了家乡伊利诺斯州的迪克逊。虽然迪克逊没有电台,但里根的父亲说,沃德公司开了一家商店,需要一名当地的运动员去经营体育专柜。由于里根在迪克逊中学打过橄榄球,于是他提出了申请,可还是没有如愿。

终于,里根又得到一次面试的机会。他向父亲借车行驶了70英里来到了特莱城。里根面试的工作是爱荷华州达文波特的WOC电台播音员。节目部主任是一位很不错的苏格兰人,他告诉里根他们已经雇用了一名播音员。当里根离开他的办公室时,他受挫的郁闷心情一下子发作了,他大声地问道:"要是不能在电台工作,我又怎么能当上一名体育播音员呢?"

没想到这句话被主任听到了,他叫住里根问:"你刚才说体育什么来着?你懂橄榄球吗?"接着他让里根站在一架麦克风前,凭想象播一场比赛。里根出色地完成了工作,他被录用了。

在回家的路上,里根想到了母亲的话:"如果你坚持下去,总有一天你会交上好运。并且你会认识到,要是没有从前的失望,那是不会发生的。"这次求职也成了里根人生旅途的新起点。

是的，只要坚持下去，最好的总会到来！坚信这一点，会给成功增加一股无比巨大的力量。

司马光小时候是一个贪玩、贪睡的孩子。为此，他没少受先生的责罚和同伴的嘲笑。在先生的谆谆教诲下，他决心改掉贪睡的坏毛病。为了早早起床，司马光曾尝试在睡觉前喝满满一肚子水，结果早上他没有被憋醒，却尿了床。后来，司马光又用木头做了一个警枕，早上一翻身，木头滑落在床板上，他就会被惊醒。从此他天天早早地起床读书，坚持不懈，终于成为了一个学识渊博、写出《资治通鉴》的大文豪。

同样的例子还有：

有"财界总理"之称的日本经团联会长土光敏夫，在十三四岁时，参加学校组织的一项一百公里徒步训练。走了两天，他的脚就起了血泡。曾有许多次，他都想停下来躺在地上。但是，每当有这样的念头时，他耳边就有一个声音在提醒："躺下去便是懦夫！打起精神，走下去！"于是，他咬牙挣扎着继续前行。一些体弱的同学支持不住，累倒了，他还背他们一段路程。他说："我之所以在以后做事中能不半途而废，关西中学的长途步行给我的启示最大。我知道面对困难，人唯有迎接挑战而不是回避挑战，才会有真正的成长。你战胜困难一次，就更强大一次。"

不知道家长是否发现孩子有以下的缺点：孩子做一件事刚开始时认认真真，时间稍长就会马马虎虎，不耐烦起来；孩子刚吃饭时很香，没吃两口就东张西望；孩子积木搭了一半就丢在地上不管……这些都是孩子缺乏坚持性的特性。可不要以为所有孩子都这样，有些孩子虽然年龄小，但做事情却能够持之以恒。可见孩子的坚持性是可以培养的。

父母在培养孩子的坚持性时，要以身作则，一个三天打鱼两天晒网的家长很难培养出有恒心的孩子。父母的监督也是很重要的，如果父母前一天要求孩子学习绘画半个小时，后一天自己忘了没有要求孩子练习绘画，再一天又有什么事耽误了而不管孩子当天有没有练习，这样培养孩子的坚持性就会变成一句空话。

父母给孩子分布任务要难度适当,任务太多太难,孩子望而生畏,会产生抗拒情绪或者干脆放弃。对于一些难度较大的任务,家长可以分解成一个个小目标,让孩子完成。然后家长把做完的任务点评一下,给孩子一点鼓励,这样孩子会更乐于接受。

在生活中,父母还可以充分利用各种机会培养孩子的坚持性。比如:如果孩子喜欢花草,父母可以利用家中的阳台,买来花盆和一些花籽,教孩子种花草,让孩子在培育花草的过程中,观察植物生长的过程,如何时发芽、长叶、开花,体会一个生命的成长历程。在这个过程中,让孩子明白:无论你怎样着急,你今天撒下种子,它不会明天就长大,要想有收获,就必须耐心的等待,要给它浇水,有时还要松土,并让它享有充足的阳光。

在培养孩子坚持性的过程中,家长应该多鼓励孩子,并进行适当的引导,当孩子能够坚持做好就给他一点奖励作为鼓励,尽量让孩子对坚持做有兴趣。当孩子不想坚持想偷懒的时候要坚决制止,不管孩子怎么样做,家长都一定要在培养孩子习惯上,不能够毫无原则的溺爱,并对孩子妥协。虽然有的事情做起来,需要孩子耗费一些体力,家长免不了会心疼,但是家长一旦让孩子停下来,那前边的努力就会前功尽弃了。所以,家长的监督、鼓励对孩子坚持性的培养意义重大。

麻烦扑灭不了理想之火

里根生在一个极其普通的家庭,全家四口人只靠父亲一人当售货员的工资维持生活,因而当里根逐渐长大后,不可避免地面临家庭经济的困境。在里根上小学时,父亲又被解雇,全家人真的快到了山穷水尽的地步了。这种家庭环境培养了里根的独立意识。

从小,里根和哥哥帮着母亲在大学足球场卖爆米花,他们一边卖爆米花,一边看球。他们是足球场的常客,与球员们混得很熟。球员们很同情这兄弟俩。兄弟俩知道家里艰难,从不向父母要这要那,身上穿的、用的,都是母亲的双手缝制的。

到了上中学的时候,里根的学费更成了问题。为了积攒学费继续上学，13岁的里根每周六下午和周日都去附近的建筑工地当临时工，在那儿搬砖、推土、运水泥。他饿了啃面包，渴了喝自来水。别的同学在看电影、旅游，而他却在工地上流汗。他曾做过公园里的业余救生员，在一个暑假中挣够一年的学费还有剩余，此外他还在学校食堂里刷碗、洗盘子、扫地。在中学和大学期间，他完全是靠半工半读走过来的。

  生活的艰辛磨炼了里根的意志，培养了他的信心，也使他产生了出人头地的强烈愿望。最终，里根成为了美国人民熟悉的演员，后逐渐步入政界，成为了一名美国总统。

  在人生的道路中，难免会遇到这样或那样的麻烦，但是一切麻烦都不能阻止我们冲向理想的彼岸。而现在的孩子，是温室中的花朵，遇到点麻烦就退缩，缺乏坚韧不拔的精神。这个样子，孩子长大了怎么能做大事呢？可能连小事都做不来呢！因此，家长千万不要忽略对孩子战胜麻烦能力的培养，从小就让孩子拥有一颗无比坚强的心，那他将来遇到再多的麻烦也会迎刃而解。

  孩子初学写字时，对他来说这就是一件麻烦事。第一次拿笔、第一次在规范的格子里写字……他会感觉到很困难，不是把字写在格外，就是掌握不好汉字的结构。这个时候，家长一定要有耐心，告诉孩子："你这是遇到了麻烦事。麻烦这个东西啊，可胆小了，你不怕它，它就被吓跑了。妈妈陪你一起练。"孩子受到了鼓励，就有了坚持的力量。但是，同时，家长还要让孩子学会相对客观地看待造成挫折和失败的原因，像数字写不好的原因是什么呢？我们要教会孩子客观地看待造成自己失败的原因，父母亲可以经常和孩子一起分析遇到的问题，教孩子学会从不同的角度，特别是积极的角度看待身边的事物，抓住问题的关键。

  另外，家长要培养孩子的自信心，让孩子了解并发挥自己的长处。我们知道，天下没有十全十美的人，而正在成长的孩子就更需要时间来体验挫折、享受成功、认识自己。家长应当从孩子小的时候就给他一定的空间，让他大胆尝试，并允许他在尝试中犯错误。有些不会伤害孩子身体的活动，一定让孩子自己去完成，不要事先把一些麻烦摆出来，让孩子产生抵触心理。孩子是可以通过自己的错误来获得经验的，同时他也能够了解到，做任何事都是需要付出的，其中也包括体验失败和挫折。家长不要过分强求一个完美的结果。还有，父母亲要经常表扬孩子，让他有机会认识自己的优点和长处，这样，当孩子遇到挫折时，就不会一蹶不振而轻易放弃了。

但是，家长也不能让孩子突然遭遇困境，孩子幼小的心灵有时是承受不住的。家长要帮孩子做好应付困境的心理准备。当孩子因遇到某种挫折而感到气恼和沮丧的时候，父母可以引导孩子用其他的方式表达和转移自己的消极情绪，尝试着把它转换成中性的甚至积极的体验。比如：年龄较小的孩子，遇到不顺心的事时往往会哭闹。这时，父母亲可以帮助孩子转移注意力，引导孩子做他喜爱的其他事情。当孩子大一些后，父母可以和孩子一起分析遇到的问题，看看其中是否也包含了一些有益的因素，让孩子学会从不同的角度来看同一件事。

只要父母亲注意从小培养孩子以积极的心态来应对自己周围的一切，孩子的生活就会时时充满阳光，当他遇到困难时，就不会总是感到自卑和畏缩了。

奉献自己的爱心

里根70岁当选总统，是美国就职年龄最大的总统。在执政期间，他成功地进行了税收法典的改革，扫除了许多克扣制度——免除了数百万低收入者的税负。他任职期间，是美国历史上持续时间最长的没有经济衰退和经济萧条的和平时期。里根一生始终保持着一份爱心，并无私地奉献着。

一个冷酷无情、对别人没有爱心的人，别人也不会给予他爱心。即使这个人有再多的知识，即使他有再大的本事，也会因为处理不好与人、与社会的关系而到处碰壁。

2005年度的感动中国人物丛飞，被称为"爱心大使"，他热心公益，义演300多场，义工服务超过6000小时，无私捐助失学儿童和残疾人超过150人，认养孤儿37人，捐助金额超过300万元。但是，丛飞的家简朴得令人难以置信，经济状况时常捉襟见肘。2003～2004年间，为了在开学前筹齐助学款，他先后背上了17万元的债务。

26 里根家训
——最好的还没有来到

一位儿童教育家说:"只知索取,不知付出;只知爱己,不知爱人,是当前独生子女的通病。"看看现在的某些孩子,父母把全部的爱都给了他,可他却极为自私:好吃、好穿的都独占,对父母从不关心,父母生病不闻不问。

为什么会这样呢?根源在于父母的私爱和溺爱。为了不让孩子的爱心枯竭、泯灭,为人父母者不仅要爱孩子,更重要的是让孩子学会爱。假如父母对待孩子只管耕耘不问收获,那么这种父母之爱,就很容易变成一种对孩子的私爱、溺爱。

儿童期是儿童个性、品质形成的重要时期,当然也是爱心培养的重要时期和关键期。儿童心理学研究表明,善良和同情是孩子的天性。但是,作为天性的爱心仍然需要通过外界环境的激发才能得以维持,才能真正成为每个人的持久的、稳定的情感特质。因此,通过爱心教育来培养儿童的爱心就显得非常重要。

我想大多数家长都遇到过这种情况:在孩子刚刚会走路时,父母下班回到家,孩子会步履蹒跚地搬着小凳子递给父母。父母当然是又激动又高兴,但是很多家长只是接过凳子,说声谢谢,这件事就过去了。

各位家长可别小看孩子的这个不起眼的行为啊!这是孩子第一次给父母奉献爱心的行动啊!但是由于家长的忽略,孩子幼小的心灵会觉得,父母是不需要关怀的。

那么,如果家长遇到上述情况该怎么办呢?其实,很简单。父母接过孩子的凳子,很舒服、享受地坐在上边休息,并且对孩子说:"谢谢孩子的关心,以后要努力啊!"

卢勤老师说:"孩子的爱心是稚嫩的,你在乎它,它就会长大;你忽视它,它就会枯萎;你打击它,它就会死去。"许多父母只知道一味地疼爱孩子,却忽略了给孩子提供奉献爱心的机会。其实施爱与接受爱是相互的,如果让孩子只一味接受爱,渐渐地,他们就会丧失施爱的能力,只知道索取,不知道给予,并且觉得父母关心自己是理所当然的。

有的父母以为给孩子多一点关心和疼爱,等他长大了,他就会孝敬父母、疼爱父母。其实这是一种误解,你没有给孩子学习关爱的机会,他们又怎么会关爱父母呢?学习固然重要,但是孩子的性格、习惯、品质对孩子的成长、成才更重要,并且这些都需要在生活、学习中培养,不会一蹴而就。

所以说,培养孩子的爱心要从婴儿时期抓起。婴幼儿期是人各种心理品质形成的关键时期,爱心的形成也是在婴儿时期开始的。在婴儿时期,父母要经常爱抚孩子,对孩子微笑,让孩子感受到父母对他的爱,这是孩子萌生爱心的起点,"爱"不是用语言就可以表达的,孩子体会我们大人的爱,更多的是来自于拥抱,来自于身体的接触,来自于能足够表达"爱"的行动,"我爱你"三个字不光要表现在语言上,更是若干行为的总结和提炼。

家长每天都对孩子说"宝贝,我爱你",随着孩子一天天长大,孩子就会感触到爱的温暖。父母要把自己看做孩子的伙伴,陪孩子游戏、聊天、学习,让孩子感受到家庭的温暖,感受到被爱的幸福,为孩子奉献爱心打下基础。

孩子到了入学年龄,家长也要跟老师配合进行爱心教育。学校举行的爱心奉献活动,家长要鼓励孩子积极响应。

很多家长看到孩子越长越高,却缺少了与他之间爱的沟通。所以,不论孩子长到多高,家长都要常常抱一抱他,告诉他,你永远爱他。

总之,培养孩子的爱心应从儿童生活实际出发,做到具体、直观、形式多样,多为儿童创造奉献爱心的机会,并注重影响孩子成长的各方面因素,持之以恒地坚持对孩子的教育,让爱在孩子心田发芽,茁壮成长,为他们将来成为有爱心的社会成员打下坚实的基础。

27

老布什家训
——不管什么，都要试一试

（总统任期：1989年1月20日—1993年1月20日）

乔治·赫伯特·沃克·布什，又称老布什，是美国的第四十一任总统，也被称作最有外交经验的总统。在所有美国总统中，他无疑是和中国缘分最深的一个。在福特任总统时，他曾被任命为驻华大使，在担任驻华大使期间，他和夫人芭芭拉经常骑着自行车行走于北京的大街小巷，一时被传为佳话。1980年里根竞选总统时，他被里根提名为副总统候选人。在里根执政8年期间，布什在内政外交上鼎力相助，受到里根总统的信赖和器重，被称为"最好的副总统"。在里根卸任后，当选总统。在内政外交上，布什展开了一系列卓有成效的工作，打赢了"海湾战争"。

在从政道路上，布什如同他父亲一般雄心勃勃，并最终获得了成功。他的成功还在于培养了另外一位美国总统小布什，成为美国两对父子总统之一。

"在我的一生中，父母对我产生了巨大的影响。"老布什回忆自己成长的日子时，曾深有感触地说。布什一家虽十分富裕、舒适，但生活上却从不铺张浪费。布什父母对其子女家教很严，其父信奉本杰明·富兰克林的"先挣钱、再存钱、后花钱"的精神，教育孩子从小不要过那种伸手要钱、大手大脚花钱的奢侈生活，让他们懂得如果需要什么东西必须自己去挣。

把自己下放到平凡人的角色

布什从小受母亲影响很深。母亲非常重视对孩子品行的教育，甚至当布什当了副总统之后，还经常提醒布什要尽可能谦虚些。母亲有一次从报上看到布什的一篇竞选演说，她认为布什过多地宣扬自己了，就向布什提出警告说："乔治，你谈自己太多了。"

正是母亲的教导，使布什始终坚持"把自己下放到平凡人的角色"。

到底要把孩子培养成什么样的人呢？——可能每个家长心中都有计划。但是，现实生活中的许多事例表明，让孩子按定好的模式去发展，不但不能使孩子有所进步，往往还会适得其反。教育孩子需要的是引导，而不是苛求，假如你的孩子不能成为参天大树，那就让他做一棵默默无闻的小草，一样可以给春天带来美丽；假如你的孩子不能成为一片汪洋，那就让他做一朵小小的浪花，同样可以汇入大海；假如你的孩子不能成为一位伟人，那就让他做一个平凡的人，也无论是什么职业，只要他是上进的、诚实的、正直的、善良的、健康的，作为父母都应该为之骄傲。

所以，在这里，我希望每一位家长都有一个好心态、有一颗平常心，也许孩子能力有限，顺其自然就好。

每个孩子都有自己的特长，不能要求孩子十全十美，更不能为家长的"面子"而盲目要求孩子，小时候让他学乐器、学画画，上学了让他学书法、学乒乓、学航模……家长要按照孩子的自身兴趣，同时悉心观察孩子兴趣的发展和变化，加以正确地指导，让孩子在合理的年龄充分享受玩耍的乐趣、享有和大自然接触时间，顺其自然地成长。

不能顺其自然的家庭教育、错误的教育模式，从长远的教育效果看，不但会对孩子的生理发展产生不良影响，而且还违背孩子正常的心理发展。我们都知道拔苗助长的故事，许多家长觉得让孩子"多学点东西"只有好处，没有坏处，这样的家长忽略了孩子大脑发育的规律。孩子在学习能力有限时，就被迫接受长时间的课程化学习，有可能会患上心理疾病。到那时候，家长才明白有一个健康的孩子才是最重要时，就为时已晚了。

> 某天早上，一名12岁左右的男孩从自家六楼窗口纵身一跃，在救护车的呼啸声和父母的哭喊声中走完了生命的最后一程。据邻居透露，孩子读书成绩很好，还是中队长，但家长对他要求很高，不堪学业压力很可能是他轻生的原因。

这是某市的一则早间新闻，据报道，最近一段时间，该市已经发生了三起未成年人坠楼事件。其实，这样的新闻在网上比比皆是。孩子们幼小的心灵不堪重负，只能用死来释放自己。

每个孩子都是父母的宝贝，可为了让孩子成为一种"什么样"的人，就能不顾孩子的快乐和生命的意义了吗？

作为家长，我们要经常提醒自己放平心态，不要太在乎孩子的得失。即使孩子的学习成绩比别人差，但他努力了；即使孩子刻苦练琴，但天赋不够；等等，诸多的不如意都不能阻碍我们去爱孩子！

平常心是一种健康、持久、平和的心态，是教育孩子的良好心境。即使是一些"不平常"的家庭，也要用一颗"平常心"去教育孩子。比如：单亲家庭。不少单亲家长认为孩子不能享受正常的母爱或父爱而感觉自己对不起孩子，于是在生活、学习和教育上处处迁就孩子，长此以往，孩子在这种环境下也失去一个孩子应该有的正常心态，表现出心理的变态和行为的怪异，这对孩子一生的健康成长是极为不利的。

可这时候，有的父母会说："让我们有平常心，那就不管他们好了。"我觉得这种态度是消极的，是不负责任的表现。教育孩子有颗平常心，是对孩子要求的一种平常，不是对其放任自流、不管不问。孩子做错事，家长还要批评指正，这是我们的义务。只是在改正缺点时，家长不能只关注目标，应看到孩子的努力上进。

所以说，要想把孩子教育好，家长要有一个健康的心态。有调查表明，家

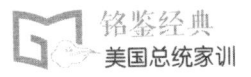

长的心理素质状况与家庭教育的成败有很大的相关。孩子就是孩子，家长永远不要把孩子"特殊化"，要给孩子营造一个自然、自由、自在的教育环境！

永远不乏尝试

布什执政4年，在外交上取得"显著成绩"：

1989年5月，宣布对苏联实行"超越遏制"战略。

1989年12月，与苏联总书记[1]戈尔巴乔夫在马耳他会晤。

1990年与苏联就削减战略性核武器、销毁和不生产化学武器、监督和检查地下核试验等有关军备控制等问题达成协议，并与戈尔巴乔夫签署了该协议。

1991年1月，在发表的国情咨文中提出了建立"世界新秩序"的主张。促使冷战结束。

伊拉克入侵科威特后，布什坚决主张由联合国出兵干涉，亲自参与并指挥了代号为"沙漠风暴"的军事行动，打赢了海湾战争。

布什在从政道路上野心勃勃，并最终获得了成功，我们可以看到他孜孜不倦、永不放弃、敢于挑战的拼搏精神。但这一切离不开父母的教导，布什自己也曾深有感触地说过："爸爸教我们尽职尽责，妈妈教我们做人品行。"

在16世纪前，人们对番茄碰也不敢碰，并且给它取了一个很难听的名字，叫"狼桃"。到18世纪，法国有一名画家，决心冒死尝一尝"狼桃"的滋味，他勇敢地吃下一口"狼桃"之后，感到酸甜可口，但想到人们对它的印象，仍不免心惊肉跳。于是，他穿好衣服直挺挺地躺在床上等死。时间一点儿一点儿过去了，他没有感到任何不舒服，反而食欲大增，又过了几个小时，他回味着可口的"狼桃"，终于忍不住下床大吃了一顿。从

---

[1] 戈尔巴乔夫是最后一位苏联共产党中央总书记（1985—1991年），第一位兼最后一位苏联总统（1990—1991年）。

27 老布什家训
——不管什么，都要试一试

此，"狼桃"变成了开胃的圣品。第一个吃番茄的人被后世人们誉为勇者。

你是想让孩子当一名勇者还是懦夫？当然，家长的回答肯定是前者。可是，家长是否培养了孩子的这种能力呢？

有这样一个片段：

> 小孩子去冰箱拿鸡蛋，由于鸡蛋放在冰箱上层，没拿好，打碎了，奶奶见状马上跑上前说："不要动，让我来收拾，我帮你拿。"小孩子跑走了，但他却失去了拿鸡蛋的勇气。

这是一件极其平常的事，很多家长可能都有过类似的经历。比如：孩子看家长收拾碗筷，就想帮忙，可家长会说："这活你干不了，把碗打碎会把手扎出血的。"可是，家长们是否想过，在大人将孩子的要求否定之后，孩子就会对一些本来能做好的工作丧失了自信心和责任感。更重要的是，在以后的很多事情中，孩子也没有了敢于尝试的胆量。

小孩子初临人世，对世界上的一切，总会怀有矛盾的想法：一方面，他们对一切事物充满了新鲜感和好奇感，跃跃欲试；而另一方面，他们又怀有一种恐惧感，往往望而却步，不敢尝试。而这个时候父母的引导、鼓励就是对孩子的指南和强化，在孩子能力形成的过程中作用非常重要。

父母的鼓励是孩子最好的强心剂。比如：幼儿园老师给孩子布置了家庭作业：用橡皮泥捏孙悟空、猪八戒。可胆小的孩子总怕捏得不像，迟迟不敢动手。这时候，家长就要采取方法了，可以和孩子比赛，看谁捏得像。孩子兴高采烈地和家长比起来，家长可以故意捏得不好，然后，最终的结果是孩子胜利了。家长再适时地鼓励他："你这不是做得很好吗？只要大胆做，谁都能行。"孩子得到了肯定，自然也敢再去尝试了。

另外，父母亲也要相信孩子是有一定能力的，不要总是把孩子包裹在没有危险的环境里。这个活不让干，那个事也不能做。孩子会变得越来越胆小，等到家长让孩子去做事情时，孩子却失去了信心和能力。就像现在有些孩子爱滑直滑轮，孩子们大都非常喜欢那种快速飞奔的感觉，可是有的家长却因害怕发生危险而拒绝让孩子玩，那孩子就会失去在学习直滑轮的过程中体验失败、成功的经验。更重要的是，会使孩子失去勇敢尝试新事物的勇气。

对于孩子而言，勇于探索是很有积极意义的，可以让孩子去大胆地、独立自主地试验他们的想法，享受他们的发现，从中体现到成长的快乐。这与成人的指导是相辅相成的，大家回想一下自己孩子的成长历程，肯定会有许多这方面的经历，比如画画、刷牙、扫地、洗碗等。所以适当的时候，请家长保持沉默，放下张开的双臂，让孩子自己长大。

你能做到多少，就看你想要多少

2009年6月13日，美国前总统老布什再次选择以高空跳伞的方式庆祝自己的85岁生日。老布什曾在75岁和80岁生日时两度跳伞。在2007年得克萨斯州老布什图书馆重新开放的时候，这位前总统又跳了一次伞。

老布什对跳伞有着特殊偏好，他也想用这种方式证明自己"还不老"。

"不要因为你年纪大了，就不能做一些有趣的事情，"老布什对媒体说，"如果你还不想整天坐在角落里流着口水，跳伞是很好的释放方式。"

在我们看来，一个85岁的高龄老人竟然选择高空跳伞来庆生，可能有些年轻的家长都不敢尝试吧！可老布什却身体力行地告诉我们：敢想就能敢做。

"心有多大，舞台就有多大。"世界上没有做不到的，只有想不到的。

那些懒惰平庸的人往往不是不动手脚，而是不动脑筋，这种习惯制约了他们走向成功的可能。相反，那些成大事者都养成了勤于思考的习惯，善于发现问题、解决问题，甚至让问题成为机遇。

可以说，任何一个有意义的构想和计划都是出自思考，而且，每个人都有思考的机会。一个不善于思考难题的人，会遇到许多取舍不定的问题；相反，正确的思考能产生巨大作用，可以决定一个人应该采取什么样的行动。世界著名趋势专家约翰·奈斯比特倡言："在信息时代，我们需要的技能是：学习如何思考，学习如何学习，以及学习如何创造。"所谓"劳心者制人，劳力者制于人"，是办事必备的能力。

有心理学家研究发现：我们每天90%的行为都是出于自己的思维定式。可以说，几乎在每一天，我们所做的每一件事，都是被自己的思维限制着的。那么,唯一能够有效改变我们生活的手段就是去有效地改变我们的思维方式。如何去改变?怎样才能改变?则是每个人思考的内容。对于孩子们来说,首要的是培养他们的想象力。

其实孩子的知识和经验虽然少于成人,但是他们有着积极、丰富的想象力。孩子在玩游戏的时候就充分的发挥着他们的想象力。如果要培养孩子的想象力就首先要注意培养孩子表达想象力的基本技能,比如绘画、手工、唱歌等。

人的想象总是以自己头脑中的形象为基础的。头脑里的形象是通过广泛接触事物而形成的。一个人如果孤陋寡闻,头脑中的形象单调且稀少,想象自然狭窄、肤浅。因此,父母要从孩子幼小的时候起,尽可能地多让孩子感知客观事物,并引导孩子全面、仔细而且深刻地观察,以便孩子在头脑中积累大量的真实的事物形象。比如:让孩子观察天上的云,然后问:"这片云像什么?那片云像什么?"孩子会努力搜索与云的形状相似的物品,开动脑筋和想象力。

同时,还可以让孩子多听故事,通过语言的描述使孩子在头脑中进行再造想象。生活中,父母可以让孩子经常听广播中的评书连播、电影录音剪辑、相声等节目,还要抽空多给孩子讲故事。当孩子对故事阅读达到一定的阶段时,家长可以鼓励孩子续接故事,家长讲故事时不要每次都讲完,可以只讲一部分,留下结尾让孩子发挥想象力自己去完成。时间长了,孩子就会在续接故事中丰富了想象力,这对发展孩子的创造想象是有益的。

还有就是画画。从小教孩子画画,有助于孩子的观察力和想象能力的培养。

因为孩子无论画什么,总是先想象而后才画出来的,即使是三四岁的孩子,画的东西什么也不像,但在绘画中,他也一样运用了想象能力。家长可以一起和孩子画画。也可以家长先画,留下一部分让孩子画。不论他画成什么样,是他们通过发挥自己的想象画出来的。即使是孩子临摹,家长也要让孩子简单说一说,画中人物、动物的关系。虽然画面是静止的,孩子可以根据自己的想象把画说活。

当然还可以让孩子听音乐,给他们放一段优美的乐曲。乐曲中节奏的缓急轻重都能表达出不同的情感,让孩子想一想在听到这段音乐会有什么感觉,让他们发挥自己的想象力把情景叙述出来。

最后,就是要让孩子多参加实践。常言说:"实践出真知。"家长应经常让孩子完成一些力所能及的任务，支持孩子多做一些自己喜欢做的游戏。比如：小孩玩过家家的时候，他们会研究家人、朋友和同事之间的关系，会了解人们是如何相互影响的。扮演医生，他们会设想医生是如何关心病人的；扮演父母，他们会更加了解父母是如何关心子女的。想象游戏可以激发孩子对他人的同情心。如果孩子可以将游戏中的角色与现实生活结合，他们就会更愿意去理解他人、帮助他人，也更愿意公平地处事，并学会与他人分享及合作。

孩子有了丰富的想象力，就会想别人想不到的事情，做别人没有做过的事情。现代社会正是需要这种创新精神。

18世纪，一位奥地利医生在给一个患者看病时，尚未确诊，患者突然死去。经过解剖发现，其胸腔化脓并积满了脓水。医生陷入深思："能否在解剖前诊断出胸腔是否积有脓水？积了多少？"

一天，在一个酒店里，医生看到伙计们正在搬酒桶，只见他们敲敲这只桶，敲敲那只桶，边敲边用耳朵听。他忽然领悟到，伙计们是根据叩击酒桶发出的声音来判断桶内还有多少酒的，那么人体胸腔的脓水的多少是否也可利用叩击的方法来判断呢？他大胆的做了试验，结果获得了成功。这样，一种新的诊断法——"叩诊法"从此诞生了。

所以，家长不要阻止孩子天马行空的思考，让他们敢想敢做。

28

克林顿家训
——绝境是自己对自己的放弃

（总统任期：1993年1月20日—2001年1月20日）

威廉·杰斐逊·克林顿是美国的第四十二任总统，也是最富争议的一位总统。他少年得志，在执政的8年里政绩显著。他的政府领导美国走出经济低谷，创造了经济连续8年增长的奇迹。在稳定传统支柱产业的同时，克林顿政府鼓励高科技发展，致力于开拓世界市场，使失业率降低到第二次世界大战以来的最低点。美国社会的犯罪率，特别是暴力犯罪率持续下降，美国社会呈现出一片国泰民安的景象。在2001年卸任时，克林顿是美国历史上得到最多公众肯定的总统之一。

克林顿是一位遗腹子，母亲是一名护士，因为克林顿还未出生就失去了父亲，所以母亲对他有一种强烈的特殊感情。她对克林顿十分关心爱护，从小就注重他的品德培养。母亲所具有的极大的乐观主义精神和钢铁般的意志对克林顿产生了深刻的影响。正如克林顿所言："如果没有我的母亲，我绝不会成为总统。"

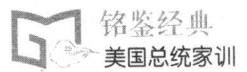

乐观是所有事的灵丹妙药

2005年，美国《环球周刊》曝出惊人内幕——59岁的美国前总统克林顿健康情况"不容乐现"，他或许"只剩下几个月的生命"。之后，克林顿接受采访时表示："我爷爷57岁时就去世了，我的继父去世时也才58岁。而我现在已经59岁了，在我们家族里，我已经算是长寿的了。此外，在我母亲的家族中，很多人都患有心脏病。所以，从很小的时候我就知道我不可能活到100岁，我也从不为此担心。我想尽可能地用好我仍能拥有的时间。"

但是现在，几年过去了，克林顿仍旧健康向上地活着。克林顿这种乐观的性格来源于他的母亲弗吉尼亚·凯利。

凯利是一个一生坎坷的人，她的第一任丈夫在她怀孕的时候因为一次交通事故而丧生了。几年之后，她再婚，可她的第二任丈夫既是个酒鬼又是个赌徒，还常常虐待她，但是她依然坚强。她不但要应付生活中的种种困难，而且还要抽空攻读护士文凭。她总是微笑着面对生活，脸上总是显露着如灿烂阳光般的笑容。

豁达、乐观是一种积极处世的人生态度，也是一味医治挫折、失败之痛的良药。美国心理学家马斯洛说过：挫折未必是坏事，关键是对待挫折的态度。因此，家长要让孩子学会用积极的态度，面对挫折，分析挫折，并最终战胜挫折。

一个人的良好情绪和乐观心态，也是决定命运的重要因素。不良情绪产生的原因主要在于个人对事件的认识角度：是从乐观、积极的角度去认识，还是从悲观、不良的角度去认识。

著名作家史铁生21岁时双腿瘫痪。1981年,他患上了严重的肾病,1998年开始做透析。他说自己"职业是生病,业余在写作"。他的著名散文《我与地坛》鼓励了无数的人。

著名作家张海迪5岁时因患脊血管瘤,胸部以下完全失去了知觉,生活不能自理。但是身残志坚的张海迪没有放弃生命更没有放弃生活,她一面以坚强的毅力与决心同病魔作斗争,一面用勤奋的学习和工作延续生命。

生活中,有的孩子只要有一件小事不顺心,就会不开心。他们往往会因为一件不起眼的小事就影响到心情。这个时候,家长要为孩子营造一个良好的家庭氛围。弗洛伊德说过:"一个为母亲所特别钟爱的孩子,一生都有身为征服者的感觉;由于这种成功的自信,往往可以导致真正的成功。"夫妻恩爱,子女就会生活在温馨的家庭氛围中,得到关心和爱护,获得爱和尊重的体验,从而心情愉快,健康成长。

家长要细心关注孩子的情绪变化。当孩子的需要、愿望得到满足时,就会产生高兴、快乐、激动等积极的情绪;相反就会产生忧愁、失望、愤怒等消极情绪。积极情绪能提高孩子的信心和活动能力;消极情绪会妨碍孩子的健康成长。因此,当父母发现孩子闷闷不乐时,无论自己多忙,都要挤出一点时间和孩子交谈,鼓励孩子表达心情。

除此之外,家长也要特别注意培养孩子的乐观情绪。

首先,让孩子懂得要与人和睦相处。父母可以请孩子谈谈家里的人和事,谈谈故事或电视节目中的人物可能会有的感受等,教孩子学会理解和宽容。孩子能够宽容理解他人,就不会在小事上斤斤计较;不会因为事情不顺意而影响自己的心情。

还有,家长要培养孩子的广泛兴趣。比如:兴趣比较单一的孩子可能会因为错过了他喜欢看的电视节目,而整晚都不开心,而一个兴趣广泛的孩子,他就会改为看书或做游戏,同样自得其乐;这时就需要家长的引导和培养了,让孩子了解生活中有很多事情,都可以让我们快乐起来的。

总之,家庭是孩子成长的摇篮,家庭的氛围、家长的言行、教育的方式,无一不对孩子的成长产生重大的影响。在家庭生活中,父母不仅要了解孩子的学习成绩,还要研究孩子的心理发展,对孩子应少一些责怪,多一些理解、欣赏和支持，如果家庭中经常充满欢声笑语和健康、美好的情趣，孩子生活在其中，身心就能健康成长，就能让孩子拥有受益终生的乐观心态。

把自己看得高一点

在1992年的总统选举中，克林顿的对手是当时寻求连任的在任总统老布什。当时，刚刚经历了海湾战争的胜利的老布什似乎铁定连任，而民主党内其他的几位对手，特别是纽约州州长马里奥郭默也都跃跃欲试，克林顿当选的几率几乎为零，但他并没有因此而胆怯、失去信心。因为克林顿的竞选策略专注于国内议题，特别是当时陷入低谷的美国经济。他的竞选总部曾经张贴出一句非常著名的标语："笨蛋，问题是经济。"最终使克林顿赢得了1992年选举的胜利。

克林顿的敢想敢做，同样来自于母亲的鼓励和信任。母亲曾在克林顿15岁生日时对朋友们说："请你们深信克林顿必将成为美国总统，白宫将是他工作、居住的地方。"母亲的这一信条成了克林顿坚定不移的信念。

西方孩子从小大胆，简直是无所畏惧，他们什么都敢怀疑，什么都敢问一个"为什么"，没有什么让他们感到畏惧，感到不可"冒犯"。他们从小受到的教育就是鼓励孩子们具有挑战精神。

国外的老师常常这样要求学生：你们可以对世间的一切进行质询，进行思考！包括对"神圣"和"权威"的东西进行自己的思考！而很多老师给学生的作业就是评价一位伟人。

其实，鼓励孩子们在思考中质疑权威，可能不仅是一种很好的学习方式，而且还是在培养一种非常重要的思维品质。孩子在阅读各方专家学者对一个事物不同角度的描述与分析时，不仅会打开眼界和思路，而且会发现，对同一件事情，人们会有完全不同的看法，这个世界就是如此的复杂，每个人的观点可能都有他的道理，因此，孩子们就不会轻易相信什么"绝对权威"，同时也不会随便忽视"一家之言"的价值。

法国大作家巴尔扎克，在年轻的时候，决心从事文学创作，但是，全家人都不同意，认为他不是从事写作的材料。由于他的坚持，父母同意给他一年时间，提供他一切方便，让他从事写作。一年过去了，他什么也没有写出来。父母不再支持他，让他自力更生、自谋出路，他在极其贫困和艰难的情况下，坚持写作，终于写出了《人间喜剧》，跻身于世界最著名的伟大文学家之列。

让孩子勇于挑战自己，要让他们对自己有信心。海伦·凯勒说："信心是命运的主宰。"孩子不相信自己，当然就没胆量去挑战。家长要多鼓励孩子，一点一点建立他们的自信心。

让孩子敢于挑战的后盾是让他们拥有胆量。挑战自我，是让孩子去做别人认为不可能做到的事。让孩子有挑战的想法，是离不开家长的鼓励和引导的。有些孩子生来胆子小，不敢"越雷池半步"，更别说敢于挑战了。家长发现孩子的这一问题时，要尽量多鼓励。孩子第一次也许不敢尝试，家长可以陪着孩子共同完成。在孩子体验了敢于挑战的成就感后，家长再做适当的表扬。

当然，最重要一点，还是家长也要有挑战自我的精神。如果家长本身喜欢墨守成规，那么势必会潜移默化地影响到孩子。所以，家长首先要富有挑战精神，才能培养孩子的挑战精神。

聪明的脑袋，也需要聪明的方法

克林顿的智商高达182。关于克林顿的聪明，几乎所有认识他的人都承认这一点。

克林顿的大学同学回忆当年，都说他记忆力、学习能力超强，虽然周旋于几个女孩之间，却还能同时在短短几个月内读完几百本书，而且缺课两个多月仅凭同学的笔记就可以在期末考试拿到A。

克林顿的学习成绩一流，拿到了罗兹奖学金去英国留学。罗兹奖学金的获得者都是美国年轻人中数一数二的人才，几乎获得者都成为了美国各个行业中的佼佼者，拿到这个奖就好像跨入了精英殿堂。在耶鲁大学法学院学习时，他也经常参加竞选活动，却从来不把功课落下，有着让人瞠目结舌的充沛精力。

但聪明人也有用了笨方法的时候，在著名的"莱温斯基事件"中，克林顿显然用错了方法，使自己成为美国历史上第三位被弹劾的总统（前两位分别是安德鲁·约翰逊总统和尼克松总统）。连克林顿也承认自己是咎由自取，是自己"给了政敌们一把刀子，而他们把刀子刺进了他的心脏"。

克林顿的例子告诉我们一个人光聪明是没有用的，还需要学会运用聪明的方法。有句话叫：聪明反被聪明误。

有的人遇到麻烦的问题，可能会东撞西撞，找不到头绪，甚至看不到一线光明；有的人却有条不紊地理出头绪，找到解决的方法。显然，能够清晰、有逻辑、高效思考的人遵循了一些可靠、有效的原则，采取了一些合理的思考程序。而真正的聪明人正是那些更理性地掌握思考的方法的人。聪明人是因为懂得思维的方法才变得聪明的，而不是因为聪明才懂得学习。因此，我们常说某人聪明，某人动脑能力强等，这些不过是其"运用智力的有效性"更高而已。

所以，家长不要互相攀比哪家的孩子最聪明，应该比的是哪家的孩子最有方法。首先，我们先来看看这个故事：

一个小区的大门口，有两个年轻人办了两个报摊：一个在左边，一个在右边。他们都以同样的价格卖同样的报纸，对买报的人都是同样的笑脸相迎，可是人们却都到左边去买报。

因为你早上花一元钱在左边买两份报纸，三点钟前送还，可以免费换一份其他报纸；而三点钟后买两份报纸的，只需交五毛钱就够了。人们在这儿买报，一元钱可以看三份报纸。

紧挨着报摊的是两个卖馒头的姑娘，她们的馒头都是同样的大小、同样的价格，可是人们都到右边去买馒头，因为在这儿你花一元钱买五个馒头，她总是再送一个鸡蛋大小的小馒头，尤其是小孩子来买的时候。

后来，小区的澡堂贴出告示，要对外出租。大红纸贴出了3个月无人问津，因为这个小区是市里的示范工程，家家户户一天24小时供应热水，这儿的澡堂生意清淡，人所共知。有几天，人们见左边卖报的小伙子和右边卖馒头的姑娘在澡堂里忙活，原来这个闲置了大半年的澡堂被他俩以每月2000元的价格租了下来。

起初，人们都以为他俩昏了头，因为有人算过，一个月1000元包下这个澡堂都不能赢利。不过，当一块"宠物澡堂"的牌子挂起来后，人们才感觉到小区里出了人物，因为这个小区里至少有800条狗。

现在，"宠物澡堂"已发展成"宠物美容院"，有狗部、猫部、鸟部三个洗浴美容厅和一个宠物食品店，宠物澡堂也由原来的两个人发展到现在的12个人。门口的报摊也换成了摊亭，由一对老人经营，据说一位是那位男青年的妈妈，一位是那位姑娘的爸爸。

从这个故事中，各位家长看到了什么？方法！成功的方法！也就是现在最流行的"点子"，有时，它并不是出自聪明人的脑袋里。

有家长说："我孩子脑袋聪明，就是不做正事。"家长说这话的口气中，似乎还有点骄傲的味道。可话又说回来了，现在哪个孩子都机灵活泼，可最终成才的人，除了聪明，还要会使用聪明的方法。这个能力不是每个人都拥有的。就比如说：两个孩子，数学作业每次都能打100分，两个孩子从成绩上看不出差别，但是从算题的技巧和速度上看，其中一个就比另一个快很多，那肯定是快的那个掌握的方法要好一些。

家长如何培养孩子的这种能力呢？最重要的就是让孩子学会独立思考。让他们知道，不是所有事都要按部就班地来完成，有时候要勇于打破思维定式，多尝试用更多的方法。思考会使孩子的脑袋瓜更机灵，思维更敏锐。

独立思考能力的培养可以从培养比较能力；培养归纳、分类能力；培养分析能力；培养逻辑思考能力；训练独立性和创造性等几个能力训练入手，这样可以更好地培养孩子的思考能力。

举个其中的例子：训练独立性和创造性。家长要经常向孩子提出与其生活、学习、娱乐有关的问题。比如吃饭时，一根筷子滚落到地上，家长可以问："我们没有碰到筷子，它为什么会掉到地上呢?"孩子会转动脑筋想，也许他说不出来答案或是说的答案不正确，但家长需要的是他那个思考问题的过程。还有，孩子的皮球滚到沙发下面，拿不出来了，我们要鼓励孩子自己动脑筋想办法把球拿出来。

29

小布什家训

——不忘记交朋友是最高准则

（总统任期：2001年1月20日—2009年1月20日）

乔治·沃克·布什，又称小布什，是美国的第四十三任总统，也是一位遭到大毁大誉的人物。对于他的功过是非，美国媒体众说纷纭，有人赞美他是"坚定有力的反恐斗士"，也有人指责他是"只会蛮干的牛仔"。与其他总统相比，布什并没有做人的天赋，但极高的情商让他无论是在合作精神、领导艺术方面还是个人魅力方面，都一点不逊色于其他领导人，这便是他制胜的法宝。

给自己打工

在耶鲁和哈佛大学求学时,布什继续了他在组织方面的优异表现,虽然学习成绩平平,但在社交和领导才能的提高方面却是硕果累累。相比之下,哈佛商学院更可谓是他人生的转折点。

在进入哈佛商学院之前,对于以后要做什么工作,布什自己心里也没有主意。但没过多久,这座"资本主义的西点军校"就深深地吸引住了他,并潜移默化地影响到他日后人生道路的选择。

1975年,布什从哈佛毕业后,成立了自己的第一家公司,一个小规模的石油公司。尽管布什的公司经营得不很成功,但他还是从石油生意里学到了不少东西,了解到了做企业的风险和能源的重要性。他逐渐明白了,慢而稳的投资才能带来回报,这使他在日后的人生经营中变得稳健而细致,做每一件事都能对接下来的"进发"做好铺垫。更重要的是,通过经营企业,布什增强了管理才能,学会了树立明确的目标,并能够愉快地和人们一道去实现目标。

与学生时代的领导角色不同的是,布什在真正的老板岗位上体会到一个领导者的苦与乐,有成功的喜悦,也有惨败的教训,他懂得了负责,懂得了应该公平地善待大家,懂得了如何进取,也懂得了怎样尽可能地规避风险。这一切,都对他日后成功竞选并承担好州长和总统的责任起到了不可估量的作用。

很多"白手起家""掘人生第一桶金"的故事为人们所津津乐道,许多为别人打工的人心中难免蠢蠢欲动:"为什么老板不是我?""为什么这辉煌不属于我?"拿破仑曾经说过:"一个人能飞多高,并非由人的其他因素决定,而是由他自己的心态所致。假如你对自己目前的环境不满意,想力求改变,则首先应

29 小布什家训
——不忘记交朋友是最高准则

该改变你自己。"

敢于为自己打工，是一个人有魄力、果断地做事的表现。我们都不喜欢办事拖拖拉拉、畏缩不前的人，那么家长就要从小培养孩子果断的能力。

有的孩子说话声音小，不敢在生人面前大声说话。为培养孩子的魄力，可以先从这里入手。家长要有目的地训练孩子敢于大声说话，比如：让孩子大声朗读儿歌，而且要字正腔圆、感情丰富。在训练孩子讲故事时，要让孩子站直，眼睛平视前方。如果是稍大一点的孩子，可以让他站在镜子前练习，增加自信心。另外，还要训练孩子说话不要拖泥带水。

很多孩子还有个习惯是在做选择时不能当机立断，这跟孩子的年龄有关。但是家长也不能忽视孩子的这种习惯，让其自由发展。比如：家长为孩子买玩具时，孩子往往会挑来挑去，不知道选择哪个，这是人之常情。即便如此，家长也要孩子在最短时间内作出选择，而且告诉他，选择后就不能再反悔了。还有在其他的一些小事情上，家长都可以锻炼孩子当机立断的能力，家长万不能忽略每一个教育契机，训练孩子的能力。

同时，家长还可以用讲故事的方法激励孩子，比如："司马光砸缸""项羽破釜沉舟的巨鹿之战"等。当然，家长只是简单地讲完故事并不能起到教育的作用，最主要的是要和孩子讨论故事。

就拿《司马光砸缸》为例，家长讲完故事后，可以设置几个问题：为什么司马光要砸缸？能救出小朋友的方法还有哪些？哪个办法最好？你遇到这样的事会怎么做？家长要给孩子充分的思考时间，尽量让孩子独立思考出答案，让孩子真正理解故事的意义。最后，家长再进行总结，以达到更好的教育目的。

在教育孩子做事有魄力的同时，家长做事也要有魄力。家长的一言一行随时都影响着孩子，生活中的细节都能体现出家长的个性，家长的榜样力量是无穷的。

没有完美的人，但有追求完美的心

布什小的时候十分顽皮，12岁开始学抽烟，说话带脏字，欺负自己的弟弟。去教堂碰见修女不是说："小姐，您早！"而是说："嗨，小妞儿，真性感。"气得老布什夫妇只能面面相觑。

在父母眼里,布什就像一个永远长不大的孩子,他们这样认为自己的儿子:"不是小布什有反叛的精神,他只是比父母所预想的要野一些而已。"父亲竞选总统时,他很聪明地想了很多方法,帮助父亲成功竞选。

1994年,布什决定竞选得克萨斯州州长,不过他父母认为他获得胜利的希望相当渺茫。母亲认为,布什的"雄心壮志"实在是欠考虑,是不切实际的堂吉诃德式的幻想。而父亲老布什担心的则是儿子经不起失败和挫折,万一与失败迎面相拥的话,他能否挺得过去。但即便如此,老布什还是在默默地支持着儿子,他觉得儿子能有颗追求完美的心就要去努力,结果是什么并不重要。然而,1994年11月8日,小布什旗开得胜,当选得克萨斯州州长,4年以后竞选连任成功。从此,布什走上了一条日后或许会被美国历史学家称为最神奇的通往白宫的道路。

也许正是那句话:性格决定命运。布什的智商虽然不高,但他做每件事都认真努力,有一颗追求完美的心。

什么是完美?世界真的有完美存在吗?大家都知道这个答案是否定的。可是,尽管没有完美的人、完美的事,但我们还是要尽自己最大的努力,一次就把事情做好。

犹太人汉弗特在加拿大渥太华开设了一家豪华宾馆。他处事甚为"懒惰",凡是能吩咐别人为他做的事情,他绝不亲自动手。宾馆业务虽然繁忙,他却整天悠闲自在。

年终时,汉弗特让宾馆的员工分别评选出10名最勤快和10名最懒惰的员工。评选结果出来后,汉弗特叫人把10名最懒惰的员工叫到他办公室。这些员工心里七上八下的,心想老板肯定会让他们滚蛋。出乎意料的是,他们一进门,汉弗特就说道:"恭喜各位成为本宾馆最优秀的员工。"这些员工被弄得一头雾水。看着他们一个个目瞪口呆的样子,汉弗特笑着慢慢解释道:"据我观察,你们的'懒'突出表现在你们总是一次就把餐具送到餐桌上,一次就把客人的房间收拾得干干净净,一次就把工作干完,讨厌多走半步路,讨厌再做第二次。因而在别人眼里,你们整天闲着,在偷懒。但依我看,最优秀的员工全无例外的都是'懒汉',因为他们连一个多余的动作都懒得去做。而勤快员工的'勤'大多表现在他们一天到晚忙忙碌碌，不在乎把力气花在多余的动作上，做一件事情不在乎往来多少趟，花多少时间，这样能有效率吗？"

汉弗特的这番话说得多好呀！尤其在今天这样快节奏生活的现代社会，一次把事情做好是多么重要呀！

为了孩子将来做事更有效率，为了孩子将来打拼少走弯路，真心希望我们的每一位家长都能多花一些心思，培养孩子"一次就把事情做好"的良好习惯。

最近，同事儿子的数学老师推出了一项"新政策"：凡是课堂练习全部做对的同学，当天回家没有家庭作业；凡是课堂练习做错的同学，根据做错题数的多少布置不同数量的家庭作业。这样一来，孩子们不仅听课比以前认真了，做题的态度也比以前认真专注了。"新政策"推行的第一天，全班做错题的同学有三十多个，然后就一天比一天少。

家长明白数学老师的良苦用心，也很支持老师的这一做法，毫无疑问这是老师教学智慧的一个表现。

很多时候，孩子们做错作业不是因为没有弄懂，而是因为粗心大意心不在焉，总想着错了以后再改。如果放任不管，就会形成习惯，以后做什么事都这样，老要等着别人发现错误再来"恍然大悟"地去改正。

有些事情，第一次做错了，可能不会造成很大影响。但更多的时候是第一次没有把事情做好，以后就没有弥补的机会了。即便有补救的机会，也要付出很大的代价。比如：孩子因为不是全心投入学习，学习成绩总是起伏不定，第一次高考，名落孙山，复读一年，既浪费了自己的青春，还承受了很大的压力。

由此可见，第一次就把事情做好，是很重要的一种行为习惯。

每个人都是朋友

布什的父亲老布什总统在执政期间曾给他的孩子们写过信，信的内容就是教育子女们：将来无论从事什么工作，都必须团结周围的人，争取获得他们的支持。这一理念深深影响了小布什。

无论是在小布什求学期间，还是以后步入仕途，高情商、具有合作精神、善于得到他人的支持都成为他制胜的法宝。

"朋友一生一起走。"友情是人生中不可缺少的一种情感元素。真正的朋友，会在你处于困难时听你诉说，他不会把那些当笑话听，他们会尽力帮助你、理解你，在关键时刻拽你一把。生活中每个人都会希望有真正的朋友。

很多父母以为，孩子上幼儿园后，才会开始学着交朋友。实际上不是这样的。很小的孩子会有模仿、争玩具……一些行为，这些都是孩子与他人交往的过程。虽然他们的友谊与成人间的友谊看上去不同，成人的友谊建立在彼此的支持、信任和尊重上，而孩子们之间交往更像是"侵犯"而不是"倾慕"，也许这还算不上真正的友谊，可这对孩子的成长是很重要的。

我们可以发现，几个月大的孩子就喜欢注视小朋友，他们似乎更愿意和小孩子交流。家长要抓住这个时机，多抽出时间和孩子玩"藏猫猫""过家家"的游戏，培养孩子敢于交流的能力。

在孩子再稍微大一点时，我们就要从最基本的开始教起。孩子常模仿他们看到的社交习惯和方式。其中，他们最易学到的是父母在家里接待来访者的习惯和方式。父母在与邻里、与同事、与亲友相处中要相互尊重、相互帮助、相互宽容，让孩子在潜移默化中学会交往。如果父母在与人交往中斤斤计较，为了一点鸡毛蒜皮的小事争吵不休、互不相让，当着孩子的面指责别人、埋怨别人，那也会感染孩子。父母对待孩子的小朋友，切记不要以貌取人，不要以考试分数为交友标准，更不要在孩子面前评论别的孩子。因为，父母对别的孩子并不理解，错误的评论会给孩子误导。所以，父母要时刻注意自己的社交方式。

研究表明，约有11%～15%的孩子有过分害羞的倾向，家长千万不要轻视孩子的害羞现象，这是他们交朋友的巨大障碍。

研究发现，严肃的父母常使害羞的孩子更加胆怯，说话结巴。如果父母强行纠正，孩子的结巴会越演越烈。而这个时候，家长的不断唠叨或高压手段，只会使孩子更加恐慌。其实，任何威胁行为，如责骂、讽刺、挖苦或唠叨不仅不会对孩子有丝毫帮助，而且会使他们更加退缩，使他们从害羞变得更加胆怯，严重时甚至会导致交往障碍。家长要做的是"放任"，让孩子慢慢适应周围的环境，耐心地鼓励孩子敢于说话。

关于克服害羞心理，父母可以循序渐进地带孩子去社交场所，这样能够帮助他们调节胆怯心理。例如：母亲可以把女儿带到某个集会，或带到公园，把她介绍给别的孩子，并建议女儿把自己的玩具拿给对方看。也可以让孩子在同伴中放松自己，先让她认识一些人，或请几个她可信赖的人，特别是小孩子，慢慢接近她。总之，父母应该给孩子创造更多的机会。

除了害羞心理，影响孩子交友的另一原因是攻击性太强，攻击性过强的孩子容易变得横行霸道，他们常有随意抢别人的玩具、喜欢把别人推倒等表现。孩子这样的个性家长要及时注意，多给孩子讲道理，让他们学会忍耐。如果道理讲不通，家长就要选择教育时机了。如孩子感到孤独时，没有小朋友愿意和他坐在一起时等，这个时候家长就要跟孩子说明，出现这种情况的原因，直接提出孩子的缺点。家长要告诉孩子，要想让别人成为自己的朋友，自己首先要成为别人的朋友。因此，让孩子们知道尊重别人是交朋友的基础。一切以自己的兴趣、爱好为依据，不符合自己的"胃口"就爱理不理、拒绝交往，只能把自己变成"孤家寡人"。让孩子懂得"尊人者，人尊之；爱人者，人爱之"。孩子只有宽容大度、诚实待人，让别人觉得可信、可靠、可爱、可交，他才会结识到朋友。

30

奥巴马家训
——无论什么，都会过去的

（总统任期：2009年1月20日—2017年1月20日）

贝拉克·侯赛因·奥巴马二世是美国的第四十四任总统。作为美国历史上第一位黑人总统，奥巴马继承了前任总统林肯的民权理念，又延续了小罗斯福的"新政"，还弘扬肯尼迪的"责任文化"精神。他的价值观的形成，在很大程度上得益于早年的精神濡染。

给青年奥巴马带来深刻影响的，不是他肯尼亚籍的亲生父亲，也不是他的白人母亲，而是他多次提到并表示感恩的外祖父和外祖母，是他们陪伴奥巴马成长的。

奥巴马两岁时，父母离异，外祖父母担负起了奥巴马的教育责任。奥巴马曾深深困惑于自己的身份，他说："我在十几岁的时候是个瘾君子。当时，我与任何一个绝望的黑人青年一样，不知道生命的意义何在。"而现在，他找到了正确的道路并且一直在努力。

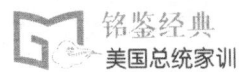

不把恨传给孩子

在充斥着沮丧和阴霾的2008年,奥巴马的强势亮相注定将成为历史书写者笔下颇为浓墨重彩的一笔。这位政治新星从世界的边缘走来,刮起了一阵耳目一新的政治旋风。

奥巴马是一名混血儿,父亲老奥巴马是肯尼亚的黑人穆斯林,母亲邓纳姆是美国一名白人女教师。正如奥巴马所描述的一样,父亲的皮肤像沥青一样乌黑,而母亲的皮肤像牛奶一样雪白。这样一对差异巨大的男女在夏威夷相遇,并且深深相爱。但两人婚姻并没有维持多久,这一切随着老奥巴马离家前往哈佛大学深造而告终。

年幼的奥巴马与外祖父母生活在一起,两位善意的老人温良而谦卑,身上有着美国人早期的牛仔气质。奥巴马的母亲和外祖父母从未对奥巴马的父亲心生抱怨,他们总是谈论着种种关于老奥巴马的优点,小心维护奥巴马心中父亲的高大形象。所以,即便奥巴马只见过父亲几次,在他幼小的心中对于父亲却有着无限的崇拜之情。不能不说,奥巴马受到的早期家庭教育是成功的,英雄一般的父亲形象不但给了他满满的自信,也使他对自我价值的认定有了归属感。

而我们很多父母,面对婚姻失败,会是怎样的境况?

婚姻之路走到尽头,不是死死抓住不放,就是心生怨恨、狠狠地数落着对方的不是。在很多婚姻破碎的家庭中,我们总是可以听到家长这样告诫子女:"爸爸(妈妈)不要你和我了,你从此再也不要理他(她)这个没心没肺的人了。"

在失败的婚姻中，女人的这种表现更加明显：一是因为女人在婚姻中似乎是处于弱势地位，遭到道德谴责的往往是男人，女人易以受迫害的形象自居，絮絮叨叨地抱怨和怨恨。有些单亲妈妈总是在生活中咀嚼着被抛弃的伤痛，回味着难以平复的怨恨，向子女分析着人性的丑恶、世事的无常，教给孩子功利性地对待父亲，使孩子过早地接受到生活的黑暗，渐渐变得自卑、自闭、缺乏安全感和自尊感。在这种环境中成长的孩子总是处在一种不稳定的情绪诉求中，对自我缺乏认知，更奢谈去主动接触世界进而自我实现。

另一个原因是因为女人比男人更重视家庭，婚姻破裂对她们来说伤害更大，甚至宛若世界末日。

殊不知，很多父母在肆无忌惮地宣泄着自我的情绪的同时，也在无形之中充当着感情的反面教材。小小的孩子并不是不懂事，而是有些事实他们会拒绝接受。对于孩子来说，两边父母都是自己的至亲，他无法从心底真正去憎恨自己的亲人。而父母却残酷地逼迫他们接受一些他们杜撰的"真相"。其实这样做的家长是自私且可耻的，因为他们不但污染了一个纯洁的心，还可能毁了孩子一生的信任根基。说者无意，只是为了泄愤和不满，小小的孩子却全往心里去了。

面对覆水难收的感情或者无法挽回的局面，抱怨和憎恨都无法解决任何实质问题。有些父母把对离异配偶的怨恨灌输给自己的儿女，以为这样可以拉拢和培养一个同盟，共同对付那个负心的人。本身有这种想法的父母，便是心理不健康的。怨恨就像一种剧烈病毒，可以戕害孩子幼小的心灵，扭曲孩子的性格，进而造成孩子一生无法弥补的缺憾。而且父母用消极的方式应对感情的危机，子女也无法学习正确的处事原则和解决的方法。孩子只会学着父母，在达不到目的愿望不能实现之时，便用仇恨对待搞破坏、捣乱、进行报复。

得之吾幸，失之吾命，能尽力挽回的事物，无论是感情还是任何事情，我们可以拼尽全力去争取，但是当我们面对的是无法改变的事物时，就要学习放手。毕竟曾经的美好是千真万确的，让孩子了解到父母曾经是因为真正相爱而在一起，这便是他诞生的美丽理由。

现在回过头再想一下，其实奥巴马的母亲和外祖父母并无任何高明之处，他们只是单纯地把奥巴马当做一个孩子，而不是一件接受情绪垃圾的工具。他们知道奥巴马有感知，有辨别，有情绪，每个人都无法强加自己的心情和原则于他身上，更不应该强迫他去憎恨自己的亲生父亲。因为毁掉一个人的信任很

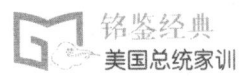

容易，而重建一个人的信任却是世界上最难的事情。

放弃找借口

　　非洲裔的奥巴马从政不过10年，在华盛顿政治圈的经验不足3年，2008年宣布参选美国总统，并最终凭借自己过人的智慧和才能获得成功，成为美国历史上第一位黑人总统。从他成功的努力过程中，我们可以看出，他坚韧和果敢，他的目标远大而明确，并且努力朝着目标前进着……

　　而奥巴马的个性形成却与他的继父索特洛的教育是分不开的。索特洛曾和奥巴马说："你母亲有一颗温柔的心，这对女人来说是件好事。但你有一天会成为一个男人，男人需要更多。"他告诉奥巴马："有时候你不能担心受伤，只能考虑必须做的事。"一次，奥巴马在接受记者采访时说："我的继父是个好人，他所教给我的东西令我受益匪浅。"

　　美国钢铁大王卡内基13岁时就开始工作，几乎没接受过什么正规教育；美国石油大王洛克菲勒，高中辍学；日本"经营之神"松下幸之助只有小学四年级的学历；香港富商李嘉诚只有初中二年级的学历……这些成功者的知识与能力全靠自学而来。所以，不要以"我没受过高等教育""我没文凭"来找借口了。

　　拿破仑·希尔在他的《思考致富》里将人们常用的借口总结出来，发现居然有50个之多。拿破仑·希尔说："找借口解释失败全是人类的习惯。这个习惯同人类历史一样源远流长，但对成功却是致命的破坏。"

　　什么样的人愿意找借口呢？失败者大都喜欢找借口，成功者却大都拒绝找借口，并向一切可以作为借口的原因或困难挑战。可现在的孩子，从会说话时起就有了"雄辩"的才能。家长让他做他不愿意做的事时，他总是能编出很多个理由来回绝。对自己犯的错，也是一堆借口，总之，所有的错都不在他身上。对这样的孩子，家长是又气又急，没耐心的家长挥起拳头一顿打，可却打不服找借口的孩子。有耐心的家长呢！虽然能克制住自己不使用暴力，可面对孩子的借口，却也是束手无策。

　　我们来分析一下，孩子找借口的原因：

第一种情况，孩子为拒绝家长的要求找借口。孩子要找借口，当然是因为他们不愿意做。孩子有孩子的兴趣爱好，不要以为他们是你的孩子，他和我们是一样的人。我记得前几年，中央电视台的少儿频道经常播放这样一段广而告之：孩子吃的是小碗饭，我们吃的是大碗饭；出去逛街时，我们看到的是商店里的货物，而孩子看到的都是一双双人的脚；最后的画面是，家长跟孩子说话，一定要蹲下来说。这则广而告之正好符合了平等原则。这段画面，我看后感触很深。家长不要以为自己比孩子高大，就可以对他们指手画脚，要把孩子当朋友，真正走到孩子的心里去。当家长和孩子沟通时，一定要多听听孩子的想法，这样孩子也就不会再找更多的借口了。

第二种情况，孩子为自己做的错事找借口。孩子找借口，大都是为自己开脱责任，他们不敢承担错误，怕得来的是家长、老师的训斥。为自己找借口，也是孩子不敢面对失败的逃避。所以，从儿童期起，家长就不要因为孩子无意犯下的错而大声教训他。孩子犯错时，开始都是害怕父母的，但是如果父母用训斥、打骂的方法处罚孩子，久而久之，孩子就会把犯错和被打画上等号，觉得犯错也没什么，大不了被打一顿。这样，对孩子就产生了负面影响，他的心理发展也是不正常的。

第三种情况，孩子面对失败找借口推脱责任，是他们不敢面对挫折、抗挫能力低的表现。现在的社会，竞争激烈，人才辈出，孩子长大了难免要遇到这样或那样的挫折，如果孩子只会一味地为挫折找借口，推卸责任，必将会一事无成。

现在，我们明白了孩子找借口的症结所在，就要对症下药。家长要遵循耐心、沟通、讲道理的原则，使孩子真正面对各种问题，不会再用借口阻止自己前进的脚步了。

寻找生命的意义

奥巴马刚刚起步的职业生涯与他的家庭息息相关。甚至可以说，这是他从他母亲身上继承到的。虽然奥巴马没有经历过太多世事沧桑的考验，但是他却是被一个经历过考验的人抚养大的。

我们来回顾一下奥巴马的经历：

从哥伦比亚大学毕业后，奥巴马先是在一个穷人社区工作，年薪只有1.3万美元。后来考入哈佛大学法学院，毕业后成为一名律师，接着从政，当上州议员。

2004年，他成为了国会参议院内唯一的黑人议员。在整个参议院里面，他是唯一需要自己去报税的人。为了获得竞选国会参议员的经费，他一家甚至把公寓拿出去抵押了。

奥巴马靠着自己的努力，一步步走向了成功。他的经历就是一部真实的、生活的"美国梦"故事。

毕淑敏说："三百万亿分之一的概率，才使我们成为一个人，所以，地球上所有的人，人人都是幸运者。"既然成为一个人是如此的幸运，那我们每个人都要活出精彩来。但是现在，有很多孩子从小就唉声叹气地抱怨："活着真痛苦。"我们也看到有些孩子的心态是伤感的，他们喜欢苍老，觉得那是时尚；他们喜欢抽烟，觉得那是酷；他们喜欢"非主流"情怀，充斥着颓废、忧伤，没有朝气和欣欣向荣，这些孩子对父母的建议更是不理不睬。

其实，孩子在小学、初中阶段就应该接受珍视生命、关爱生命、保护生命教育，让孩子了解生命的来源，回顾自己的生命历程，体悟生命的意义和价值。

我们可以让孩子们学习名人的成功经验，从中获得启示：

世界著名科学家霍金，21岁时便被确诊患有罕见的、不可治愈的运动神经性疾病！医生预言他只能再活两年半。不久，霍金便完全瘫痪了。但他并没有就此放弃自己宝贵的生命，他忍受着精神和肉体上的双重痛苦，选择了坚持活下去。

1985年，霍金因肺炎进行了气管穿刺手术，使他失去了说话的能力，这对全身瘫痪的他来说又是一场严峻的考验，他又一次坚持了下来。霍金不仅坚持活了下来，还向世界证明了他的存在，他提出的宇宙黑洞理论轰动了全世界！

生命的意义就是坚持住，永远朝着一个目标前进。

孩子到了高中阶段，家长应坚持对其进行生命教育，帮助孩子构建生命的远景，引导孩子树立远大的志向，让孩子自己去描绘自己亮丽的人生。这个阶段的孩子有了自己的思想和个性，家长应该放手让他们去找寻目标。当然家长并不是放任自流，还是要以引导的方式进行。这种引导就是家长和孩子共同探讨，不能是家长的命令，这样做只会让孩子产生逆反心理。家长不要觉得那些淘气、不思进取的孩子就没有自己的思想，他们也会有无奈、也会有彷徨，只是由于他们还小，找不到心灵的慰藉，只能用更破坏的方式生活。家长对待这样的孩子，切不可以暴制暴，要换位思考一下，真正体会孩子的感受，耐心地和孩子沟通，带孩子走出困境。